O livro dos
POLÍTICOS
A hilariante política no Brasil

O livro dos POLÍTICOS

A hilariante política no Brasil

HERÓDOTO BARBEIRO E BRUNA CANTELE
Pesquisa histórica e iconográfica de Marly N Peres

Expediente

Direitos cedidos para essa edição
à Ediouro Publicações Ltda.
© Copyright 2008, Heródoto Barbeiro
e Bruna Cantele

Diretora editorial
Janice Florido

Editora
Mariana Rolier

Assistente editorial
Fernanda Cardoso

Coordenadora de produção
Adriane Gozzo

Assistente de produção
Juliana Campoi

Pesquisa histórica e iconográfica
Marly N Peres

Preparação
Márcia Duarte Companhone

Revisão
Agnaldo Alves de Oliveira
e Sandra Scapin

Projeto gráfico, diagramação e capa
Ana Dobón

```
Dados Internacionais de Catalogação na Publicação (CIP)
       (Câmara Brasileira do Livro, SP, Brasil)

   Barbeiro, Heródoto
      O livro dos políticos / Heródoto Barbeiro e
   Bruna Cantele ; pesquisa histórica e iconográfica
   de Marly N. Peres. -- São Paulo : Ediouro, 2008.

      ISBN 978-85-00-02281-4

      1. Brasil - Política e governo 2. Políticos -
   Brasil I. Cantele, Bruna. II. Peres, Marly N
   III. Título.

   08-06399                                CDD-324.2092

         Índice para catálogo sistemático:

      1. Políticos : Brasil : Ciência política
         324.2092
```

Todos os direitos reservados à Ediouro Publicações Ltda.
Rua Nova Jerusalém, 345 - Bonsucesso
Rio de Janeiro, RJ - Cep 21042-235
Tel.: (21) 3882-8200 Fax: (21) 3882-8212/8313
www.ediouro.com.br

COMO TANTAS VEZES ANTES

Quem sente certa comichão só de ouvir a palavra políticos não está sozinho. Por que será, não é? Como piada no Brasil já vem pronta, os alegres protagonistas da política nacional prestam-se com facilidade aos nossos atentos e perspicazes chargistas, que com leveza e humor retratam – para deleite do público pagante – as peripécias dos nobres senhores agentes. Recuperamos o fio histórico da cena política escolhendo como figura central os cavalheiros eleitos pelo contribuinte. E acrescentamos algumas deliciosas imagens ainda da época do Império, porque afinal não é justo deixar parecer que os republicanos sejam os autores da conhecida e imaginativa criatividade, em matéria de política e politicagens...

Você já perdeu a conta das mentiras que ouviu, das verdades mutantes que foi obrigado a engolir? A conta podemos perder, mas a memória, não – afinal ela é nossa única salvaguarda e remédio. Porque, como disse o inesquecível Paulo Francis, "nunca entenderemos o nosso presente ou prepararemos nosso futuro sem analisarmos o passado". Ou, pelo menos, sem o conhecermos, acrescentaríamos modestamente.

Apresentação

AH, ESSES JORNALISTAS!!

"Dizem que ofendo as pessoas. É um erro. Trato as pessoas como adultas. Critico-as. É tão incomum isso na nossa imprensa que as pessoas acham que é ofensa. Crítica não é raiva. É crítica. Às vezes é estúpida. O leitor que julgue. Acho que quem ofende os outros é o jornalismo em cima do muro, que não quer contestar coisa alguma. Meu tom às vezes é sarcástico. Pode ser desagradável. Mas é, insisto, uma forma de respeito, ou, até, se quiserem, a irritação do amante rejeitado."

Paulo Francis

DENÚNCIAS E ESCÂNDALOS

Da série "perguntar não ofende": por que os políticos gozam de aposentadoria integral e o comum dos mortais (aqueles que pagam pelo privilégio alheio) não?

O MONARCA E O PRESIDENTE

Quando o Brasil deixou de ser colônia e se fez país, sua população deixou de ser formada por súditos do rei e passou a ser integrada por cidadãos livres.

Essa é a diferença básica e fundamental que faz com que o monarca seja rei de um país, e que o ocupante da cadeira mais importante do poder Executivo seja simplesmente o presidente da República, e não, no nosso caso, do Brasil, ou dos brasileiros.

Dedicatória

A cada brasileiro.

Este almanaque não existiria sem o trabalho dedicado e a colaboração da pesquisadora Marly N Peres, verdadeira co-autora do livro, desde as primeiras pesquisas, também responsável pela concepção da montagem gráfica. Agradecemos ainda, e maneira muito especial, ao Arquivo Público do Estado de São Paulo, pela presteza, profissionalismo e disponibilidade únicos de seus funcionários e dirigentes, em especial a Aparecido Oliveira da Silva e Lauro Ávila Pereira. Aproveitando para elogiar, ao lado da competente e atenta dedicação humana, a qualidade do acervo e a excelência do funcionamento do Arquivo, exemplo de órgão público. Sem esquecer de nossos impagáveis cartunistas, dos mais variados recantos do país – muitos dos quais apresentados pelo querido amigo Álvaro Caputo, autor das Pérolas. Cartunistas esses que gentilmente cederam seus desenhos, com imensa generosidade, despretensiosa e amavelmente.

Agradecimentos

Allan Sieber
Céllus
Clayton (Rebouças Mota)
Denny
Diogo Salles
Flávio
Gilmar
Guz (Paulo Cangussu)
Humorbabaca
Léo Valença
Luigi Rocco

Lute (Lunarde Teles dos Santos)
(imagens cedidas pelo jornal *Hoje em Dia*)

Mangabeira (André)
Nanquim (Richardson Santos)
Néo Correia
Newton Silva

Renato Machado
(imagens cedidas pelo jornal *Diário de SP*)

Sponholz (Roque)
Tako X   (Edson Takeuti)
Tuba
Zappa

E também:
www.Bovespa.com.br e www.bmfbovespa.com.br
Câmara Brasileira de Jovens Escritores
www.ifhc.org.br
www.usp.br

Pequeno Glossário

OBSERVAÇÃO sobre direitos, ressalvando que "algumas imagens podem não fazer menção aos créditos por desconhecimento e jamais por omissão, motivo pelo qual pedimos aos eventuais atingidos que se manifestem, se for o caso."

Pelego. Expressão cunhada na era Vargas para designar "o dirigente sindical que defende as orientações do Ministério do Trabalho entre a classe trabalhadora, cumprindo assim o papel de intermediário entre os sindicatos e o governo". Muitas vezes, a designação pelego é atribuída aos dirigentes das federações e confederações sindicais, que têm acesso direto Ministério do Trabalho e vivem à sua sombra."

Fonte: http://www.cpdoc.fgv.br/comum/htm/

Quinta-coluna. "Termo cunhado durante a guerra civil espanhola e usado para designar aqueles que, em Madri, apoiavam as quatro colunas que marchavam contra o governo da Frente Popular Republicana do presidente Azaña. Durante a Segunda Guerra Mundial, foi utilizado para referir-se àqueles que agiam sub-repticiamente num país em guerra, ou em via de entrar na guerra, preparando ajuda em caso de invasão ou fazendo espionagem e propaganda em favor do Eixo. Na Europa, esses indivíduos também eram chamados de colaboracionistas."

Fonte: http://www.cpdoc.fgv.br/comum/htm/

Padre de passeata. Expressão cunhada por Nélson Rodrigues no final dos anos 1960, que dispensa explicações.

Três patetas. Apelido dado por Ulisses Guimarães à junta militar que substituiu Costa e Silva, em agosto de 1969.

Mensalão. Apelido carinhoso dado à contribuição (supostamente) paga mensalmente aos senhores parlamentares da chamada "base de apoio" do governo Lula.

Imunidade parlamentar. Nos últimos tempos apelidada de "impunidade parlamentar", guarda-chuva utilizado pelos digníssimos senadores, deputados e vereadores como recurso para que crimes dos quais são muitas vezes acusados sejam julgados em foro especial: originalmente, era uma prerrogativa instituída para garantir liberdade, autonomia e independência no exercício das funções parlamentares, contra abusos dos outros dois poderes (executivo e judiciário).

Picaretas. Termo usado por Lula em 1993 para classificar os integrantes do Congresso Nacional (durante o governo Itamar Franco, sobre os escândalos que levaram à CPI do Orçamento).

http://fr.wikipedia.org/wiki/Pioche

Tiro no pé. Há controvérsias: em princípio, seria a imagem de alguém desajeitado que acerta o próprio pé; mas depois do episódio do tiro no pé de Lacerda, que levou a outro tiro, dessa vez no coração, ficou a dúvida – mas também uma certeza, a de que se tiros houver, é melhor, para os praticantes, que acertem a vítima – como Chico Mendes, Toninho do PT e Celso Daniel!

Equívoco de prioridades. Eufemismo ao qual recorreu o senador Cristovam Buarque para classificar os atos cometidos pelo reitor da Universidade de Brasília, que com dinheiro do contribuinte procedeu a uma decoração luxuosa de seu público lar.

Reforma ministerial. Eufemismo que designa, por vezes, o que alguns classificam de acomodação fisiológica.

Incontinência verborrágica. Síndrome que acomete políticos, que extrapolam e por vezes cometem excessos chulos; costuma se produzir em cima de palanques, em função de destemperos de causa nem sempre conhecida.

Faixa Cronológica período Lula

2003

JANEIRO – Lula inicia mandato.

OUTUBRO – é lançado o programa Bolsa-Família, que reúne programas anteriores, em especial o Bolsa-Escola.

DEZEMBRO – PT expulsa a senadora Heloisa Helena e os deputados Babá, João Fontes e Luciana Genro; Lula cria o programa de rádio Café com o Presidente. Lula anuncia que Angra III custará US$ 1,8 bilhão.

2004

JANEIRO – governo anuncia que gastará US$ 56,7 milhões na compra do novo avião para o presidente Lula.

FEVEREIRO – explode o escândalo Waldomiro Diniz, primeiro da gestão Lula; governo barra a CPI dos Bingos no Congresso.

MARÇO – governo barra a CPI de Santo André, para investigar a morte do ex-prefeito Celso Daniel.

JUNHO – morre Leonel Brizola.

JULHO – o presidente do Banco do Brasil, Cássio Casseb, é envolvido no escândalo dos R$ 70 mil de arrecadação de fundos para o PT.

NUNCA ANTES NA HISTÓRIA DESTE PAÍS

LUIZ INÁCIO **LULA** DA SILVA
2003-2010

*Os críticos do governo do presidente Lula dizem que ele age como se tudo tivesse começado em seu governo e nada existisse antes, uma espécie de Cabral do século XXI. O metalúrgico Luiz Inácio foi o primeiro trabalhador a assumir a Presidência de República, depois de três derrotas para seus adversários, Fernando Collor e Fernando Henrique Cardoso. Lula chegou ao poder apoiado no Partido dos Trabalhadores, que ajudou a fundar, e na esperança de milhões de pessoas de que iria pôr em prática as linhas mestras do PT, ou seja, melhoraria a condição de vida dos trabalhadores e miseráveis, e imporia uma forma severa e ética de governar, uma vez que sempre classificou os demais políticos de **"farinha do mesmo saco"**.*

Luiz Inácio tinha denunciado os 300 picaretas do Congresso e, quando estava fora do governo, havia sido o grande responsável pelo PT ter se transformado no melhor partido de oposição que este país, digo, o Brasil, já teve em sua história republicana. Nada escapava da fiscalização homem a homem dos petistas, e os parlamentares do PT eram vistos ao lado da população em toda manifestação de reivindicação.

AGOSTO – o governo envia ao Congresso Nacional projeto de lei que cria o Conselho Federal de Jornalismo.

SETEMBRO – a PF (Polícia Federal) executa a "Operação Vampiro" no Ministério da Saúde.

OUTUBRO – o marqueteiro Duda Mendonça é preso em rinha de galos no Rio de Janeiro; FGV divulga a existência de 47 milhões de brasileiros vivendo na miséria.

NOVEMBRO – a Telemar injeta R$ 5 milhões na Gamecorp, do filho do presidente Lula; a GCU (Controladoria-Geral da União) encaminha ofício alertando o então ministro Humberto Costa sobre a existência de uma "quadrilha operando em âmbito nacional" para desviar dinheiro público destinado à compra de ambulâncias; são divulgados os números dos gastos com o Cartão Corporativo em 2003: R$ 125 milhões.

2005

ABRIL – a ministra de Minas e Energia, Dilma Rousseff, declara que "não é hora de fazer Angra III, porque você tem outras alternativas renováveis mais baratas"; Lula concede sua primeira coletiva de imprensa.

MAIO – estoura o escândalo dos Correios, que revelaria toda a seqüência do suposto mensalão.

JUNHO – é instalada a CPI dos Correios; Roberto Jefferson, da própria base aliada, denuncia suposto esquema de aluguel de deputados; no bojo das investigações seriam reveladas supostas operações suspeitas de crédito entre bancos – inclusive o Banco do Brasil – e o PT; de suposto aparelhamento do Estado; de suposto envolvimento da cúpula do PT em desvio de recursos, inclusive ao exterior; José Dirceu renuncia ao ministério da Casa Civil; Gushiken é afastado.

JULHO – Henrique Pizolatto, diretor do BB envolvido no escândalo, pede sua aposentadoria; cai Silvinho Pereira; Delúbio Soares se licencia; Marcos Valério declara a uma emissora de TV que os recursos em questão eram caixa-dois do PT; João Paulo Cunha é implicado; vai se revelando sofisticado esquema que seria mais tarde caracterizado pelo procurador-geral da República de atividades de "quadrilha"; é instalada a CPI do Mensalão; dirigente petista é preso em aeroporto com dólares na cueca; o filho do presidente Lula vende parte de suas ações à Telemar, empresa que tem capital do governo.

*Temas como **"Fora, FMI"**, **"Fora, FHC"**, **"Não ao Pagamento da Dívida Externa"**, **"Reforma Agrária, Já"** eram bordões repetidos à exaustão e com grande apoio popular. A esperança era que com Lula e o PT tudo seria diferente.*

Nada de conchavos, corrupção, mensalão, aliança com os ruralistas e outros reacionários – enfim, uma mudança ética pregada pelo partido em seus mais de 20 anos de existência. O PT pode errar, mas não vai cometer os erros que os outros fizeram, diziam os mais abnegados. A eleição de Lula para a presidência, seguida de uma grande festa popular, tirou o grupo político do parlamento e dos movimentos sociais e colocou-os no centro do poder político do país. Agora era só pôr em execução o programa urdido em duas décadas.

***"Eu nunca fui esquerdista"**, este é um dos paradoxos de um governo que foi eleito como sendo de esquerda e que deu uma guinada em direção ao centro. A frase de Lula, dita por ele e repetida por um grande empresário, mostra o namoro entre o **"governo de esquerda"** e os grandes conglomerados econômicos. Foi no governo do líder inconteste do Partido dos Trabalhadores que os brasileiros em geral perderam a vergonha de praticar o capitalismo.*

Uma virada, para quem esperava que o governo se espelhasse nos modelos socialistas do mundo. Uma das propostas era a reprivatização de empresas estatais vendidas no governo de Fernando Henrique, entre elas a Vale do Rio Doce, uma das maiores mineradoras do mundo.

Os preceitos neoliberais exorcizados no governo anterior foram adotados no silêncio – e com outros nomes. Troca mesmo, só de rótulos.

PERSONALIDADES

Por ocasião da desistência de Fidel Castro de continuar controlando com a pesada mão da ditadura sanguinária a população de Cuba – já que a suposta revolução socialista falhou –, alguns líderes e intelectuais cubanos se manifestaram decepcionados com Lula, que só teve elogios àquele que vê como herói em vida. Não faltou quem tivesse dito perceber que a trajetória do ex-líder sindical tinha sido, afinal, absolutamente pessoal, e não político-ideológica. De mera ascensão ao poder e autopromoção. Afinal – porque bastaria ter lido as palavras do próprio: "Eu nunca fui esquerdista".

 LULA

Na gestão Lula, o Brasil consolidou sua inserção nos quadros do globalismo e no jogo capitalista internacional. O que foi plantado no governo de FHC brotou e cresceu nos dois mandatos de Lula. A vitória indiscutível de Lula sobre José Serra, ex-ministro de FHC, mostrou que o povo queria mudanças e confiava que a vida seria melhor se o metalúrgico de São Bernardo governasse o Brasil. Síndrome de salvador da Pátria. A história de Lula e de sua família foi contada no mundo inteiro como exemplo de exclusão, sofrimento, desigualdade e concentração de renda no Brasil. Lula foi de retirante nordestino a maior líder sindical da história do país e, também graças a sua dedicação e tenacidade, eleito o primeiro operário presidente. A seqüência de presidentes da elite, seja ela industrial, fazendeira ou intelectual, foi interrompida por um homem sem um dos dedos da mão, perdido em um torno, exibindo um português popular, com erros que deixavam os puristas da língua eriçados, mas que era o espelho da maioria do país. Lula era a cara do brasileiro. Quando chegou ao poder, os fundamentos da economia estremeceram, já que se imaginava que o novo governo iria aplicar os preceitos que o PT e seus aliados de esquerda pregavam por mais de duas décadas. Ocorreu o "efeito Lula". O risco país explodiu, a inflação ameaçava voltar, a taxa de juros subiu e com ela aumentou drasticamente a dívida pública, uma herança do governo FHC. Nos primeiros meses de governo havia uma expectativa de como o novo governo agiria, com um primeiro escalão formado de líderes da esquerda.

Lula formou o ministério **(depois de muuuita demora)** com seus antigos camaradas, alguns aliados, mas para espanto geral os postos-chaves foram entregues a políticos conservadores. O Banco Central ficou nas mãos do

AGOSTO – o marqueteiro do presidente Lula, Duda Mendonça, depõe na CPMI dos Correios e revela a existência de conta bancária em paraíso fiscal para receber o pagamento por serviços prestados ao PT nas campanhas de 2002 e 2004; deputados do PT comunicam em plenário o seu desligamento da bancada petista; o líder do PL, Valdemar da Costa Neto, renuncia; a revista *Época* entrevista Valdemar da Costa Neto, que revela doação de R$ 10 milhões, do PT ao PL, pela formação da chapa Lula-José Alencar; a Presidência da República admite a negociata, mas declara considerá-la normal; Eduardo Azeredo, presidente do PSDB, admite ter mantido caixa-dois com dinheiro das empresas de Marcos Valério, em sua campanha (fracassada) de reeleição ao governo de Minas; o presidente Lula se declara traído pelo PT; são feitas denúncias implicando supostas relações espúrias com a Telecom Portugal; o doleiro "Toninho da Barcelona" faz revelações incriminatórias, em troca de delação premiada; Rogério Buratti, ex-secretário municipal de Ribeirão Preto, na gestão de Antonio Palocci, é preso, acusado de lavagem de dinheiro; Buratti denuncia suposto esquema de recebimento ilegal de recursos, pelo PT em Ribeirão; Buratti acusa Palocci de receber R$ 50 mil de empresas de coleta de lixo, supostamente; Marcos Valério entra na Justiça para cobrar quase R$ 100 milhões ao PT; Palocci nega tudo; Delúbio Soares envia à CPI do Mensalão carta envolvendo mais dois partidos no suposto esquema, o PSB (Partido Socialista) e o PCdoB (Partido Comunista).

SETEMBRO – as CPIs do Mensalão e dos Correios aprovam relatório pedindo a cassação de 18 deputados: Carlos Rodrigues (PL-RJ), João Magno (PT-MG), João Paulo Cunha (PT-SP), José Borba (PMDB-PR), José Dirceu (PT-SP), José Janene (PP-PR), José Mentor (PT-SP), Josias Gomes (PT-BA), Paulo Rocha (PT-PA), Pedro Correia (PP-PE), Pedro Henry (PP-MT), Professor Luizinho (PT-SP), Roberto Brant (PFL-MG), Roberto Jefferson (PTB-RJ), Romeu Queiroz (PTB-MG), Sandro Mabel (PL-GO), Vadão Gomes (PP-SP) e Wanderval Santos (PL-SP); o irmão do prefeito assassinado, Celso Daniel, denuncia suposto envolvimento do chefe do gabinete de Lula, Gilberto Carvalho, e José Dirceu, em suposto esquema de arrecadação ilegal de fundos para a campanha de Lula, que, descoberto pelo irmão de Celso Daniel, teria determinado sua morte; em CPI, Gilberto Carvalho nega tudo; é denunciado suposto esquema de extorsão, chamado de "mensalinho", praticado pelo presidente da Câmara dos Deputados, Severino Cavalcanti, contra o dono de um restaurante do Congresso; Severino nega, mas cai; o programa Café com o Presidente passa a ser semanal; o banqueiro Daniel Dantas declara, em reunião conjunta das CPIs dos Correios e do Mensalão, "que o governo interferiu constantemente nos fundos de pensão".

banqueiro tucano Henrique Meirelles, que surgia como um fiador do novo governo junto aos investidores internacionais, e mesmo com a oposição do PT ganhou tal autonomia que equivalia a um Banco Central independente, como nos Estados Unidos e na Europa. Para impedir que Meirelles fosse processado na Justiça comum, Lula deu a ele o status de ministro. Impensável em tempos heróicos de esquerda.

*Aconteceu em São Paulo, onde o autoproclamado **"pai dos pobres"** nunca fez muito sucesso de bilheteria: sem dar ouvidos ao prevIdente conselho de seu ministro da Justiça, Tancredo Neves, Getúlio compareceu à inauguração da nova sede do Jockey Clube, no aniversário da cidade, em 25 de janeiro de 1941. Seu nome anunciado, ele foi solenemente vaiado. Longamente vaiado. Inesquecivelmente vaiado. Mas não se abalou, e declarou candidamente a Tancredo que não sabia que o governador, também ali presente, era tão impopular...*

Começava a ficar clara a diferença entre projeto de governo e projeto de poder. Os ministérios responsáveis pelo crescimento econômico, Agricultura e Comércio, também foram ocupados por ex-adeptos do tucanismo.

A Fazenda foi assumida por Antonio Palocci, um ex-militante da esquerda, mas que tinha estado presente em todas as negociações com banqueiros que geraram a famosa *Carta aos Brasileiros* – das quais, conta-se, entrou como pouco mais do que um compilador de atas e saiu como escolhido para a pasta.

💣 DENÚNCIAS E ESCÂNDALOS

Diga-me com quem andas... Waldomiro Diniz, o subchefe da Casa Civil no primeiro governo Lula, ligado ao ainda ministro José Dirceu (os dois tinham até morado juntos), foi a estrela da primeira denúncia que abalou o governo petista. Na série que maldosamente muita gente chamou de "balança mas não cai". Em 2004, era divulgada uma fita de vídeo em que o assessor para assuntos parlamentares da Presidência da República negociava o favorecimento em concorrências públicas. Com bicheiros. Em troca de contribuições para campanhas eleitorais. Do PT e do PSB. Foi acusado de ter influenciado na renovação de contratos entre a Caixa Econômica Federal e a empresa Gtech, gerenciadora de loterias federais. Com direito a CPI. Teve de tudo: denúncias de todo tipo, declaração de chantagem, um emaranhado de gente que ia de bicheiros a tesoureiro de campanha (Paulo W. Pereira, encarregado pelo caixa da campanha do petista Geraldo Magela em 2002 e que depois trabalhou no gabinete de Aloizio Mercadante), deputado-bispo, jornalista, bingueiro. O assunto não cheirava a flores. O ex-presidente da Loterj, subchefe do todo-poderoso-sempre-arrogante José Dirceu, caiu.

OUTUBRO – em acareação na CPI dos Bingos, Waldomiro Diniz, Rogério Buratti, Carlos Augusto de Almeida Ramos (Carlinhos Cachoeira), Enrico Gianelli e Marcelo José Rovai trocam insultos e acusações, e juram inocência; é encontrado o corpo do sétimo morto envolvido no caso Celso Daniel (agora, Carlos Printes, médico-legista que examinou o corpo do prefeito); o tesoureiro Claudio Roberto Mourão da Silveira declara que Marcos Valério emprestou dinheiro para a campanha política de Eduardo Azeredo, que renuncia à presidência do PSDB; o juiz afastado Rocha Matos afirma que Gilberto Carvalho "é a chave para elucidar a morte de Celso Daniel"; estoura a denúncia de dinheiro vindo de Cuba, em caixas de bebida, para a campanha de Lula, supostamente; o governo de Cuba nega doação à campanha de Lula.

NOVEMBRO – vários parlamentares da oposição, envolvidos nas investigações dos escândalos, denunciam ser vítimas de espionagem e escutas telefônicas; o relator da CPI dos Correios, deputado Osmar Serraglio (PMDB-PR), anuncia o relatório parcial das atividades da CPI: cerca de R$ 10 milhões teriam sido desviados do Banco do Brasil para as contas de Marcos Valério, que teria repassado o dinheiro ao PT; o empresário Roberto.

Colnaghi confirma o empréstimo de seu avião, em julho de 2002, mas alega desconhecer a finalidade; o piloto Alécio Fongaro declara ao jornal *Folha de S.Paulo* e à revista *Veja* ter levado no citado avião Vladimir Poleto e mais três caixas de papelão lacradas, em viagem de Brasília a Campinas (rota confirmada pelo DAC); o presidente Lula declara no programa Roda Viva que o mensalão nunca existiu, e não passa de "folclore do Congresso Nacional"; o ex-ministro dos Transportes, Anderson Adauto (PL), declara na CPI do Mensalão ter usado caixa-dois (recursos de origem não declarada) em 11 campanhas eleitorais, e ter recebido R$ 410 mil de Marcos Valério, por intermédio do ex-tesoureiro Delúbio Soares; Rogério Buratti declara na CPI dos Bingos ter sido consultado por Ralf Barquete (morto em 2004) em 2002, sobre como fazer para trazer dólares do exterior – segundo ele, Barquete teria dito estar agindo em nome do então prefeito Antonio Palocci; ainda, que os referidos dólares teriam efetivamente vindo ao Brasil e teriam sido usados na campanha de Lula em 2002, supostamente; o governo promete liberar até R$ 1,2 bilhão em verbas a deputados e senadores que retirassem suas assinaturas do requerimento pedindo a prorrogação da CPI dos Correios; Vladimir Poletto depõe na CPI dos Bingos e declara serem falsas as declarações dadas em entrevista à revista *Veja*,

E por falar em propaganda...

O programa Café com o presidente foi uma criação do governo Lula, que brinda os caros ouvintes com emissões semanais de falas editadas e transmitidas semanalmente. Mas, justiça seja feita, a invenção do modelito cabe ao ditador Getúlio Vargas. A tentação autoritária também não é nova. Em 1939, Getúlio criou o DIP, Departamento de Imprensa e Propaganda, que muitos chamavam maldosamente de Departamento de Censura e Propaganda. Tentou aliciar Monteiro Lobato, seu crítico feroz, convidando-o para dirigi-lo, mas ele recusou.

Era de fazer inveja ao vizinho Chávez (que, aliás, tem seu "Alô, Presidente"): ao invés de fechar uma emissora de TV, se tivesse seguido o exemplo de Vargas ele teria simplesmente criado outra, a sua. E de causar inveja também a qualquer marqueteiro: o DIP tinha direito a cartilhas escolares, cartazes, enfim, a toda uma máquina de promoção. Mas, é claro, se transformou no organismo controlador por excelência da liberdade de expressão e pensamento, ou seja, de censura. Instrumento poderoso: o poder do ditador foi consolidado por sua imagem pessoal, idealizada por ele mesmo, de "pai dos pobres".

Também é dessa época a invenção ufanista de um país abençoado, o da Aquarela do Brasil, "terra de Nosso Senhor" – se Deus é brasileiro, para quê nos preocuparmos, não é verdade ? "No fim, dá tudo certo."

E não se tem notícia de ninguém que tenha questionado os versos que falam de "merencória luz da lua", ou de "mulato izoneiro", como vez por outra se faz com a letra do Hino Nacional, considerada "muito difícil".

Juscelino também foi rápido : à medida em que Brasília ia sendo construída (a toque de caixa), o relato de suas

memórias também ia sendo alinhavado. O governo publicou nada mais nada menos do que 11 livros – Coleção Brasília –, a mais importante fonte documental dos antecedentes da nova capital. Além do diário da construção, a Revista Brasília, que circulou entre janeiro de 1957 e abril de 1960. Tudo, é claro, com o dinheiro do contribuinte.

DENÚNCIAS E ESCÂNDALOS

Muitos dos nobres parlamentares do Congresso Nacional figuram em listas de crimes comuns: acusações de assassinato, estupro, violação de sigilo bancário de caseiro – enfim, a lista é longa. Tanto de crimes quanto de parlamentares. Dos 513, 163 tinham no início de 2008 problemas com a Justiça e/ou Tribunal de Contas, ou seja, $1/3$ deles. E suas excelências ainda gozam do chamado Foro Especial. Criado para salvaguardar e proteger os cavalheiros de perseguições devidas a seus pronunciamentos (foro por prerrogativa de função), o foro privilegiado se transformou em guarda-chuva de bandido, o que faz da imunidade parlamentar uma autêntica impunidade parlamentar. Mas, sejamos justos, a benesse não é prerrogativa só de parlamentares: o presidente da República, o vice, ministros de Estado, o procurador-geral da República também se beneficiam dela. Ou seja, ferindo a Constituição, que determina a igualdade de direitos e a equivalência de todos perante a lei, alguns cidadãos são mais iguais do que outros. Não é difícil imaginar qual seria o resultado de plebiscito popular sobre a matéria...

Lula, Meirelles e Palocci formaram o trio de ferro da economia do governo e optaram por manter e até mesmo aprofundar a política econômica de FHC. Para tirar o Brasil do atoleiro do efeito Lula, o governo impôs medidas amargas. Adotou na íntegra a recomendação do antes odiado FMI (Fundo Monetário Internacional), aumentando o superávit primário. A dívida pública chegou a 61% do PIB (Produto Interno Bruto). Imediatamente houve cortes nos investimentos e a Saúde perdeu 12%, a Infra-estrutura, 40%. Mesmo com a arrecadação da CPMF (Contribuição Provisória sobre Movimentação Financeira), o bendito imposto sobre o cheque, os recursos eram destinados para fazer o superávit e pagar a dívida interna, pondo dinheiro nas mãos dos banqueiros. Nunca antes os bancos ganharam tanto dinheiro como no governo de esquerda. Mais um dos paradoxos. O Banco Central subiu a taxa de juros em 25,5% ao ano, a segunda mais alta do mundo, só perdendo para a Turquia – fórmula encontrada para manter o fluxo de investimentos. Os investidores pegavam emprestado no mercado mundial a 4% e emprestavam no Brasil a 25,5%!!! Nunca antes se ganhou tanto. O remédio fez efeito e a inflação do início do governo foi contida, caindo nos anos seguintes. Em 2006 foi de 3%. Todos respiraram com alívio. Os investimentos internacionais voltaram aos poucos e em 2007, ano de ventos mundiais mais do que favoráveis, bateram o recorde, com US$ 34 bilhões.

O governo Lula teve sorte com o mercado internacional. As *commodities* como soja, carne, minério de ferro, celulose e outras subiram de preço e puxaram o crescimento do PIB, ainda que de maneira humilde: 1% em 2003, 3,7% em 2006 e 5,3% em 2007. Mas, mesmo com o crescimento, o Brasil ficou abaixo da média mundial e até mesmo da latino-americana. O "espetáculo do crescimento" prometido pelo presidente em 2003 nunca se concretizou.

AH, ESSES JORNALISTAS!!

"[...] Lula terá de fazer mais que discursos e patrocinar diálogos, que, na realidade, são monólogos de auto-afirmação promocional. [...]
Na base do fisiologismo e na lógica do palanque..."a contundente Dora Kramer, em *O Estado de S. Paulo*, 26.2.2008.

cujo repórter o teria ameaçado; concomitantemente, a revista põe em seu website a gravação da entrevista, desmascarando Poletto, que tem ordem de prisão pedida pelos senadores ao Ministério Público; Sergio Gomes da Silva, o "Sombra", depõe na CPI dos Bingos e nega envolvimento na morte de Celso Daniel; Paulo Okamotto, presidente do Sebrae (Serviço de Apoio às Micro e Pequenas Empresas), alega na CPI dos Bingos ter pago uma dívida do presidente Lula, seu amigo pessoal, com dinheiro próprio, desmentindo ter usado recursos públicos do Fundo Partidário do PT; o senador José Sarney telefona a parlamentares pedindo voto contra a cassação de José Dirceu.

DEZEMBRO – Dirceu, apelidado por alguns setores de "Rasputin", é cassado; o presidente Lula é multado pelo TSE por propaganda eleitoral antecipada; a imprensa denuncia depósito de R$ 1 milhão feito pelo PT na conta da empresa Coteminas, de propriedade da família do vice-presidente e então ministro da Defesa, José Alencar – a direção do PT não reconhece o pagamento; o presidente da Coteminas Josué Gomes da Silva, filho de José Alencar, entrega documentos que comprovam o pagamento, o que desperta nos integrantes da CPI a suspeita de existência de outras fontes, além do esquema de Marcos Valério, de abastecimento do caixa-dois do PT; o ex-superintendente do Banco Rural (um dos implicados no suposto esquema petista), Carlos Roberto Godinho, afirma que os empréstimos do banco a Marcos Valério eram feitos "para não serem pagos", e que relatórios do banco apontavam indícios de lavagem de dinheiro na movimentação da conta da SMPB, empresa de Marcos Valério, por ela ser quase dez vezes maior do que o faturamento da empresa; Palocci recusa convite de comparecimento à CPI dos Bingos; Marcos Valério entra novamente na Justiça para cobrar quase R$ 100 milhões ao PT; a CPI dos Correios divulga relatório que aponta a existência do mensalão; o presidente Lula, o novo presidente da Câmara, Aldo Rebelo, a ministra-chefe da Casa Civil, Dilma Rousseff, declaram não acreditar na existência do mensalão.

2006

JANEIRO – descoberta nova conta de Duda Mendonça nos Estados Unidos.

FEVEREIRO – a Telemar injeta mais R$ 5 milhões na Gamecorp, do filho do presidente Lula; com presença do presidente Lula, em festa no salão da Associação Atlética do Banco do Brasil, em Brasília é lançado o slogan "PT 26 anos - A volta por cima".

MARÇO – o irmão, a cunhada e os filhos do irmão do prefeito assassinado, Celso Daniel, deixam o país, alegando ameaças de morte – eles seriam reconhecidos como os únicos refugiados políticos brasileiros na França; a deputada Ângela Guadagnin faz a "dança da pizza", comemorativa da absolvição de Roberto Brant pelo Conselho de Ética;

AH, ESSES JORNALISTAS!

Em novembro de 2006, militantes do PT com crachá de funcionários públicos agridem jornalistas à entrada do Palácio da Alvorada. No dia seguinte, novo constrangimento, dessa vez nas dependências da PF, em SP.
Impossível não lembrar do precedente, quando o Planalto quis expulsar Larry Rohter, correspondente do *The New York Times*. Tudo porque ele tinha sugerido suposta predileção presidencial por determinada bebida de conteúdo pronunciadamente etílico. Marco Aurélio Garcia (aquele mesmo, do delicado gesto filmado por ocasião da divulgação de um dos laudos sobre o acidente aéreo que matou 199 pessoas), não perdeu tempo: sugeriu à imprensa que fizesse uma "auto-reflexão" sobre sua atuação na campanha eleitoral.

Um governo de oito anos no total, na verdade, é um único governo com um plebiscito no meio: é mais ou menos assim que funciona a reeleição. Isso valeu tanto para Lula como para FHC. O governo do sindicalista teve que lutar contra o aumento do desemprego, e graças a novo aquecimento da economia global houve uma reversão de 11% em 2003, fechou o ano com 7,12% em dezembro e uma média de 9,3%. Uma vitória, sem dúvida. O presidente havia prometido dobrar o poder aquisitivo do salário mínimo. O que não aconteceu no primeiro governo. Mas em 2008 ele vale R$ 380,00, ou US$ 200,00. Outra conquista, ainda que essa constatação tenha sido favorecida pela valorização exagerada do Real perante o dólar. Por anos e anos os parlamentares do PT lutaram no Congresso por um salário de cem dólares: mas foram o mercado, as *commodities*, o aquecimento da economia global os responsáveis pelos ganhos, amparados pelas correções feitas pelo governo acima da inflação, ou seja, com ganho real. Isso se estendeu aos aposentados de Previdência Social e alavancou o consumo das classes mais baixas da população brasileira, que tinha um percentual muito grande vivendo abaixo da linha de pobreza.

É verdade que o mesmo ganho não se estendeu a outros aposentados que ganhavam acima do mínimo.

Também é verdade que com o aperto na economia o rendimento médio mensal dos brasileiros caiu no primeiro governo Lula, mas se recuperou no segundo. O avanço da diminuição da desigualdade foi muito mais lento do que o presidente tinha prometido nas duas campanhas eleitorais.

O relacionamento do governo esquerdista com o bicho-papão FMI foi muito mais amistoso do que qualquer analista político poderia imaginar. Lula não só renovou o acordo como FMI em 2003, como se submeteu a suas exigências e finalmente, graças ao acúmulo de dólares provenientes do aumento das exportações, pagou antecipadamente o que o Brasil devia. Lula justificou que assim o Brasil se livrava do Fundo, pagava menos juros e conquistava mais credibilidade entre os grandes investidores capitalistas mundiais. Impensável quando ele e o governo faziam oposição a FHC! No final de 2007, o país tinha mais de US$ 180 bilhões acumulados, um recorde histórico. Isso contribuiu para acalmar os investidores dos efeitos da recessão dos Estados Unidos, no mesmo período. Em 2008, os juros fixados pelo Banco Central "autônomo" foram de 11,25%. Segundo os críticos da nova esquerda, Lula só não deu independência total ao banco porque enfrentaria resistência mesmo dentro do PT. Apenas um grupo de burocratas, liderados pelo presidente do banco, Henrique Meirelles, define a taxa com uma desenvoltura que lembra os bancos centrais da Europa e dos Estados Unidos.

o delegado seccional de Ribeirão Preto, Benedito Antonio Valencise, afirma ter indícios da participação de Antonio Palocci no esquema de fraudes no sistema de limpeza pública da prefeitura de Ribeirão Preto – mais tarde, ele seria afastado; Francenildo, caseiro de uma mansão em Brasília, afirma ter ter visto malas e maços de dinheiro e o motorista da casa entregar um envelope cheio de reais a um assessor de Palocci no estacionamento do Ministério da Fazenda, além de ter testemunhado reuniões para organizar a distribuição de dinheiro e festas com garotas de programa; Palocci desmente o caseiro, que repete na CPI dos Bingos suas declarações e diz que "confirma até morrer" ter visto Palocci na mansão umas 20 ou 30 vezes; é divulgado pela imprensa uma cópia do extrato bancário de Francenildo, sugerindo que ele teria sido pago para fazer as denúncias contra Palocci, por ser beneficiário de R$ 38.860,00 (que se descobririam terem sido pagos por seu pai natural); a repercussão da quebra do sigilo bancário do caseiro é negativa, com envolvimento do Ministério da Fazenda, da PF e da Caixa Econômica Federal; são exonerados o ministro Palocci e o presidente da Caixa, Jorge Mattoso.

CURIOSIDADES

DA SÉRIE "RIR PARA NÃO CHORAR": "só vai haver racionamento [de energia] se não chover nunca mais", presidente Lula sobre a crise de energia. "Não vai haver aumento de tarifa, só acerto tarifário", do ministro Lobão, pai do Lobinho.

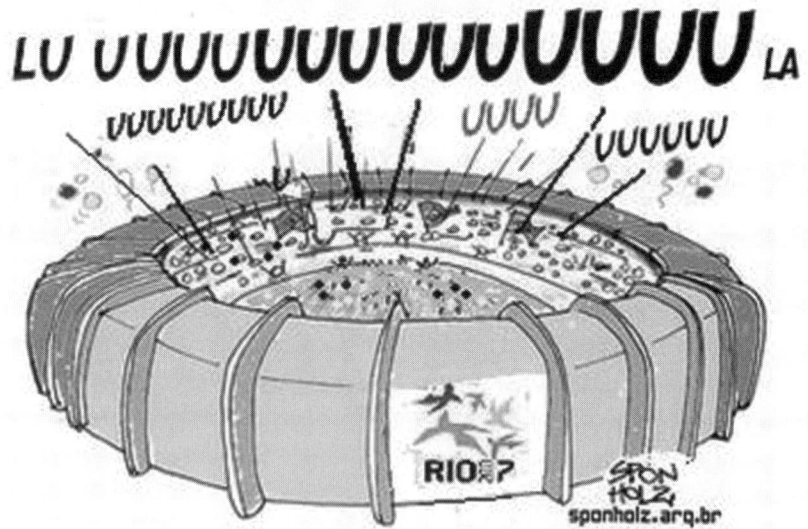

DENÚNCIAS E ESCÂNDALOS

FRANCENILDO

Partilha de propina em festas freqüentadas por muita gente de vida airada, malas e maços de dinheiro de posse dos integrantes da chamada "República de Ribeirão": por ter testemunhado acontecimentos não tão públicos assim, o caseiro da mansão, Francenildo Santos Costa, foi impedido de falar na CPI dos Bingos; os dados de sua conta bancária na Caixa Econômica Federal foram divulgados pela imprensa; a vida de sua família, devassada; ele nunca mais conseguiu emprego com carteira assinada. Caiu o então presidente da Caixa, Jorge Mattoso. Caiu o então assessor de imprensa do Ministério da Fazenda, Marcelo Netto. E caiu o ministro da Fazenda, Antonio Palocci.

"A Voloex é uma empresa que foi alaranjada pelo Lap com a ajuda do Roberto Teixeira. Está tudo em uma investigação policial."

Marco Antonio Audi, acusado de ser 'laranja' do fundo americano Matlin Patterson, no caso Varig

"Você aumenta a exportação de ferro-gusa com carvão da floresta nativa, triplica os frigoríficos, titula ocupações de até 1500 hectares, licencia obras ilegais e não cobra multas: depois espera o quê?"

Roberto Smeraldi, diretor da Amigos da Terra, no jornal O Estado de São Paulo em 4.6.08

AH, ESSES JORNALISTAS!

Em fevereiro de 2008, jornalistas do jornal *O Estado de S. Paulo* – pessoal indiscreto, esse – descobriram que "a CGU (Controladoria-Geral da União) só revela despesas de 68 dos 150 cartões que a presidência tem".

DIÁRIO DA CORTE

'Influência de [Roberto] Teixeira foi 100% decisiva',
Marco Antônio Audi em entrevista ao Estadão, 4.6.08

Ex-diretores confirmam interferência
Estadão, 5.6.08

Parecer mostra dispensa de checagem de dados do INSS IR de sócios da VarigLog também não foi verificado
Estadão, 5.6.08

Compadre de Lula ganha até US$ 5 mil[hões] da Varig
Folha online, 23.6.08

Donos da Varig têm dívida de R$ 377 milhões com a União
Estadão, 25.6.08

Os juros impactaram fortemente as contas públicas e fizeram o governo praticar exatamente as mesmas ações que condenava quando estava na oposição. Lula acusou muitas vezes FHC de gerar superávit primário para pagar os banqueiros, detentores da dívida interna brasileira: e o governo dele pagou, de 2003 a 2007, R$ 851 bilhões! Nesse ritmo, é fácil chegar a um trilhão no ano seguinte. Parte da responsabilidade foi atribuída ao Banco Central, de política de juros altos. Em suma, nada mudou na economia brasileira entre o governo tucano e o petista. Defendendo a manutenção da famigerada CPMF, Lula chegou a se justificar, dizendo que **"preferia ser uma metamorfose ambulante"**, parodiando o roqueiro Raul Seixas.

Metamorfose da qual parecem fazer parte alianças antes insuspeitas: Jader Barbalho, José Sarney, Fernando Collor de Mello. De fazer virar na tumba qualquer petista morto. E qualquer esquerdista convicto.

Mas verdadeira surpresa do governo de Lula não veio com a economia, mas sim na seara da ética (ou da falta dela): a roubalheira parece ter se institucionalizado no país, como nunca antes.

O novo, no governo Lula, foi uma sucessão incomparável de escândalos de corrupção em que o governo afundou. Em 2005, Lula correu sério risco de *impeachment*.

DIÁRIO DA CORTE
Ex-diretora da Anac acusa Casa Civil de favorecer comprador da Varig.
Estadão, 8.6.08

ABRIL – o ex-ministro da Fazenda, Antonio Palocci, é indiciado por mais dois crimes; Palocci é declarado responsável pela ordem da quebra de sigilo bancário do caseiro Francenildo Santos Costa; Renan Calheiros arquiva o pedido de processo que envolve Paulo Okamotto e a família de Lula.

MAIO – a OAB decide pela não-aprovação de pedido ao Congresso de *impeachment* do presidente Lula; o presidente da Bolívia decreta a nacionalização das reservas de petróleo e gás e ordena a ocupação dos campos de produção das empresas estrangeiras no país, entre elas a Petrobras.

JUNHO – a Petrobras anuncia que deixará de distribuir combustíveis na Bolívia, em cumprimento ao decreto de nacionalização dos hidrocarbonetos (desde 1996, a Petrobras injetou US$ 1,5 bilhão na Bolívia, onde explorava os dois principais campos de gás do país, ocupados em maio pelo Exército boliviano, e tem duas refinarias, entre outros – é a maior empresa da Bolívia, e responde por 15% de seu PIB); é criada a CPI dos Sanguessugas, que apura corrupção generalizada, envolvendo compra superfaturada de ambulâncias; manifestantes do MLST, Movimento de Libertação dos Sem-Terra, invadem e promovem quebra-quebra no Congresso Nacional em Brasília.

LOS HERMANOS

Em maio de 2006, pressionado por questões internas o presidente da Bolívia, Evo Morales, declara a nacionalização das companhias estrangeiras nos país. A medida dá ao Estado o controle da produção, industrialização e comercialização de hidrocarbonetos. Em seguida, o presidente da Petrobras anuncia que a empresa estatal cancelaria novos investimentos naquele país. O presidente Lula critica os defensores de uma postura mais dura e declara que a Bolívia precisava "não de arrogância", afirmando a disposição do governo de ajudar o país mais pobre da América do Sul.

A crise se acirra; a estatal informa que, antes de procurar arbitragem em tribunal internacional, daria 45 dias à Bolívia, que nomeia diretores locais para assumir a direção das empresas estrangeiras. Lula descarta "retaliação" e diz que negocia de forma "carinhosa".

Lula se aborrece com a suposta interferência do presidente Hugo Chávez, da Venezuela, na decisão de nacionalização. Amorim fala em "desconforto". Evo Morales dispara uma série de declarações polêmicas: diz que a Petrobras operava ilegalmente, chama as petrolíferas de "contrabandistas", revela o não pagamento de qualquer indenização. Acrescenta que o Brasil comprou o Acre da Bolívia em troca de um cavalo. Celso Amorim responde que o governo brasileiro está "indignado".

Reportagem da revista britânica The Economist avalia que Lula foi "humilhado" por Hugo Chávez e transformado em um "espectador irrelevante", no episódio do gás.

A estatal YPFB passa a exercer o direito de propriedade sobre toda a produção de derivados de petróleo e de GLP (gás de cozinha). A medida confisca a renda da Petrobras e prejudica as operações da empresa, proibida de exportar diretamente derivados de petróleo e de fixar preços para produtos não-regulados, caso dos lubrificantes.

Nosso não carinhoso vizinho decide adquirir o controle das refinarias da Petrobras no país sem pagar nada por isso, por acreditar que a estatal brasileira já teve "ganhos extraordinários". Mas em fevereiro de 2007, os dois países chegam a um acordo: o Brasil pagará até US$ 100 milhões a mais por ano. O preço de US$ 4,30 por milhão de BTUs não muda, mas será pago um valor maior por componentes "nobres" do gás, como etano, gás liquefeito de petróleo e gasolina natural.

Em maio de 2007, depois de complicados acordos, é acertado o valor de US$ 112 milhões, a serem pagos em duas parcelas à Petrobras, como "compra", pelo controle físico das duas refinarias, que têm capacidade de processamento de 40 mil barris de petróleo por dia, o suficiente para abastecer quase a totalidade do mercado boliviano de carburantes e outros derivados. Só em 2007, os negócios de exportação de gás ao Brasil e à Argentina somam quase US$ 2 bilhões.

Em fevereiro de 2008, a Bolívia anuncia sua incapacidade de cumprir os contratos com Brasil e Argentina, sugerindo que o Brasil ceda parte de sua cota. Em paralelo, a Petrobras inicia exploração de poço de petróleo na Bolívia, o que confirma a retomada dos investimentos da empresa naquele país.

Em março de 2008 a Petrobras é foi multada pelo governo argentino, que responsabiliza petroleiras pela escassez de combustível que atinge o país vizinho.

Buratti, Marinho e Valério: aumenta a disputa pelo prêmio da delação

💣 DENÚNCIAS E ESCÂNDALOS

Em agosto de 2005, Rogério Tadeu Buratti, o antigo secretário e acólito de Palocci, foi preso e negociou a delação premiada sobre o suposto esquema de propina da época em que Palocci tinha sido prefeito de Ribeirão. As investigações do Ministério Público estimam que nas duas gestões de Palocci R$ 30 milhões teriam sido garfados do município, em serviços não efetuados ou superfaturados pela Leão Leão, firma da qual Buratti viria ser vice-presidente. E que pagaria o sempre suposto pedágio mensal repassado ao PT.

O assunto só veio à tona porque Buratti e Palocci se desentenderam por motivos de ordem pessoal, que seria no mínimo indelicado esmiuçar.

O caso lembrou o da intrincada contabilidade petista em Santo André, que veio à tona pelo assassinato jamais esclarecido de Celso Daniel, o prefeito que se insurgiu contra o que não deveria ter se insurgido.

Bis para o caso Toninho do PT, prefeito petista de Campinas, também assassinado. Bis para o caso nunca satisfatoriamente elucidado, ao menos na opinião da viúva.

Em fevereiro de 2008, Buratti se retratou, negando tudo. Dito pelo não dito, em declaração secreta. Seguindo a cartilha de transparência do ex-partido da ética.

JULHO – Lula declara que nunca foi "um esquerdista"; Vedoin declara esquema de corrupção maior do que se supunha, no início da CPI; depois de longa crise, é vendida a Varig.

AGOSTO – o presidente Lula é multado pelo TSE por propaganda eleitoral antecipada; PF indicia Humberto Costa, Delúbio e mais 40 por envolvimento com máfia dos vampiros.

SETEMBRO – 154 mortos em acidente com avião da Gol, no início da crise do chamado "apagão aéreo"; estoura o escândalo do "dossiêgate", com a prisão de petistas de posse de dinheiro destinado, supostamente, à compra de dossiê falso contra políticos da oposição; Vedoin, o das ambulâncias, surge como um dos implicados; Freud Godoy, assessor do presidente Lula, também, e perde o cargo; Ricardo Berzoini, coordenador da campanha de Lula, idem; Expedito Afonso Veloso, ex-diretor do Banco do Brasil, também é afastado da instituição, após denúncia sobre seu suposto envolvimento; o candidato ao governo de São Paulo, o petista Aloizio Mercadante, afasta o coordenador de comunicação de sua campanha, que teria articulado a publicação da reportagem pela revista *IstoÉ* contra José Serra;

"Muitas pessoas acreditam que ela [Ruth Cardoso] foi de fato a primeira pessoa que pensou na idéia do Bolsa Família, apesar de o programa não ter esse nome na época. Mas essa idéia de unificar os programas, criar uma economia mais equilibrada e eficiente, foi exatamente o que Lula fez quando assumiu o governo em 2003."

Anthony Hall, da London School of Economics (LSE, Escola de Economia de Londres).

DENÚNCIAS E ESCÂNDALOS

Você tem arrepios só de ouvir falar em avião? Não está sozinho. O chamado apagão aéreo mudou até o tipo de medo: antes, algumas pessoas sentiam medo de subir num avião, agora, todas sentem, mas é de não conseguir embarcar. No melhor exemplo do "jogar fora o bebê com a água da banheira", as autoridades (sic!) do setor tiveram a original idéia de aumentar as tarifas dos aeroportos de São Paulo. Assim, as companhias aéreas deixam de passar pela cidade, que reúne o maior número de embarques e desembarques, e o problema se resolve. Como é que ninguém tinha pensado nisso antes? Claro que as companhias aéreas estrangeiras – tem sempre alguém disposto a estragar tudo – avisaram que a medida é absurda e que isso inviabilizaria esses aeroportos, que se tornariam simplesmente os mais caros do mundo. Que estraga-prazeres! A crise, desencadeada pelo acidente do avião da Gol em 2006 (154 passageiros, nenhum sobrevivente), que simplesmente sumiu dos radares, explodiu de vez na cara do país quando um avião da TAM passou pela pista de Congonhas como se fosse uma de patinação e se incendiou depois de trombar com um prédio da empresa, matando 199 pessoas. No intervalo, denúncias de problemas na pista, ranhuras feitas às pressas depois do acidente, acusações de todo tipo, autoridades sem autoridade, responsáveis sem responsabilidade, parentes desesperados, operações-padrão de controladores de vôo, caos em aeroportos, milhares de pessoas desrespeitadas – tudo em meio a lindas lojas, construídas nos aeroportos destituídos de outros recursos certamente mais importantes. O presidente da República chegou a dar 48 horas para que soluções fossem apresentadas. Mas aparentemente ninguém envolvido usava relógio. Nem usa.

Só não houve pedido de *impeachment* por se temer uma convulsão social, mas motivos havia – e de sobra. Um verdadeiro mar de lama.

2005 foi o inferno astral de Lula: seus amigos e companheiros históricos e mais próximos foram acusados de se favorecer pessoalmente com dinheiro público e de participar de um esquema de compra de base aliada. Foi o ano da mala. Era dinheiro para todo lado. A oposição ganhou espaço e passou a acusar o PT de ser "farinha do mesmo saco", jargão usado por décadas pelos petistas para se referir aos adversários. O principal implicado foi o todo-poderoso ministro-chefe da Casa Civil da presidência, José Dirceu, que funcionava com poderes e ares de um verdadeiro primeiro-ministro. O ex-militante e ex-líder estudantil caía estrondosamente, para alegria da torcida. Dessa vez, nenhuma operação plástica conseguia salvá-lo. O surpreendente foi que as denúncias do esquema de propinas no governo partiram da base de apoio do próprio governo, na pessoa do líder do PTB, Roberto Jefferson. O que ficou conhecido no folclore político como "fogo amigo".

DIÁRIO DA CORTE
*Ex-primeira dama
Ruth Cardoso, antropóloga,
morre em São Paulo*
Estadão, 25.6.08

Não foi porque a cadela de Lula (Michèle) passeou de carro oficial com motorista; nem porque Sandra Starling, ex-secretária executiva do Ministério do Trabalho – exonerada poucos dias depois –, sugeriu que a CGU fiscalize os contratos de terceirização de mão-de-obra naquele ministério, onde haveria irregularidades; nem porque a ministra Benedita da Silva foi à Argentina para participar de um evento religioso com o dinheiro do contribuinte; nem porque o presidente Lula mandou comprar um avião pela bagatela de US$ 56,7 milhões; nem porque uma estrela vermelha foi plantada no jardim do Palácio do Planalto como se fosse o quintal da casa de alguém; nem porque Mário Haag, ex-diretor da Caixa Econômica Federal e uma das principais testemunhas do caso Waldomiro Diniz, teve a casa invadida por bandidos à procura de documentos. Não. Isso tudo foi nada.

O estouro da barragem do mar de lama aconteceu em maio de 2005. Mas foi provocado pela própria base aliada do governo. Depois de Mauricio Marinho, diretor dos Correios, ser gravado recebendo propina, o deputado Roberto Jefferson abriu a boca. Começava o escândalo de corrupção nos Correios, que redundaria na CPI. Numa das.

E TEVE MAIS: veio à tona o mensalão, aluguel supostamente pago a deputados da chamada "base parlamentar de apoio" do governo Lula. Cairia o todo-poderoso José Dirceu. E cairiam vários "homens do presidente". De Gushiken a Delúbio, passando por João Paulo Cunha, Silvinho Pereira, Genoino, além da implicação de amigos, companheiros, churrasqueiros e outros.

> "Político não é tudo igual, não. Eu não sou melhor que ninguém; mas muitos são piores que eu."
> Mário Covas

o delegado Edmilson Bruno, da PF de SP, revela à imprensa fotos do dinheiro apreendido (mais tarde, é afastado); três amigos de Lula têm ordem de prisão decretada; a Justiça manda soltar todos os envolvidos; TSE afirma que candidatura de Lula pode ser impugnada.

OUTUBRO – Lula e Alckmin vão para o 2º turno.

NOVEMBRO – Lula é reeleito com a maior base de apoio da história: 14 partidos (PT, PMDB, PRB, PCdoB, PSB, PP, PR, PTB, PV, PAN, PSC, PTdoB, PMN e PHS, além do 15º, o PDT, que aderiu em janeiro de 2007).

2007

JANEIRO – Lula inicia segundo mandato; lançamento do Programa de Aceleração do Crescimento (PAC).

FEVEREIRO – Brasil e Bolívia chegam a um "acordo": o Brasil pagará até US$ 100 milhões a mais por ano.

MARÇO – depois de vários adiamentos, é instalada a CPI das ONGs, para investigar repasses de dinheiro a ONGs ligadas ao governo federal.

ABRIL – o procurador-geral da República dá parecer favorável à instalação da CPI do Apagão Aéreo.

Descobriu-se um verdadeiro "propinoduto", e o governo e o PT se defenderam dizendo que era dinheiro destinado ao caixa-dois dos partidos, para financiar eleições. O mesmo esquema já teria sido usado por tucanos em Minas Gerais. Um erro justificaria outro? E caixa-dois pode?
As CPIs explodiram no Congresso, na imprensa (nacional e internacional) e na opinião pública. Os escândalos se sucederam e pareciam não ter mais fim. Na CPI dos Correios descobriu-se que até o publicitário que fez a campanha de Lula tinha recebido e depositado dinheiro no exterior. Nesse dia, muita gente duvidou que o PT e o presidente agüentassem.
Um assessor de deputado do PT foi apanhado no aeroporto de São Paulo com US$ 100 mil na cueca. O secretário-geral do partido foi pilhado com um jipe importado que lhe teria sido dado por uma empresa privada ligada à estatal Petrobras. Outro foi acusado de manipular verbas de fundos de pensões. Os ataques vinham da direita, do centro e da esquerda ocupada pelo aguerrido PSOL, composto por militantes expulsos ou inconformados com o avanço do PT da esquerda para o centro, e indignados com tanta corrupção.

> "Não vivi momento tão triste como este; tão grosseiro e vulgar. O Lula está numa vaidade exagerada, e temo porque parece que Sua Excelência é homem do bem e do mal. E a gente que o assessora vive momentos muito difíceis. Ah, prepotência e complexo de grandeza!"
>
> senador Pedro Simon

Os dois principais protagonistas do escândalo foram cassados, mas um número significativo foi misteriosamente absolvido pela comissão de ética da Câmara. Outros renunciaram, recandidataram-se e foram eleitos. Eis a falta que faz uma reforma política. A crise atingiu até o intocável ministro da Fazenda, Antonio Palocci, envolvido com um grupo de lobistas de sua cidade natal Ribeirão Preto, que mantinha uma casa de encontros românticos em Brasília. O caseiro confirmou na CPI que o ministro freqüentava a "República de Ribeirão". Caixa Econômica Federal e Bando Brasil tiveram os nomes envolvidos na maré de lama. Aguerridos dirigentes perderam a cadeira. O escândalo do mensalão, acusação de que o partido do governo pagava propina para os digníssimos deputados votarem projetos a favor do governo, se perdeu no Congresso – que se transformou em uma grande pizzaria.

Tudo acabou em pizza. Foram três cassados, quatro que renunciaram e todos os outros saíram ilesos. E Lula disse que não sabia de nada.

Enquanto isso...

Quando um patético e conhecido ditador usando uniforme de ginástica e agitando os braços para se convencer de seu próprio mobilismo (físico) anunciou sua imperial saída do poder que tomou em nome de uma revolução, e que manteve em nome de sua ambição pessoal – ou talvez de alguma verdade revelada inalcançável para os pobres mortais –, deixou atrás da farsa teatral e mediática uma realidade de 11 milhões de cubanos cuja maioria vive da esmola de uma cesta básica e de um equivalente ao Bolsa-Família.

MAIO – o presidente Lula concede sua 2ª coletiva de imprensa desde que assumiu a presidência, em 2003; em fabuloso acordo, é acertado o valor de US$ 112 milhões, a serem pagos em duas parcelas à Petrobras pela Bolívia, pelo controle das duas refinarias.

JUNHO – o governo Lula anuncia que Angra III será construída e que custará R$ 7,2 bilhões; envolvido na Operação Xeque-Mate, de denúncia de corrupção, Vavá, o irmão do presidente Lula, é indiciado por tráfico de influência no Executivo e exploração de prestígio no Judiciário.

JULHO – 199 mortos em acidente com o avião da TAM.

AGOSTO – o STF vota a favor do recebimento da denúncia de formação de quadrilha contra José Dirceu, feita pelo procurador-geral Antonio Fernando de Souza, de que ele foi o "principal articulador da engrenagem do esquema, garantindo-lhe o sucesso [...] e que ele tinha o domínio funcional de toda a sistemática de transferência ilegal de recursos a parlamentares".

OUTUBRO – o governo cria por decreto seu 38º ministério (para Mangabeira Unger); vão a leilão cerca de 2.600 km de rodovias federais, para privatização.

NOVEMBRO – a Agência Nacional de Transportes Terrestres (ANTT), agência do governo que regula os transportes terrestres, detecta irregularidades nos contratos das empresas vencedoras dos leilões das rodovias federais, que comprovam que não será possível atingir os valores de pedágio propostos no leilão; Lula declara que a Petrobras precisa investir novamente na Bolívia; é anunciada a descoberta do campo gigante de gás e petróleo, o Tupi, na bacia de Santos, litoral de São Paulo, com enormes reservas de petróleo e gás natural.

DEZEMBRO – o governo sofre uma das piores derrotas quando a prorrogação da CPMF (Contribuição Provisória sobre Movimentação Financeira, criada em 1993) é rejeitada pelo plenário do Senado; o presidente Lula desautoriza o ministro da Fazenda, Guido Mantega, que defende a criação de um imposto nos moldes da CPMF.

Os indicadores sociais do governo Lula melhoraram graças ao programa Bolsa-Família, uma inspiração do Banco Mundial, e adaptação do Bolsa-Escola, do governo FHC. Depois do fracasso do programa Fome Zero, o governo optou por distribuir pequenas contribuições para famílias de baixa renda, elevando a condição de muita gente que estava abaixo da linha da miséria. A distribuição de dinheiro permitiu o crescimento do comércio local, também fortalecido com os ganhos reais do salário mínimo e do piso da previdência social. Foi a grande vitória do governo Lula, a um custo muito pequeno, 0,5% do PIB, que opositores e analistas acusam de assistencialismo, por dar o peixe e não ensinar a pescar.

O segundo período do presidente Lula foi marcado por uma forte coalizão com o PMBD, que recebeu ministérios, cargos e diretorias em empresas estatais em troca de apoio no Congresso. Temendo não poder dar uma arrancada final, Lula se aliou com os fisiologistas e conservadores do maior partido do país: o apoio do PMBD era vital para a aprovação do PAC (Programa de Aceleração do Crescimento), nome dado ao conjunto de obras e ações do governo, um esforço organizado para tirar o Brasil do baixo crescimento do PIB dos últimos anos e promover a decolagem em direção ao desenvolvimento e à consolidação como uma das economias mais fortes do mundo. Um desafio que ainda está em andamento.

DENÚNCIAS E ESCÂNDALOS

Da série "perguntar não ofende": como será que se sente cada lavrador que vê, depois de anos de cabo de enxada, qualquer invasor de terra do MST ter os mesmos direitos previdenciários que ele? É que os ministérios da Previdência e do Trabalho tiveram um acesso irresponsável de bondade, no início de 2008, assegurando que os "trabalhadores" em áreas ocupadas ilegalmente tenham direito de contar tempo para a aposentadoria rural.

"AH AH AH
EU QUERO DIZER
AGORA O OPOSTO
DO QUE EU DISSE ANTES.
EU PREFIRO SER
ESSA METAMORFOSE AMBULANTE,
DO QUE TER AQUELA VELHA OPINIÃO
FORMADA SOBRE TUDO.

SOBRE O QUE É O AMOR
SOBRE O QUE EU
NEM SEI QUEM SOU.
SE HOJE EU SOU ESTRELA,
AMANHÃ JÁ SE APAGOU.
SE HOJE EU TE ODEIO,
AMANHÃ LHE TENHO AMOR,
LHE TENHO AMOR,
LHE TENHO HORROR,
LHE FAÇO AMOR.
EU SOU UM ATOR...
[...]"

do parafraseado Raul Seixas

2008

JANEIRO – é anunciada a descoberta do megacampo de Júpiter, também na bacia de Santos, no litoral do Estado de São Paulo.

FEVEREIRO – a Bolívia anuncia sua incapacidade de cumprir os contratos com Brasil e Argentina; a Petrobras inicia exploração de poço de petróleo na Bolívia, o que confirma a retomada dos investimentos da empresa naquele país; o ditador cubano Fidel Castro "abdica" do governo de Cuba; o Brasil zera a dívida externa; decreto a ser assinado pelo presidente Lula, de alteração do Plano Nacional de Outorgas da telefonia fixa, pode concentrar o setor, favorecendo a Oi/Telemar, empresa da qual o filho do presidente é sócio.

MARÇO – STF (Supremo Tribunal Federal) arquiva ação sobre gastos secretos de Lula; STF adia julgamento sobre uso de células-tronco; integrantes da Via Campesina ocupam a ferrovia da companhia Vale, fazem um maquinista refém, em protesto contra a privatização, em 1997; revela-se repasse de recursos, por meio de convênios, a entidades dirigidas por membros do PT em Santa Catarina, em suposto esquema de favorecimento; presidente da CPI das ONGs ameaça deixar cargo, por entraves da base do governo às apurações.

PERSONALIDADES

O paulista Osvaldo Cruz se formou pela Faculdade de Medicina do Rio de Janeiro em 1892. Foi a Paris, onde estagiou longamente, em especial no Instituto Pasteur. De volta ao Brasil, em 1899, foi o responsável pela organização da erradicação do surto de peste bubônica que assolava as cidades portuárias. Juntamente com Adolfo Lutz e Vital Brazil, designados pelo governo de São Paulo para checar a real situação da epidemia que se alastrava em Santos, confirmou oficialmente o surto da peste. Demonstrou a necessidade de soro adequado, sem o qual haveria uma epidemia. Mais do que isso, convenceu o governo a criar institutos para fabricar esse soro. Assim, foram criados o Instituto Butantã, em São Paulo, e no Rio de Janeiro o Instituto Soroterápico, que ele dirigiu. Nomeado diretor-geral de Saúde Pública em 1903, no ano seguinte enfrentou a famosa "Revolta da Vacina". E venceu.
A febre amarela que assustou novamente o Brasil em 2008 (não havia casos detectados desde 1942), tinha sido por ele erradicada. Osvaldo Cruz investiu ainda contra a varíola. Além de organizar os batalhões chamados de "mata-mosquitos", convenceu o então presidente Rodrigues Alves a decretar obrigatória a vacinação, o que provocou a revolta da população. Reconhecido e premiado internacionalmente, abandonou a Saúde Pública em 1909.

ABRIL – a ministra-chefe da Casa Civil, Dilma Rousseff é convocada para dar explicações sobre montagem e vazamento de dossiê com dados sobre FHC; agrava-se a epidemia de dengue no Rio de Janeiro / BB patrocina curso para MST; o ex-presidente FHC figura na lista dos 100 maiores intelectuais do planeta.

MAIO – Paulinho, da Força Sindical, é citado como suposto envolvido em escândalo de desvio de recursos do BNDES; cesta básica sobe até 30% nos últimos 12 meses; depois de dez anos de estabilidade econômica, desde o Plano Real, Brasil conquista "grau de investimento"; desmoralizada, a ministra do Meio Ambiente, Marina Silva, joga a toalha.

DIÁRIO DA CORTE
Dilma dá cargo a petista réu por concessão suspeita
Estadão, 25.6.08

DIÁRIO DA CORTE
Inflação tem maior alta em maio, desde 1996
Folha online, 11.6.08

Será que já agradecemos o bastante?

Como seria o Brasil sem a imensa contribuição dos imigrantes? Certamente menos variado e menos rico, sobretudo do ponto de vista humano. Porque as levas de japoneses e italianos, libaneses e sírios, alemães e austríacos, espanhóis e judeus, dentre tantos outros, só trouxeram benefícios, só nos ensinaram o que não sabíamos, só nos engrandeceram. Gente determinada e trabalhadeira, como se dizia na época. Que veio para somar e construir. Que plantou, deu duro, mudou a cara da nação. Gente que cresceu com o Brasil e fez o Brasil crescer.

Não dá para negar que a região mais rica do país foi aquela que os recebeu. Um dos exemplos inegáveis do desenvolvimento e da diversificação da economia, graças à mão-de-obra imigrante, foi o sucesso do café. Sua produção aumentou de maneira significativa: os imigrantes tanto trabalhavam como empregados quanto como pequenos proprietários. Outro, o do incomparável papel da colônia japonesa, cuja imigração comemora justamente seu centenário, e sem a qual seríamos menos produtivos, menos belos e menos delicados.

A urbanização das cidades e a industrialização brasileira contaram com os imigrantes desde o começo: na década de 1920, mais de 60% das indústrias de São Paulo eram tocadas por eles, os empresários imigrantes. A pujança de nossa agricultura deve a eles seus resultados.

Atrás do sonho de uma vida melhor, a onda mais importante veio de meados do século XIX até 1930, quando um decreto presidencial decidiu regular o que chamou de "a afluência desordenada de estrangeiros".

AH, O CARNAVAL!

Em fevereiro de 2006, duas reportagens sobre o Carnaval, no site *Congresso em foco* nos falavam de deliciosos casos ligados à festa considerada a mais popular do Brasil.

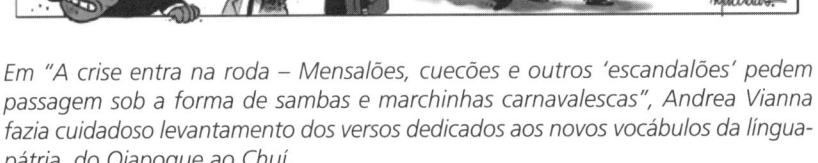

Em "A crise entra na roda – Mensalões, cuecões e outros 'escandalões' pedem passagem sob a forma de sambas e marchinhas carnavalescas", Andrea Vianna fazia cuidadoso levantamento dos versos dedicados aos novos vocábulos da língua-pátria, do Oiapoque ao Chuí.

"O presidente Lula disse repetidas vezes que 'não sabia de nada'. Mas de uma coisa ele sabia. Até profetizou, na entrevista concedida em novembro passado ao programa Roda Viva: 'O mensalão vai virar refrão de Carnaval'. E virou! Este vai ser, em todo o país, o 'Carnaval do mensalão'. O povo vai cantar marchinhas, sambas e pagodes com letras ferozes e versos infames, brincando com a maior decepção do brasileiro de um ano para cá: as denúncias de corrupção que atingiram a gestão Luiz Inácio Lula da Silva."

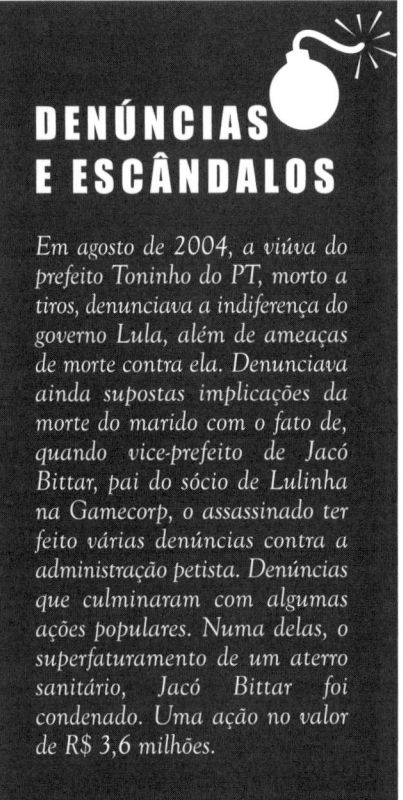

DENÚNCIAS E ESCÂNDALOS

Em agosto de 2004, a viúva do prefeito Toninho do PT, morto a tiros, denunciava a indiferença do governo Lula, além de ameaças de morte contra ela. Denunciava ainda supostas implicações da morte do marido com o fato de, quando vice-prefeito de Jacó Bittar, pai do sócio de Lulinha na Gamecorp, o assassinado ter feito várias denúncias contra a administração petista. Denúncias que culminaram com algumas ações populares. Numa delas, o superfaturamento de um aterro sanitário, Jacó Bittar foi condenado. Uma ação no valor de R$ 3,6 milhões.

RESUMO DA LISTA:

Em Santa Catarina, foi premiada a marchinha de Zinho Também quero um mensalão: "Me dá um mensalão/ Meu mensalinho não tá dando conta não", o que, contava a jornalista, deixou constrangida a líder do PT no Senado, Ideli Salvatti, que "[...] se esquivou de entregar o troféu ao vencedor do concurso [...]. A senadora deu o prêmio ao segundo colocado e deixou a cerimônia à francesa."

Em Porto Velho (RO), a "indignação popular escrachada em versos" da marchinha Do cuecão ao mensalão "também rendeu embaraços a políticos petistas": na festa de lançamento da camiseta oficial do bloco Vai quem quer, "estavam presentes o prefeito Roberto Sobrinho, do PT, e boa parte de seu secretariado."

Já Divina providência, de Maricéa M. Zwarg, ironiza a diferença: "Ai, ai, ai, o meu bolso tá furado!/ Ai, ai, ai, já não dá nem pro feijão!/ Enquanto isso aquela turma lá do 'alto escalão'/ Vai de champanhe, caviar e mensalão!"

Marcos V. S. Lima fez Voto Direto : "Mas quem mandou votar no homem?/ Quem mandou votar no homem?/ Se correr o bicho pega/ Se ficar o bicho come". [...] "E o mandato está acabando/ E eu não vejo a solução/ A cada dia que passa/ Surge mais um mensalão".

Mas essa irreverência transformada em catarse (ou o contrário) já é coisa antiga. Em seu "Política e Religiões no Carnaval" Haroldo Costa nos conta que já em 1761 o carnaval fazia uma homenagem ao nascimento do príncipe D.José.

Em 1820, continua ele, "foram formadas as sociedades carnavalescas, que se engajavam na luta política. Elas eram pré-abolição e pró-República". E explica que os atuais carros alegóricos eram chamados naquela época de "carros de idéia", cujas vítimas prediletas eram "abusos e erros de autoridades."

AH, ESSES JORNALISTAS!!

"Prezado ministro Gushiken: sou total e radicalmente contrário à proposta de Bucci de não obrigatoriedade de transmissão da Voz do Brasil. Só faltava essa. Já não basta a Radiobrás e sua 'objetividade', que na maioria das vezes significa um misto de ingenuidade e na prática mais uma emissora de 'oposição'." Junho de 2004, José Dirceu: revelação feita em livro do jornalista Eugênio Bucci, que denuncia bombardeio sofrido por ele, ao combater governismo na estatal – antes de desistir e pedir demissão.

Bovespa

A Bolsa de Valores de São Paulo é hoje a Bolsa de Valores do Brasil.
O processo de absorção das demais bolsas estaduais começou em 2000. E culminou em 2008, com a integração da BM&F, a Bolsa de Valores, Mercadorias e Futuros. A nova companhia nasce como:
* *a 3ª maior Bolsa do mundo em valor de mercado*
* *a 2ª maior Bolsa das Américas em valor de mercado*
* *líder de mercado da América Latina (80% do volume negociado)*

Em 1890, um grupo de agentes liderado por Emílio Rangel Pestana inaugura a Bolsa Livre, que seria a semente da Bovespa.

Na época, as negociações eram registradas em enormes quadros negros de pedra, para que todos pudessem acompanhar – o que valeu ao período o apelido de "Idade da Pedra".
Em 1934, a Bolsa se instala no Palácio do Café, localizado no Pátio do Colégio. As negociações eram feitas em um enorme balcão central (a Corbeille) em torno do qual se reuniam os corretores. Os negócios eram realizados em ordem alfabética.
Na década de 1960, a Bolsa deixa de ser subordinada ao Secretário da Fazenda do Estado e passa a ser autônoma e assume o nome de Bovespa.
Em 1972, é a primeira bolsa brasileira a implementar o pregão automatizado.

Fontes: www.bovespa.com.br
e www.bmfbovespa.com.br

AH, ESSES JORNALISTAS!

"O PT diz ter um programa operário. Mas é um programa de radicais de classe média que imaginam representar a classe operária, e não os operários, porque estes querem mesmo é se integrar à sociedade de consumo, ter empregos, boa vida etc. Não lhes passa pela cabeça coisas como socialismo." Paulo Francis, o previdente.

Faixa Cronológica período FHC

1995

JANEIRO – FHC toma posse.

MARÇO – o governo encaminha ao Congresso projeto de emenda constitucional para a Reforma da Previdência.

SETEMBRO – é criado o PPB (Partido Progressista Brasileiro), resultado da fusão do PPR (Partido Progressista Renovador) com o PP (Partido Progressista).

DEZEMBRO – PC Farias consegue do STF a liberdade condicional; o governo cria a Rede de Proteção Social (somatória de programas como o Bolsa-Escola, o Vale-Gás e o Bolsa-Alimentação, entre outros).

1996

MARÇO – o MST (Movimento dos Sem-Terra) faz uma das maiores ocupações de terra e invade a Fazenda Macaxeira, no Pará.

ABRIL – episódio de Eldorado dos Carajás.

JUNHO – PC Farias é encontrado assassinado.

SETEMBRO – o governo cria o Fundo de Desenvolvimento do Ensino Fundamental (Fundef), que garante mais recursos para o ensino fundamental; morre Ernesto Geisel.

"Ficou provado que o lado mais fraco não é o de um simples caseiro. É o da mentira."
Francenildo Santos Costa, caseiro cujas afirmações em CPI derrubaram Palocci.

"[...] Relaxa e goza."
Marta Suplicy, ministra do Turismo, sobre o caos aéreo.

ESQUEÇAM O QUE ESCREVI

FERNANDO HENRIQUE CARDOSO
1995-2002

O professor Fernando Henrique Cardoso nega que tenha dito tal frase. Seus críticos juram que se ele não falou, na prática, abandonou todas as suas teses acadêmicas marxistas, o que daria no mesmo. O fato é que para enfrentar o líder popular Luiz Inácio, a social-democracia aliou-se com a direita representada pelo PFL, hoje Democratas. Um fenômeno que iria se repetir com o PT e o Partido Liberal, para a eleição de Lula. O professor da USP, um dos grandes sociólogos brasileiros, líder da esquerda intelectual, avançou para o centro e montou no cavalo do Plano Real, que o levou para a Presidência da República e o reelegeu. A oposição rotulou-o de neoliberal, entreguista, privatista militante, vendilhão de bens nacionais e por aí vai. No seu pé estava o Partido dos Trabalhadores, afinado para fiscalizar cada movimento do governo, denunciar as (supostas) falcatruas e impedir que o capital internacional aterrissasse na Terra de Santa Cruz. Era a cruzada do Santo Guerreiro contra o Dragão da Maldade. FHC era o único candidato capaz de impedir a vitória de Lula, e por isso ganhou o apoio da direita, que via no sapo barbudo uma ameaça à sociedade de consumo e de livre-mercado que se instalava no Brasil. Nada de um socialismo que nem o PT em duas décadas de existência jamais conseguiu definir.

OUTUBRO – primeiro turno de eleições para prefeitos; início da construção do Gasbol (Gasoduto Brasil-Bolívia).

NOVEMBRO – segundo turno de eleições para prefeitos.

1997

JANEIRO – é aprovada na Câmara a emenda da reeleição.

MARÇO – a CPI dos Títulos consegue a primeira prova concreta da existência de operações de sonegação fiscal feitas por instituições especializadas no mercado financeiro (escândalo dos precatórios).

ABRIL – é aprovada no Senado a emenda da reeleição para presidente, governadores e prefeitos.

MAIO – o deputado Ronivon Santiago (PFL-AC) tem conversa gravada, em que afirma ter vendido seu voto a favor da emenda da reeleição; depois das investigações, ele e outro deputado, João Maia, renunciaram aos mandatos, para evitar a cassação; a Companhia Vale do Rio Doce é leiloada.

JUNHO – o Brasil adere ao Tratado de Não-Proliferação de Armas Nucleares, criado em 1968.

JULHO – o Congresso aprova a Lei Geral da Telecomunicações, de privatização da telefonia; são criadas as agências reguladoras (como a Anatel, Aneel, Anac, Ancine).

OUTUBRO – o Brasil é atingido pela crise financeira internacional, que começa na Ásia: a Bovespa fecha com queda de 14,9%.

1998

ABRIL – morre em São Paulo o arquiteto da privatização das telecomunicações, o ministro das Comunicações Sergio Motta; dois dias depois, morre Luís Eduardo de Magalhães (do PFL), líder do governo na Câmara.

JULHO – são vendidas as 12 empresas do sistema Telebrás.

OUTUBRO – FHC se reelege presidente já no 1º turno, com 54,27% dos votos válidos, contra 31,71% de Lula; 2º turno das eleições para governador.

O bordão preferido é que o Brasil não poderia perder o bonde da história. O fato é que outros países já viajavam de trem-bala havia muito tempo, e bonde era coisa de museu. FHC introduziu a prática dos preços estáveis, uma coisa que duas ou três gerações de brasileiros desconheciam. Nasceram e cresceram ao sabor da inflação, a ponto de desconhecer o que era preço relativo. Com grande inflação, o povo escolhia um produto ou porque era muito barato ou muito caro. Na verdade, ninguém sabia. O Plano Real construído no governo anterior, pelos economistas e administradores convidados, foi capitaneado pelo então ministro da Fazenda, o professor Fernando Henrique. Debaixo de uma saraivada de críticas, principalmente do PT, que dizia que os produtos tinham sido congelados no pico do preço e os salários, na baixa, o Plano acabou com a inflação e impôs uma nova política econômica, fiscal e cambial que teria como destino levar o Brasil a um crescimento sustentável. Será?

FHC

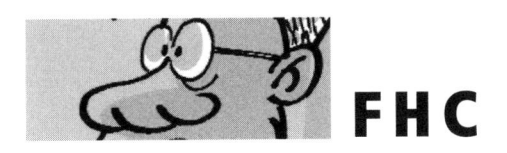

A aliança entre os tucanos, social-democratas, e o Partido da Frente Liberal, formado de políticos conservadores, muitos apoiadores do regime militar, proporcionou a vitória do ex-professor da USP, o respeitado sociólogo Fernando Henrique Cardoso. O que causou surpresa foi um intelectual de esquerda virar para o centro e ser duramente criticado pela oposição, principalmente pelo PT, de ser um neoliberal e de ter um programa de governo que não contemplava o social. As críticas chegaram mesmo ao slogan *Fora, FHC*, o que foi interpretado como uma tentativa de golpe contra o presidente eleito. A oposição não perdoou a mudança ideológica de Fernando Henrique, autor de livros clássicos de conteúdo marxista, e atribuiu a ele a frase "Esqueçam tudo o que escrevi", o que ele sempre negou. Quando Lula subiu ao poder, os tucanos devolveram com a frase "Esqueçam tudo o que disse". De certa forma, a radicalização política ficou entre o *Esqueçam o que escrevi* contra o *Esqueçam o que eu disse*...

CURIOSIDADES

EQUIPE DE TRANSIÇÃO
Essa, sim, foi novidade: FHC fez por seu sucessor o que nenhum outro presidente jamais fizera, permitindo que ele conhecesse as entranhas do poder antes de assumir. Colocou 50 cargos do governo à disposição de uma equipe de transição nomeada pelo futuro presidente. Além disso, para evitar que Lula precisasse ficar com a equipe interina do Banco Central até a volta do recesso parlamentar, só em fevereiro, FHC chamou Lula para que este indicasse os funcionários públicos de alto escalão cujos mandatos precisavam ser aprovados pelo Congresso. Punhos de renda.

"No começo dos anos noventa, a apresentadora Marília Gabriela fazia uma entrevista marcante. Simbolicamente de gala – ela vestia smoking –, tinha diante de si a antropóloga Ruth Cardoso. No final do programa de TV, Gabi se levantou, estendeu a mão a dona Ruth, visivelmente emocionada, e agradeceu a ela, em nome de todo o povo brasileiro, porque o Brasil tinha finalmente uma Primeira-dama que merecia e honrava o título."

Tinha.

DEZEMBRO – em São Paulo o governador reeleito Mário Covas (PSDB) é operado do câncer que o mataria; é promulgada a Emenda Constitucional que se constituiu no eixo da reforma da Previdência.

1999

JANEIRO – FHC inicia segundo mandato.

FEVEREIRO – o Brasil desvaloriza a moeda em 60% em relação ao dólar; é inaugurado o Gasoduto Brasil-Bolívia (Gasbol), de 3.150 km de extensão (dos quais 2.593 km no Brasil).

MARÇO – o Poder Judiciário é investigado em CPI; ocorre um blecaute em várias regiões, que dá início à crise conhecida como apagão elétrico.

MAIO – os juízes e ex-presidentes do TRT de SP, Nicolau dos Santos Neto e Delvio Buffulin, são condenados pelo TCU a devolver aos cofres públicos R$ 57,37 milhões.

DEZEMBRO – morre João Baptista Figueiredo.

2000

A Bolsa de Valores de São Paulo (Bovespa) passa a incorporar todas as Bolsas estaduais e se torna a Bolsa de Valores do Brasil.

MAIO – o governo lança a Lei de Responsabilidade Fiscal, de controle de gastos dos governos estaduais e municipais (depois de assumir a dívida de estados e municípios).

2001

MARÇO – morre Mário Covas, no InCor de São Paulo.

ABRIL – é criado o Programa Nacional do Bolsa-Escola, com a proposta de conceder benefício monetário mensal a famílias brasileiras em troca da manutenção de suas crianças nas escolas.

JUNHO – o então senador Antonio Carlos Magalhães e o deputado José Roberto Arruda renunciam a seus mandatos, para não serem cassados por quebra de decoro parlamentar, na seqüência do escândalo de violação do painel eletrônico.

SETEMBRO – Toninho do PT, prefeito de Campinas, é assassinado a tiros; Jader Barbalho renuncia à presidência do Senado.

DENÚNCIAS E ESCÂNDALOS
Cartão vermelho

2,8 milhões saques com Cartão Corporativo em 2002 (governo FHC)
58,7 milhões em 2007 (governo Lula)
Transcrição da revista Veja, edição de 13.2.2008
A revista ainda exibiu fac-símile da nota fiscal emitida em nome da Presidência da República: "auditores do TCU apontaram indícios de adulteração no valor, que passou de R$ 9,44 para R$ 99,44".

FHC chegou ao poder cavalgando o sucesso do Plano Real, da queda da inflação e de uma conjuntura mundial favorável ao Brasil, cenário que mudaria. Seus assessores diziam que haveria um *take off* da economia em direção ao Primeiro Mundo. Com a popularidade obtida no governo Itamar, Fernando Henrique venceu com mais da metade dos votos todos os outros candidatos, inclusive o carismático Lula. Mas foram grandes os desafios que se apresentaram ao governo: o controle da inflação proporcionou uma melhoria no poder de compra da população, que passou a entender o que era o preço relativo dos produtos e serviços. Não havia mais a necessidade de sair correndo para o supermercado, nem encher os carrinhos com as compras do mês. Pela primeira vez, o povo tinha a sensação de que os preços não iriam subir, nem os produtos sumir das gôndolas, como nos planos anteriores.

O inegável êxito da política econômica se transformou no principal mote da publicidade do governo, que, a cada vez que a oposição aumentava o tom, acusava-a de estar contra o Brasil e não contra o governo. De 1994 a 1998, a inflação caiu de 916% para menos de 2% ao ano. A renda média subiu de R$ 715,00 em 1993 para R$ 930,00 em 1998. E quem nunca tinha comido frango e iogurte pôde enfim se dar a esse luxo.

Só o PIB não decolava no governo tucano: em 1998 foi de zero por cento. Para segurar a inflação, o governo autorizou a importação de alguns produtos, e com mais dinheiro a população entendeu que era o liberou geral. Com isso, o déficit da balança comercial aumentou, o que obrigou o governo a aumentar os juros para atrair capitais especulativos, ou, como se dizia popularmente, capital-motel, de curta permanência. O arrojo no crédito provocou quebradeira em muitas empresas e o índice de desemprego foi parar nas alturas.

Os tucanos tinham um projeto de governo de pelo menos uns 20 anos. O governador de São Paulo, Mário Covas, era candidatíssimo na eleição de 1998. Não havia reeleição, mas Fernando Henrique e a cúpula tucana deram um jeito. Mudaram a Constituição e instituíram a reeleição. A imprensa divulgou que houve corrupção e que alguns deputados venderam o voto, outros conseguiram barganhar benesses com o governo. O fato é que pela segunda vez FHC levou logo no 1º turno. Coisa que seu seguidor tentaria, sem sucesso, apesar do enorme carisma entre as classes mais desfavorecidas. Tudo parecia dar certo no governo tucano.

Mas aí vieram as crises internacionais. Foram nada mais, nada menos do que cinco. Nem bem começou o segundo mandato, estourou a crise mexicana, que abalou os mercados e a provocou a retração dos investimentos especulativos. O remédio foi aumentar as taxas de juros e veio a conseqüente diminuição do crescimento e aumento do desemprego.

OUTUBRO – Jader abdica também de seu mandato, para impedir que o processo por quebra de decoro parlamentar instaurado contra ele pelo Conselho de Ética tenha seqüência.

2002

JANEIRO – o prefeito de Santo André, Celso Daniel, é raptado e morto a tiros.

FEVEREIRO – FHC anuncia ao país o fim da crise energética, o Apagão.

ABRIL – o seqüestrador de Celso Daniel é morto na prisão; na seqüência, outros sete envolvidos também morreriam: Dionísio Aquino Severo, o seqüestrador; Sérgio "Orelha", que deu abrigo a Dionísio; Otávio Mercier, investigador da polícia; Antonio Palácio de Oliveira, garçom que atendeu e serviu o prefeito e Sérgio Gomes da Silva na noite do seqüestro; Paulo Henrique Brito, única testemunha da morte do garçom; Iran Moraes Redua, o agente funerário que reconheceu o corpo de Celso Daniel; Carlos Printes, legista que afirmou que Celso Daniel havia sido torturado, contrariando o laudo oficial.

SETEMBRO – Jader Barbalho (PMDB-PA) e José Artur Guedes Tourinho (PMDB) têm prisão preventiva decretada pela Justiça Federal do MT, acusados de fraudes na extinta Sudam (Superintendência de Desenvolvimento da Amazônia).

OUTUBRO – Lula é eleito presidente, no 2º turno das eleições.

Esta foi uma gangorra que o governo não conseguiu derrubar. Mais do que nunca ficou claro que, se o Brasil queria crescer, precisaria se atirar no fluxo mundial de capitais e do comércio, e a contrapartida seria sofrer todas as marolas econômicas, boas ou ruins. A oposição, principalmente o PT, como sempre, aumentou o tom das críticas, acusando FHC de entregar o Brasil ao capital estrangeiro e provocar uma desnacionalização das empresas brasileiras. O grito "Fora, FMI" reunia o PT, setores da Igreja Católica e o Movimento dos Sem-Terra. O MST invadiu propriedades rurais, exigiu uma reforma agrária com a desapropriação de terras e chegou mesmo a invadir uma fazenda do presidente em Minas Gerais e beber todo o uísque de sua adega. O confronto entre o PSDB e PFL, de um lado, e do PT e partidos de esquerda, de outro, acendeu o debate ideológico de um projeto nacional e para onde cada um queria levar o país. A esquerda acusava os tucanos de neoliberalismo, e estes retrucavam acusando a esquerda de querer reviver os mitos socialistas derrubados com o Muro de Berlim, em 1989.

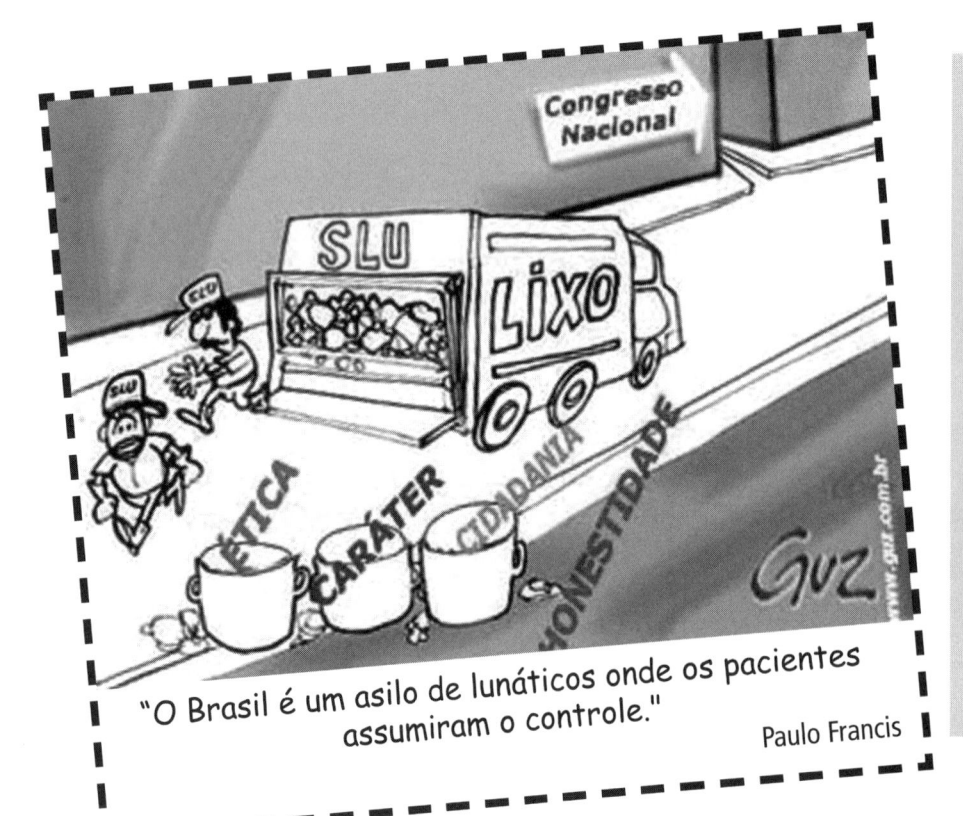

"O Brasil é um asilo de lunáticos onde os pacientes assumiram o controle."
Paulo Francis

CSN

Também criada durante a ditadura do Estado Novo, em 1941, para fornecer aço aos aliados, durante a Segunda Guerra, ela só começou realmente a funcionar em 1946, no governo de Dutra.

A estatal foi privatizada em 1993, no Programa Nacional de Desestatização, e se tornou uma das maiores siderúrgicas do mundo. Além da usina principal, a CSN possui hoje várias empresas, e participação acionária em outras tantas, e em usinas hidrelétricas.

A decolagem econômica do Brasil pregada pelos tucanos de vários tons de plumagens teve que ser abortada em plena arremetida. O capitalismo global passou por crises maiores ou menores que comprometeram a estabilidade do segundo período de FHC, atrofiando o crescimento, insuflando a volta da inflação, o aumento da dívida pública e a queda da popularidade do presidente e de seus aliados. O governo iniciou um processo de privatização de empresas estatais, e pôs à venda as empresas de telefonia e comunicações, eletricidade, e promoveu a abertura do capital da Petrobras e da Companhia Vale do Rio Doce, um dos ícones da era Vargas e da esquerda nacionalista. E os sem-voto sempre denunciando: denúncias de propina, de favorecimento de grupos econômicos não faltaram, e incentivaram o *slogan* petista de "Fora, FHC", que os tucanos qualificaram de golpismo.

PERSONALIDADES

MÁRIO COVAS

Um dos maiores políticos da história da República, Covas era querido ou odiado: mesmo na fase final da vida e da doença que a roubaria em março de 2001, o candidato tucano à presidência em 2002 foi agraciado, por conhecidos militantes, com objetos hortifruti voadores. Mas São Paulo chorou sua morte como chorou a de poucos. Fundador do MDB, nunca foi de meias palavras. Nem dentro nem fora do partido. Nascido em 1930 em Santos, presidente da UNE, deputado cassado e exilado, foi o maior adversário político de Paulo Maluf, seu colega de curso de engenharia civil. Dissidente, ajudou a fundar o PSDB, onde sempre manteve a alta plumagem. Duas vezes governador do maior estado do país, saneou o caixa arrombado, privatizou estatais e principalmente as estradas do estado.

DENÚNCIAS E ESCÂNDALOS

Em junho de 2001, o falecido senador Antonio Carlos Magalhães renunciou ao mandato para preservar seus direitos políticos. Resultado do escândalo da violação do painel eletrônico do Senado. As investigações começaram depois de conversa de ACM com o procurador da República, quando o senador insinuou ter tido acesso a informações sigilosas sobre votação secreta de cassação de Luiz Estevão (PMDB-DF), em junho de 2000. Conversa essa que foi gravada pelo procurador e divulgada dias depois. Depois de meses de apuração e perícias, para verificar se o painel tinha sido realmente violado, ficou demonstrado que: Regina Borges, então diretora do Prodasen (Centro de Processamento de Dados do Senado), violou o painel de votação e imprimiu a lista de como votaram os senadores, a pedido do então líder do governo no Senado, José Roberto Arruda (DF). Segundo Regina e Arruda, a ação foi articulada por orientação de ACM. Depoimentos, acareações. Resultado: ACM e Arruda foram acusados de quebra de decoro parlamentar. Foi então que ambos renunciaram, para não serem punidos. Nas eleições seguintes, ACM conseguiu se reeleger para o Senado, e Arruda foi eleito o deputado federal mais votado no Distrito Federal.

DENÚNCIAS E ESCÂNDALOS

Em janeiro de 2002, o prefeito e coordenador da campanha de Lula, Celso Daniel, é seqüestrado e morto a tiros. Os irmãos declaram acreditar na hipótese de crime político, por Celso possuir um dossiê sobre corrupção na prefeitura e na arrecadação de fundos para a campanha eleitoral.

"Há evidências que fizeram em Santo André um esquema de arrecadação de recursos para o PT. O que aconteceu é que parcelas começaram a ser utilizadas para outras finalidades. O Celso tentou alterar o sistema e essa foi a motivação do crime." Esta é uma das declarações do irmão do prefeito assassinado, em depoimento na CPI dos Bingos. Ele também acusou o chefe de gabinete do presidente Lula, Gilberto Carvalho, de arrecadar R$ 1,2 milhão na prefeitura e entregar os recursos a José Dirceu. Em março de 2006, sua família fugiu para a França, que concedeu a eles o estatuto de (únicos) refugiados políticos brasileiros.

Sete envolvidos no crime morreram em seguida:

DIONÍSIO AQUINO SEVERO, o seqüestrador (morto na prisão três meses depois).

SÉRGIO "ORELHA", que deu abrigo a Dionísio em casa dias após o crime.

OTÁVIO MERCIER, investigador da polícia.

ANTONIO PALÁCIO DE OLIVEIRA, garçom do restaurante Rubaiyat que atendeu e serviu o prefeito e Sérgio Gomes da Silva na noite do seqüestro.

PAULO HENRIQUE BRITO, única testemunha da morte do garçom.

IRAN MORAES REDUA, o agente funerário reconheceu o corpo de Celso Daniel.

CARLOS PRINTES, legista que afirmou que Celso Daniel havia sido torturado, contrariando o laudo oficial.

A turbulência da economia mundial despencou sobre o Plano Real. Juros altos, inflação alta e dívida pública explosiva, R$ 623 bilhões em 2002. Em 2008, já no governo Lula, beirou um trilhão de reais!!!! As contas externas apresentaram déficit e o Brasil foi obrigado a recorrer ao FMI e a um empréstimo dos Estados Unidos. Dali para a frente ficou claro para todos: o que é bom para o mundo, é bom para o Brasil, e vice-versa. Não havia alternativa a não ser aderir. A falta de investimentos em infra-estrutura e o baixo índice de chuvas em três anos seguintes obrigaram o governo a impor uma restrição ao consumo de energia elétrica, que ficou carinhosamente conhecido como Apagão (não o aéreo, o outro). O Brasil iniciou investimentos pesados no gás natural como complemento energético, com produto fornecido pela Petrobras e pela Bolívia, com a construção de um gasoduto entre os dois países. Já no governo Lula, o presidente boliviano Evo Morales invadiu as instalações da Petrobras e nacionalizou à força as jazidas de gás. Na maior. A turbulência econômica desgastou o governo. O candidato tucano José Serra, ex-ministro da Saúde, criador dos populares *genéricos*, rompeu a coligação com o PFL e aliou-se ao fisiológico PMDB. O PT lançou Lula pela quarta vez, só que agora aliado a um partido de direita, o Partido Liberal, ou da República, que indicou o empresário conservador mineiro José Alencar como vice. Impensável para um partido que expulsou deputados porque votaram em Tancredo Neves, alguns anos antes. Sem falar na *Carta aos Brasileiros*.

E OS PLANOS ECONÔMICOS, ENTÃO? QUEM JÁ SE ESQUECEU?

O GOVERNO SARNEY FOI O CAMPEÃO:

Plano Cruzado: foi lançado pelo ministro da Fazenda do governo José Sarney em fevereiro de 1986. Nessa época, foi cunhada a expressão "estelionato eleitoral". Porque o Plano foi um cruzado – no queixo do contribuinte. Estabeleceu o congelamento geral de preços e salários.

Plano Cruzado II: foi baixado seis dias depois de o governo ter obtido uma estonteante vitória eleitoral, em novembro de 1986 (a totalidade dos governadores, e quase 2/3 da Câmara e do Senado e das Assembléias Legislativas – a eleição presidencial não estava em jogo).
Com os salários congelados havia nove meses, a população foi obrigada a arcar com os seguintes aumentos, num só dia: 60% no preço da gasolina; 120% dos telefones e energia; 80% dos automóveis; 45% a 100% dos cigarros; 100% das bebidas.

Plano Bresser: junho de 1987, novo congelamento de preços e salários, desta vez idealizado pelo ministério de Bresser Pereira.

Plano Verão: janeiro de 1989, outro congelamento, agora também do câmbio. Foi lançado pelo ministro Maílson da Nóbrega.

COM COLLOR, FORAM TRÊS PLANOS:

Plano Collor I: o inesquecível. Anunciado em março de 1990 pela ministra Zélia Cardoso de Mello, congelou preços e salários – para variar –, mas veio com a criativa novidade de confiscar o dinheiro da população (acima de 50 mil).

Plano Collor II: em janeiro de 1991, estabelecia o controle de preços e salários.

Plano Marcílio: lançado em maio de 1991, batizado com o nome do ministro Marcílio Marques Moreira, não congelou nem confiscou – nem resolveu.

O derradeiro, no governo de Itamar:
Plano Real: lançado em julho de 1994 pelo então ministro da Fazenda, FHC, ele levou finalmente à estabilidade econômica e da moeda – sem confiscos, congelamentos, indexação ou choques.

Vale

A Companhia Vale do Rio Doce foi fundada por Getúlio em 1942, em função dos Acordos de Washington (em que o Brasil se comprometia a fornecer toda uma gama de minérios). Naquele ano, engenheiros ingleses envolvidos na construção da estrada de ferro Vitória–Minas descobriram a existência de uma enorme reserva de ferro na região.
Foi privatizada em 1997, e de lá para cá não parou mais de crescer. Atualmente, tem um valor de mercado de R$ 298 bilhões. De acordo com o Financial Times, é a 33ª maior empresa do mundo, em volume de exportações, com quantidade superior à da Petrobras.
Ela é hoje a maior empresa de mineração diversificada das Américas e a 2ª maior do mundo. Opera em 14 estados brasileiros e nos 5 continentes, e tem mais de 9 mil km de malha ferroviária e 10 terminais portuários próprios. A Vale também é a principal fornecedora de serviços de logística no Brasil.
Após a privatização, a Vale pôde arcar com pesados investimentos. Em dez anos, seu lucro anual subiu de cerca de US$ 500 milhões em 1996, para cerca de US$ 12 bilhões. Em fevereiro de 2008, o lucro anunciado, que cresce pelo 5º ano seguido, chega a R$ 20 bilhões.
A empresa também se tornou uma incrível geradora de empregos – em 10 anos, o aumento foi de mais de 300%.
Além disso, é claro, se transformou em uma formidável pagadora de impostos: só em 2005, pagou R$ 2 bilhões.

NOSSO RICO DINHEIRINHO

QUANTAS VEZES O BRASIL JÁ MUDOU DE MOEDA?

Várias. A confusão e a profusão eram tamanhas, que muitas vezes as notas eram simplesmente carimbadas com a nova denominação, e a população que fizesse as contas!!

até 1942 = Real (contos de réis)
Cruzeiro
Cruzeiro novo
Cruzeiro
Cruzado
Cruzado novo
Cruzeiro
Cruzeiro real
Unidade Real de Valor (URV)
Real

Réis era o plural da unidade monetária chamada **real**, utilizada desde o período colonial até ser substituída pelo cruzeiro, em 1942. A representação de um milhão de réis era escrita Rs 1:000$000 e dizia-se "um conto de réis".

Cruzeiro (Cr$) foi a denominação mais utilizada, nas várias mudanças. A primeira vez foi de novembro de 1942 a fevereiro de 1967.

O cruzeiro novo (NCr$) equivalia a 1.000 cruzeiros antigos. Ele vigorou de fevereiro de 1967 até maio de 1970.
Em maio de 1970 a moeda voltou a se chamar **cruzeiro (Cr$)**, isso até fevereiro de 1986, quando foi substituido pelo **cruzado (Cz$)**, que por sua vez valeu até janeiro de 1989. Ele foi a moeda do chamado Plano Cruzado (I, porque depois veio o II e o Bresser).

O cruzado novo (NCz$) vigorou de janeiro de 1989 a março de 1990. Ele veio com o Plano Verão. O cruzado novo correspondia a 1.000 cruzados.

De março de 1990 a julho de 1993, novamente o **cruzeiro (Cr$)**. Depois, foi a vez do **cruzeiro real (CR$)**, padrão monetário entre agosto de 1993 e junho de 1994. Ele equivalia a 1.000 cruzeiros. Finalizada a transição da URV, passou a vigorar – até hoje – a moeda que veio com o Plano Real – o **real (R$)**.
Na época, o câmbio foi de 2.750 cruzeiros por 1 real. O Banco Central recebeu e queimou bilhões de cédulas, trocadas por outros milhões de moedas e cédulas.

MEMÓRIA CURTA

Sabemos que a memória nacional é curta, por isso é bom lembrar: entre 1990 e 1994, a média anual de inflação foi de 764% ao ano. Em 1992, passou dos 1.000% (mil por cento). Entre 1995 e 2000, caiu para 8,6%.

A inflação que atormentou o país durante décadas e produziu uma fila de mirabolantes e inventivos planos econômicos de salvação nacional só foi efetivamente vencida pelo Plano Real, comandado pelo então ministro da Fazenda, Fernando Henrique Cardoso. A moeda também foi mudada, a exemplo de tantos anteriores, mas ele conseguiu estabilizar a economia e espantar do imaginário brasileiro o fantasma da inflação – naquela época, hiperinflação – e da instabilidade. A população descobriu a tranqüilidade de não precisar correr ao supermercado para estocar comida em casa, e de não fazer contas o tempo todo, para saber onde e quanto estava perdendo. Os salários deixaram de ser devorados. Mas o mais importante é que o país começou a dormir e acordar o mesmo.

Sem susto, sem medo. Sem os absurdos anteriores, como o controle de preços ou o confisco do dinheiro da população, o Plano Real combateu a inflação crônica a partir de uma organização em etapas. O que permitiu que a economia voltasse a crescer, distribuindo renda. Todos lembramos do incremento de vendas de iogurte e de frango, até então inalcançáveis para muitos brasileiros.

No nível externo, a estabilidade e suas decorrências colocaram o Brasil em um mundo de economia globalizada.

Telefones – 10 anos

Esse aparelho hoje tão prosaico foi durante muito tempo um luxo na vida dos brasileiros: o Brasil só entrou na era da comunicação sob a batuta de Sergio Motta, o ministro das Comunicações de FHC. Só "entre 1994 e 2003, o número de celulares vendidos no país passou de 750 mil para mais de 46 milhões".
Fonte: www.ifhc.org.br

A Telesp vendia linhas de telefone em prestações. E o cidadão acabava de pagar o carnê, e o telefone, em geral, – nada! A instalação era um martírio. Em algumas localidades do Brasil, a chamada era uma aventura: ouvia-se mal, a ligação caía o tempo todo. A democratização veio com a privatização do sistema.

É Hoje: Cr$ 1000 Vira "Manolita"

NOSSO RICO DINHEIRINHO

FIM DOS SALTOS, ASSALTOS E SOBRESSALTOS

Trechos da carta da equipe econômica do Ministério da Fazenda ao presidente Itamar (Exposição de Motivos da MP do Plano Real, 30 de junho de 1994)

"[...] A primeira etapa, de ajuste das contas do Governo, teve início em 14 de junho de 1993 com o Programa de Ação Imediata – PAI, que estabeleceu um conjunto de medidas voltadas para a redução e maior eficiência dos gastos da União no exercício de 1993; recuperação da receita tributária federal; equacionamento da dívida de Estados e Municípios para com a União; maior controle dos bancos estaduais; início do saneamento dos bancos federais e aperfeiçoamento do programa de privatização.
[...] Neutralizada a principal causa da inflação, que era a desordem das contas públicas, a criação da URV proporcionou aos agentes econômicos uma fase de transição para a estabilidade de preços. [...]"

Fonte : http://www.fazenda.gov.br/portugues/real/planreal.asp

O Malho

ROUBOS ELEITORAES

Noticiou um jornal terem sido roubados alguns livros eleitoraes da freguezia de Sant'Anna, onde a Reacção Republicana teve grande maioria nas eleições municipaes.

IRINEU — Vae-se o primeiro livro surripiado...
O CARDOSO — Fructo de seus exemplos no passado...
O GATUNO — E ladrão que rouba... outro tem cem annos de perdão...

QUITAÇÃO DA DÍVIDA EXTERNA

Trajetória que é resultado de um longo processo, que começou há 15 anos, quando ela foi renegociada. No final de 2002, ela tinha o mesmo nível que em 1990.
Resultado de um processo de restabelecimento de confiança no Brasil entre a comunidade internacional, de inflação civilizada, de privatização, de manutenção do regime de metas de inflação, propiciados pelo Plano Real.
O Brasil acumulou reservas porque se tornou o que o ex-ministro Pedro Malan classificou de "país normal": previsível, confiável.
Sem soluções mirabolantes. De mudança política sem mudança econômica. Sem ideologização da economia. Sem mexer no que estava dando certo.
De estabilização não frustrada. De preservação e continuidade.
De horizonte ampliado que permite, entre outros, a ampliação do crédito. Crédito que se transformou num dos fatores preponderantes da popularidade do presidente Lula.
Resultado de incorporação da inflação controlada ao imaginário da população.
Ponto para quem assim decidiu. Afinal, nem sempre os navios precisam ser todos queimados.

Herança maldita

Em 1994, quando eleito presidente da República, em seu discurso de despedida do Senado, FHC assinalou o rompimento com a chamada Era Vargas: ruptura com uma herança que estaria atravancando o presente e retardando o avanço da sociedade. Efetivamente, muito mudou. Na carta da equipe que criou o Real e o plano econômico de estabilização da economia já se anunciava essa ruptura. Mas parte dessa herança custa a ser arrancada das práticas e vícios de nossa política: naqueles anos 1940 e 1950, foram instituídas categorias que até hoje vigoram, apesar da lufada de mudanças primordiais que puseram o Brasil nos trilhos da modernidade. O populismo, o clientelismo, o coronelismo.
E não será com eufemismos e delírios ufanistas que conseguiremos mudar o muito que ainda precisa ser mudado. E arrancar a máscara do atraso.

QUE ROLO!!

"A Oi é controlada pelos grupos Andrade Gutierrez [...] e La Fonte [...]. A antiga Telemar financiou a fundo perdido a Gamecorp, empresa de Fábio Luiz Lula da Silva. A Andrade Gutierrez desempenhou, nas eleições de 2006, o papel de maior doador de campanha do pai famoso do empresário Fábio Luiz. No desenho da BrT, o BNDES desviará recursos públicos para formar a maior parte do capital necessário à transferência patrimonial. A operação criará um quase-monopólio, o que contraria as regras de concessões de telecomunicações. Ela só poderá consumar-se mediante uma canetada de papai Lula..."

Demétrio Magnoli, 24.1.2008, no jornal *O Estado de S.Paulo*.

Tratassem nossas eminentes figuras públicas a política com a delicadeza e respeito com que Tom Jobim tocava nas teclas [e as teclas] de seu piano, fenômenos menos lustrosos de nossa história, como o coronelismo, sequer existiriam.

Senhor de engenho. Terno branco e chapéu. Às vezes, chicote. Voto "de cabresto", ancestral direto do assistencialismo.

Se ele se consolidou já na época da República Velha, viceja, infelizmente até hoje. E começou muito antes, ainda nos tempos do império. Em 1831, foram colocados à venda postos militares, o que permitia que seus felizes proprietários — além, é claro, dos mais chegados — adquirissem títulos de tenente, capitão, coronel etc.

O coronelismo gracejou nas áreas rurais, não nas urbanas. Nas "capitanias hereditárias" eternas, aquelas que permitem até hoje o feudo eleitoral, em geral familiar. Afinal, quem disse que o Brasil não tem "direito divino"?

Relações de temor e obediência, de favores e dependência. De toma lá — dá cá. Em sua origem, o patriarcalismo, a parentela, o herdeiro político (ou herdeira, que tudo se renova !), o carisma pessoal. Sem falar dos aderentes.

O que gerou toda uma lista de categorias de eleitores, dentre os quais os mais useiros e vezeiros eram o fantasma e o que votava mais de uma vez. Fraude pura e simples.

O famoso "rebanho eleitoral", ou "curral eleitoral", eternizado em verdadeiros partidos paralelos, na instituição de uma rede de votos.

Mas o voto secreto e, mais recentemente, o eletrônico foram um duro golpe na fraude descarada. Contudo, a inventividade nacional nunca se dá por vencida. Somos um país que se gaba de ser criativo.

A versão mais recente de coronelismo mascara essa prática espúria sob a capa das nomeações, do aparelhamento da máquina. E de quebra ainda consegue ter a força de partido paralelo.

PERSONALIDADES

Nossos verdadeiros heróis

Em geral, o Brasil só lembra dos heróis do futebol. Mas temos uma verdadeira galeria de valores individuais dos quais não nos orgulhamos o bastante, e que venceram por esforço próprio, apesar dos governos e governantes, em geral só preocupados com as fotos – depois das vitórias.

Alguns exemplos:

MARIA ESTER BUENO
a estrela maior

Do tempo em que o marketing esportivo nem existia. E que os uniformes não eram mero pretexto para exibir a marca do(s) patrocinador(es).
A grande vencedora, sete vezes campeã em Wimbledon, sete torneios de Forest Hills, nada mais nada menos do que 585 títulos internacionais. Durante dez anos foi *top ten*, isto é, esteve entre os dez maiores tenistas do mundo (incluindo homens e mulheres). Nos anos de 2000, foi considerada a maior tenista das Américas, de todo o século XX (incluindo homens).
Em 1959, 1960 e 1964 venceu a chave de simples do mais tradicional e famoso torneio de tênis do mundo – Wimbledon. Foi campeã nos torneios de duplas femininas e mistas de Wimbledon em 1958, 1960, 1963, 1965 e 1966. No US Open, venceu o torneio de simples em 1959, 1963, 1964 e 1966, e o de duplas em 1960, 1962, 1966 e 1968. Em Roland Garros, na França, foi campeã na categoria simples em 1960 e tricampeã de duplas mistas. Na Inglaterra, a grande campeã de Wimbledon recebeu em 2003 o troféu Sean Borotra Sportsmanship Award, em reconhecimento à excelente conduta e serviços prestados ao esporte, com votos de todos os International Clubs do mundo. Aos 35 anos, ganhou o Open do Japão, depois de uma longa ausência. Quatro anos depois, foi homenageada no International Tennis Hall of Fame, de Nova York.

EDER JOFRE
Nono melhor pugilista dos últimos cinqüenta anos, pela revista norte-americana *The Ring* – 2002, começou lutando com as cores do São Paulo Futebol Clube e terminou sendo campeão mundial duas vezes: em 1960, dos galos (o que lhe valeu o apelido de "galinho de ouro"), e em 1973, dos pesos-pena. É considerado por especialistas o maior nome do boxe brasileiro de todos os tempos. Não à toa: 78 lutas, 72 vitórias (50 por nocaute), quatro empates e as duas derrotas por pontos. Nosso primeiro campeão do mundo nunca foi nocauteado.

ROBERT SCHEIDT
Um de nossos maiores esportistas, Robert Scheidt começou velejando na represa Guarapiranga, em São Paulo. Terminou com tantos títulos que é difícil decorar. Aliás, não terminou ainda. Sua primeira grande conquista foi o ouro nos Pan-americanos de 1995. E não parou mais: é bicampeão olímpico e octacampeão mundial de iatismo na classe Laser, campeão mundial na classe Star em 2007. É o maior do mundo na categoria.

JOÃO DO PULO
João Carlos de Oliveira: de Pindamonhangaba, SP, para o bicampeonato mundial de salto triplo, em 1979, passando pelo ouro de salto a distância nos Pan-americanos de 1975, entre outras medalhas, inclusive o polêmico bronze de 1980 em Moscou, que teria favorecido as duas estrelas da casa e do regime.

ADHEMAR FERREIRA DA SILVA
Também foi o primeiro campeão olímpico do Brasil. Levou o ouro no salto triplo em 1952 e 1956.

GUGA
O Brasil aprendeu a pronunciar o nome de Gustavo Kürten, com orgulho e prazer. Vinha de Santa Catarina o querido e simpático tenista cuja lista de premiações encheria uma página. O tricampeão de Roland Garros (1997, 2000, 2001), mas não só – 23 em simples, oito campeonatos em duplas são só as legendas mais famosas das fotos. Quem não se emocionou com sua despedida, em fevereiro de 2008, foi porque não viu: lição de humildade, que só os grandes podem e sabem dar.

AYRTON SENNA
"Em vida, imbatível. Na morte, insubstituível." Difícil falar dele: três vezes campeão mundial, duas vezes vice-campeão.
Ele que disse "Ser o segundo é o mesmo que ser o primeiro dos perdedores." Ele, que para nós (e não só), será sempre o primeiro.

Faixa Cronológica período Itamar

1992

OUTUBRO – o vice assume interinamente, desta vez, Itamar Franco; em acidente aéreo, morrem Ulisses Guimarães e Severo Gomes.

DEZEMBRO – Collor renuncia e Itamar assume efetivamente; Collor é condenado a oito anos de impedimento de exercício de funções públicas / a inflação anual passa de 1.000% (mil por cento).

1993

FEVEREIRO – é criada a Advocacia-Geral da União, começo do projeto de reforma do Estado.

MARÇO – é decidido que as famílias de prisioneiros políticos que foram mortos durante o período do regime militar serão indenizadas.

ABRIL – mais uma vez, em plebiscito popular, vence o presidencialismo; maio – FHC assume o Ministério da Fazenda; junho – PC Farias tem a prisão decretada e foge para o exterior.

JULHO – tem início a primeira etapa do Plano Real: é elaborado o PAI (Programa de Ação Imediata), pela equipe de FHC; o cruzeiro real é o novo padrão monetário, na transição para o real, que vigora até hoje.

"Lula fica em situação precária: ou ele demorou demais para compreender o que estava em jogo nas relações com a Bolívia, ou não captou que personagem é seu 'amigo' Evo Morales."
William Waack no seu blog.

"Nosso projeto é para trinta anos", do imperial José Dirceu.

A REPÚBLICA DO PÃO DE QUEIJO

ITAMAR FRANCO
1992–1994

A Presidência da República caiu no colo de um mediano político mineiro que ocupava o cargo de vice-presidente da República. Itamar jamais imaginou que um dia pudesse chegar ao mais alto posto da República, primeiro porque nunca teve cacife político para isso, segundo porque nunca foi candidato a presidente. Fernando Collor precisava de um vice na sua chapa, de preferência da região centro-sul, e não achava. Vários foram sondados e ninguém em sã consciência podia acreditar que o jovem candidato pudesse chegar nem ao 2º turno, quanto mais à Presidência do Brasil. Collor, na falta de outro nome com maior visibilidade, convidou Itamar e ele topou. Com a saída do presidente, diz a Constituição que o vice deve completar o mandato. Itamar Franco assumiu a presidência.

Itamar e o seu topete impagável estabeleceram que o dragão da inflação tinha que ser dominado, nem que fosse preciso nomear meia dúzia de ministros da Fazenda. Itamar nomeou seis: em Minas é assim, e os de maior ibope foram Fernando Henrique, il Principe, Rubens Ricupero, o parabólico, e Ciro Gomes, o mal-humorado, não se sabe por quê. A inflação foi atacada a topetadas e não resistiu a um confronto mortal com o Plano Real, comandado por Fernando Henrique Cardoso e seus discípulos da PUC do Rio. O plano foi atacado violentamente pela oposição, especialmente pelo PT, que o acusava (sempre) de perpetuar a miséria e a desigualdade social no Brasil e de importar um modelito urdido nas entranhas do Fundo Monetário Internacional. Quer gostem os políticos ou não, o Real foi um divisor de águas na história da inflação brasileira.

OUTUBRO – 3 governadores, 6 ministros, 23 deputados e senadores são acusados de irregularidades na inclusão de emendas no Orçamento; começa a CPI do Orçamento.

NOVEMBRO – PC Farias é preso na Tailândia.

DEZEMBRO – o STJ (Superior Tribunal de Justiça) confirma a cassação de Collor.

1994

JANEIRO – dezoito parlamentares tiveram cassação decretada pelo relatório final da CPI do Orçamento; PC Farias é condenado à prisão.

MAIO – morre Ayrton Senna.

JULHO – começa a vigorar a moeda do Plano Real, que finalmente debelaria a inflação.

OUTUBRO – FHC é eleito presidente já no 1º turno, com o dobro de votos de Lula (54,3% contra 27%).

NOVEMBRO – 2º turno de eleições para governador.

DEZEMBRO – morre Tom Jobim.

ITAMAR

DENÚNCIAS E ESCÂNDALOS

Nem sempre o escândalo é sobre roubalheira: quando o Congresso cortou as asas de Collor, mais uma vez assumiu um vice. O homem do topete – e que topete! Senão, ao que reputar a coragem de aparecer em público, acompanhado de uma senhorita que havia se esquecido de usar roupa de baixo? Ainda mais sendo o cavalheiro em questão oriundo da "tradicional família mineira"?

Mais uma vez, a Presidência da República caía no colo de um vice-presidente, alguém que não tinha recebido um único voto (as candidaturas já não eram mais *solteiras*). Igualzinho ao caso dos suplentes de senadores, geralmente financiadores da campanha, ou parentes do titular do cargo. A jovem República deu uma demonstração de que a democracia estava firme e passou bem pelo teste. Os partidos se juntaram para apoiar o presidente, na certeza de que lhe sobravam apenas dois anos e que seria apenas um mandato tampão. Formaram um arco de alianças e Itamar teve muito pouca resistência para governar. Inclusive a imprensa foi muito condescendente com ele, mesmo quando fotografado com uma certa modelo no carnaval carioca...

O governo Itamar ficou conhecido como *República do Pão de Queijo*, e o PT se recusou a participar do governo, preferindo partir para a oposição. Seis ministros da Fazenda passaram pelo ministério, mas o destaque foi para o professor e sociólogo Fernando Henrique Cardoso, que liderou o Plano Real – uma nova fórmula articulada por professores universitários. O segredo do sucesso, segundo seus formuladores, era o não-tabelamento de preços e uma transparência de que não haveria choque nem nenhuma medida que pudesse impactar duramente a população. Quando o governo anunciou o Plano Real, o PT, como sempre, fez duras críticas e acusou Fernando Henrique de ter congelado os salários pelo mínimo e os preços no pico. Mais uma vez, a população ficou desconfiada. O governo insistia que tudo seria sem surpresas e anunciou que haveria uma nova moeda, o Real, que seria precedida de um período de transição com os preços convertidos para a URV (Unidade Real de Valor), e assim seria possível saber quanto cada bem ou serviço custaria na nova moeda. Era, sem dúvida, uma novidade. Daria certo?

A espinha dorsal do plano era não permitir que a inflação inercial contaminasse a nova moeda, daí o período de transição. A proposta era brecar o círculo vicioso do aumento de preços e salários, que alimentava a inflação e novos reajustes de preços. O cachorro correndo atrás do próprio rabo: claro que alguns ganhavam muito dinheiro com a especulação inflacionária, entre eles os bancos, que se davam ao luxo de cobrar pelos serviços prestados. Causou espanto a divulgação pelo governo de que um real equivaleria a um dólar, com a possibilidade de pequena flutuação para cima ou para baixo, dentro de uma margem que ficou conhecida como banda cambial. Dessa forma, o dólar passaria a se constituir em uma "âncora cambial", o fiador do plano e do combate à inflação. A longo prazo, o controle cambial se constituiu em uma ameaça ao Plano Real.

Surpresa (para não dizer Aleluia!): o Plano Real demonstrava que conseguiria conter a inflação já em 1994, no último ano do governo Itamar. A estabilidade substituía a imprevisibilidade. Fernando Henrique capitalizou o sucesso inicial e se lançou candidato à Presidência da República. Os indicadores da inflação ainda eram poucos animadores, em 1993 ela foi de quase 2.500%, e no ano seguinte quase 1.000%. O PIB começou a reagir e, de negativo no governo Collor, passou para 5% em 1993 e 6% um ano depois. A oposição, liderada pelo PT, centrou fogo no valor do salário mínimo, que estava abaixo dos 100 dólares, e o governo respondia com a afirmação de que o fim da inflação iria recuperar o poder aquisitivo das camadas mais baixas. Era a tão sonhada estabilidade dos preços e o fim da inflação, argumento que foi depois assimilado por Lula, presidente.

DIÁRIO DA CORTE
Planalto atuou para cancelar depoimento de [Roberto] Teixeira
Estadão, 19.6.08

"Há 50 anos

– 1943, em plena Segunda Guerra Mundial –, o Brasil iniciou a sua conquista do Oeste. Criou a Fundação Brasil Central e sua ponta de lança, a Expedição Roncador-Xingu, destinada a escolher locais para o florescimento de futuras cidades. Três paulistas loucos por mato logo acabaram no comando da expedição, os irmãos Orlando, Cláudio e Leonardo Villas-Boas. Graças a eles, a ocupação teve uma característica rara: os ocupantes primitivos – os índios – não foram agredidos, como aconteceu no Oeste dos Estados Unidos. Mas foram atraídos pacificamente. O resultado foi a abertura de 1.500 quilômetros de picadas e mil quilômetros de rios navegados, ao longo dos quais surgiriam 34 vilas e cidades. Hoje, aos 78 anos, Orlando narra a epopéia, secundado por Cláudio, 77 (Leonardo morreu em 1961)."

Transcrição da edição do jornal O Estado de S.Paulo, edição de 9 de março de 1993.

Ilustrando a entrevista, lia-se a manchete

EM BUSCA DA NOVA CAPITAL
"O Brasil Central era um branco no mapa. E, em plena Segunda Guerra Mundial, a Capital do país, o Rio, no litoral, era muito vulnerável. Por isso, o presidente-ditador Getúlio Vargas decidiu em 1943 desbravar o Oeste."

A Constituição de 1988 marcou um plebiscito para cinco anos depois de sua aprovação, para que a população opinasse sobre que tipo de sistema de governo queria para o Brasil. Presidencialistas e parlamentaristas iniciaram uma renhida campanha, com os tucanos e outros partidos defendendo o parlamentarismo e, do outro lado, o PT e o PMDB defendiam o presidencialismo. Quem votasse pelo parlamentarismo poderia optar pela República ou a volta da monarquia. A população optou pelo presidencialismo.

Pela segunda vez, o PT e aliados lançaram como candidato à presidência o já rebatizado Luiz Inácio Lula da Silva. O tom da campanha era de crítica dura contra o governo, o Plano Real e os tucanos. Surpreendentemente, o PSDB se aliou à direita, representada pelo PFL, hoje Democratas, formando um bloco eleitoralmente poderoso. O professor, ex-socialista, ex-líder da oposição, ex-crítico do capitalismo, assumiu o figurino social-democrata e partiu para a disputa eleitoral. Era curioso ver na mídia o requintado sociólogo, cicerone ado pelos oligarcas do Nordeste, em lombo de jegue e comendo buchada de bode. Culto, inteligente, grande orador, livre de acusações de corrupção, Fernando Henrique agigantou-se e bateu Lula logo no 1° turno, com mais de 54% dos votos. Em janeiro de 1995, subia ao poder o presidente de melhor preparo intelectual da história do cargo.

Enquanto isso...

Só na década de 1990 terminava completamente a chamada Guerra Fria, iniciada em 1947. Com o desmonte da URSS, a queda do Muro de Berlim e a redemocratização da Europa Oriental virava-se uma página sombria das relações entre países. A Guerra Fria tinha sido a divisão do mundo em duas áreas de influência, uma dos Estados Unidos e outra da União Soviética, os grandes vencedores da Segunda Guerra Mundial. O conflito se cristalizou e o mundo assistiu ao surgimento das figuras de espiões, filmes de complôs, lançamentos pirotécnicos de foguetes e homens à Lua. A competição entre as superpotências ia além da política, em cujo terreno acabou se alastrando até a Ásia, onde provocou as guerras da Coréia (década de 1950) e do Vietnã (década de 1960) – a derrota que tanto marcou o espírito dos norte-americanos.

SINAIS PARTICULARES

É bem verdade que alguns períodos são mais pródigos do que outros, tanto em termos de notícia quanto em problemas (internos e externos) e em ventos favoráveis. E nossos pobres governantes lutam – em geral sem sucesso – para se livrar de alguns rótulos que grudam mais do que goma-arábica.

Paulo Egídio Martins que o diga: levou a fama de ter sido mais um governante biônico. Mas esse competente administrador legou ao maior estado do país um conceito de estrada que hoje serve de modelo.

Explicando: a rodovia dos Bandeirantes tem um canteiro central tão largo, que projetos de instalação de uma ferrovia o levam atualmente em consideração.

O fato é que, na época, questionado se sua idéia de estrada não estava invertida, com aquele incrível canteiro central, ele respondeu simplesmente que não: as margens seriam valorizadas pela construção da estrada, e o tal canteiro já estaria pago quando – bendita visão de futuro – fosse preciso alargar a rodovia. Assim, o Estado de São Paulo não precisaria desembolsar milhões em desapropriações, bastaria utilizar o que já lhe pertencia.

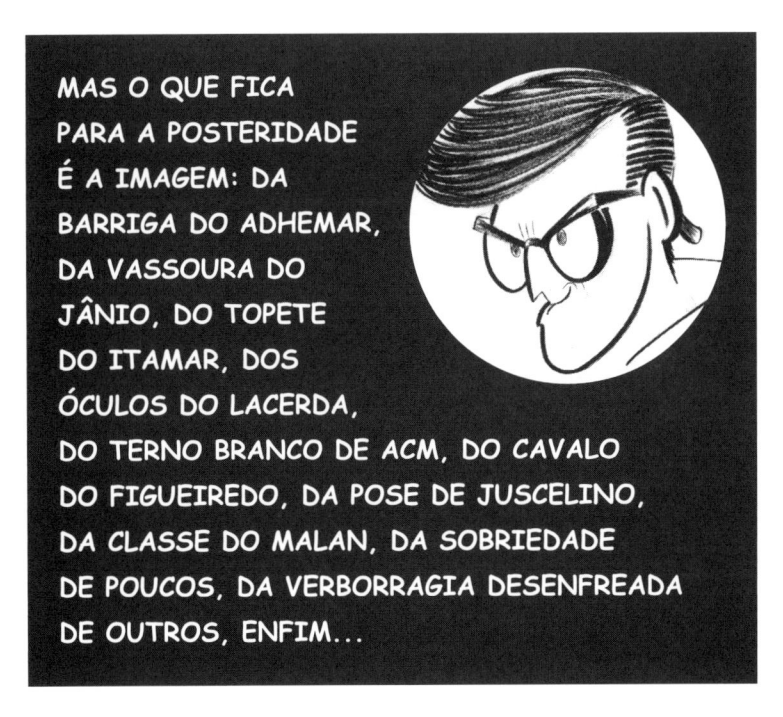

MAS O QUE FICA PARA A POSTERIDADE É A IMAGEM: DA BARRIGA DO ADHEMAR, DA VASSOURA DO JÂNIO, DO TOPETE DO ITAMAR, DOS ÓCULOS DO LACERDA, DO TERNO BRANCO DE ACM, DO CAVALO DO FIGUEIREDO, DA POSE DE JUSCELINO, DA CLASSE DO MALAN, DA SOBRIEDADE DE POUCOS, DA VERBORRAGIA DESENFREADA DE OUTROS, ENFIM...

Faixa Cronológica período Collor

1990

MARÇO – Collor assume; é anunciado o Plano Collor e o confisco das contas bancárias e investimentos superiores a CR$ 50 mil; o cruzeiro substitui o cruzado novo como moeda; morre Prestes.

ABRIL – o Congresso aprova o Plano Collor.

OUTUBRO – têm lugar as eleições para governadores, senadores, deputados federais e estaduais; é extinto o INL (Instituto Nacional do Livro), e a Biblioteca Nacional é transformada em fundação de direito público e absorve parte de suas funções.

1991

JANEIRO – é lançado o Plano Collor II.

MARÇO – entra em vigor o Código de Defesa do Consumidor.

MAIO – é lançado o Plano Marcílio, o terceiro do governo Collor.

"Eu sabia que ia ser cassado. Só não sabia que ia ser por esse número cabalístico. São os 300 picaretas do Lula mais 13 do PT."

Roberto Jefferson, ao ser cassado por 313 votos.

NÃO ME DEIXEM SÓ!!!

FERNANDO **C**OLLOR DE **M**ELLO
1990-1992

Depois da ditadura, finalmente os brasileiros iam escolher direta e abertamente o seu presidente da República. A primeira eleição depois da Constituição Cidadã de 1988. Um timaço entrou em campo com nada mais, nada menos do que Ulysses Guimarães, Mário Covas, Aureliano Chaves, Leonel Brizola, Afif Domingues, Lula, Roberto Freire, Ronaldo Caiado, Paulo Maluf... e o desconhecido governador das Alagoas, Fernando Collor de Mello. Travestido de anti-Lula, com amplo espaço na mídia nacional, Collor atacou violentamente o governo Sarney. Juntou um discurso oposicionista com moralidade administrativa e... bingo! foi para o 2º turno com o sapo barbudo. Collor se tornaria o Indiana Jones brasileiro. Com uma bala só iria matar o tigre da inflação e, tal e qual um Jânio Quadros renascido, varrer a corrupção do país. Um dia os brasileiros souberam que não tinham mais dinheiro no banco. Tudo estava congelado, até Deus sabe lá quando. Começava o Plano Collor, mais uma tentativa frustrada de abater a hiperinflação que assolava o país. No poder com o apoio dos conservadores, empresários, setores da mídia e da classe média, Collor era o obstáculo que eles queriam contra a ascensão ao poder do que se achava que era a esquerda. O presidente inaugurou a agenda liberal com a abertura de mercados, aumento da concorrência, ataques às carroças da indústria automobilística e atração de capitais internacionais. Os golpes de caratê, viagens de Sapir sônico, passeios de submarinos e aulas na selva não impediram a opinião pública de vislumbrar a corrupção que ele tinha prometido acabar. Seu caixa de campanha, Paulo César Farias, foi pego com a boca na botija. Deu menos sorte do que o conhecido acólito posterior. A pá de cal no governo foi dada pelo irmão de Collor, Pedro Collor, que denunciou o esquema da propinagem. Dali para o impeachment *foi um pulo.*

1992

FEVEREIRO – morre Jânio Quadros.

MAIO – tem início o processo que levará ao impedimento do presidente, a CPI de apuração das denúncias contra ele e seu tesoureiro de campanha, PC Farias.

AGOSTO – o presidente é incriminado pela CPI.

SETEMBRO – é pedido o impedimento do presidente, que é afastado.

DIÁRIO DA CORTE
·Petrobras fez explorações fora do prazo legal da ANP
Estadão, 19.6.08

DIÁRIO DA CORTE
Ministério Público vai apurar morte de ex-presidente da Bancoop
Estadão, 8.6.08

DENÚNCIAS E ESCÂNDALOS

A CHAMADA BASE PARLAMENTAR

Com um discurso de puro marketing, vendendo a imagem de bom-moço campeão da moralidade, Collor se elegeu presidente. Além de pilotar jatos e vender uma imagem viril e moderna, como tinha feito Juscelino, o novo presidente pisou nos calos de muita gente. O "caçador de marajás" foi alijado da presidência em 1992, por impedimento, em virtude de denúncias intestinas – do próprio irmão –, mas sua queda bem que convinha a todos aqueles que não queriam nem ouvir falar de corte de funcionários públicos, de privatização de estatais, de abertura de importações, de reforma administrativa. Feudos em demasia.

E, como se corrupção em Brasília fosse algo chocante ou novo, o moço caiu. Antigo governador pelo PMDB, voluntarista, ele tinha rompido com o partido, e buscou abrigo no inconsistente e novo PRN (Partido da Reconstrução Nacional). Consciente de que precisava de uma base de apoio, Collor fez uma ampla coligação. O que só demonstra o uso e abuso da velha prática do "tudo pelo poder". Mas com variações, certamente devidas à conhecida criatividade nacional: mais tarde, três vezes candidato derrotado, quando eleito reproduziria o processo de colcha de retalhos, só que múltipla e remendada – sem nenhuma consistência ideológica. Alçado ao poder, mais uma vez pelas esperanças nacionais de mudança messiânica, Lula inaugurou, com a maior base de apoio da história republicana, a prática de juntar, como se o Congresso fosse uma mera agremiação, todo tipo de partido, com todo tipo de credo político – ou sem nenhum. A chamada esquerda passou a conviver, do mesmo lado do balcão de negócios, com partidos evangélicos, de direita etc. Sem dúvida, bastante original. Mas Collor cometeu um pecado novo, e grave: confiscou a poupança da população. Para controlar a inflação de 80% ao mês, a ministra Zélia Cardoso de Mello pôs em prática um ousado plano de estabilização da economia. Depois de uma seqüência de denúncias, em que o Brasil foi sendo apresentado a toda uma série de revelações, o apoio no Congresso foi minando. Até porque a esse mesmo Congresso não interessava ter cargos públicos cortados. Há quem diga que o móvel não teria sido a moralidade.

COLLOR

Collor era um êmulo populista de Jânio Quadros. Personalista, autocrata, demagogo, conseguiu mobilizar a multidão com suas aulas de caratê, judô, passeio da selva, vôos de supersônico ou submarino. Era o *Indiana Jones* brasileiro, como foi apelidado pelos empresários americanos de Nova York. Investiu contra a falta de liberdade comercial e atacou a indústria automobilística local, que, dizia ele, só fabricava carroças. No primeiro dia do governo, a ministra da Fazenda, Zélia Cardoso de Mello, fez uma aparição na tevê e anunciou o Plano Collor. Foi uma confusão, porque nem ela conseguiu explicar de forma inteligível, nem os jornalistas entenderam para divulgar à população. Collor falou à noite e deu detalhes: todas as contas bancárias estavam congeladas. O principal objetivo do Plano era tirar o máximo possível de dinheiro do mercado para conter a inflação. Verdadeiro deus-nos-acuda – especialmente quando todos entenderam que tinham dinheiro mas não poderiam movimentá-lo durante algum tempo. Quem tinha mais de 50 mil cruzados, ou 1.200 dólares, não poderia mexer no excedente durante um ano e meio.

Mais uma vez o país assistiu a uma troca da moeda, que voltou a ser o cruzeiro. Os preços foram novamente tabelados, para uma gradual liberação. Novos impostos foram criados e, juntamente com as tarifas públicas, aumentados. A população estupefata não sabia o que fazer; algumas pessoas recorreram à Justiça e conseguiram liberar seus depósitos. Para manter o plano de pé, o governo precisava de credibilidade. Collor decidiu que era hora de o Brasil fazer parte do jogo econômico mundial e por isso adotou práticas do neoliberalismo, duramente combatidas pela oposição, em especial pelo PT, que acusava o presidente de desnacionalizar a economia ao liberar as importações, abrindo as portas a investimentos estrangeiros. Outro debate foi o início do processo de privatização das empresas estatais e serviços públicos. Collor iniciou um processo aprofundado no governo Fernando Henrique Cardoso e depois no de Lula, do próprio PT. Ah!, o charme oculto do outro lado do balcão...

O choque não surtiu os efeitos desejados e a inflação resistia. Em 1990 foi de 620%!! No ano seguinte, 472%. Em 1992 pulou para 1.020%. Na contrapartida, o PIB continuava ou negativo ou próximo disso. Em 1990 foi de 4,3% negativos e dois anos depois, 0,5% negativo. Diante de um quadro econômico como esse, só faltava uma turbulência política para inviabilizar o governo. As acusações de corrupção ficaram cada vez mais intensas, e o principal suspeito de tráfico de influência era o tesoureiro da campanha presidencial de Collor, Paulo César Farias. As investigações e as reportagens jornalísticas colocaram ministros e funcionários sob a suspeita de estarem enriquecendo à custa do dinheiro público. Collor, em vez de mandar apurar, reagia atacando a oposição, o Congresso e a mídia. Criou-se um clima de confronto com excessos dos dois lados, mas o presidente contava com o apoio da população que o elegera. Lembrava cada vez mais a crise vivida por Jânio Quadros. Em maio de 1992, o empresário Pedro Collor, irmão do presidente, deu uma entrevista à revista *Veja* e confirmou a existência de um esquema de corrupção no governo. Imediatamente, a Câmara dos Deputados abriu uma CPI para apurar as denúncias.

Os escândalos começaram a se suceder e a posição de Collor ficou cada vez mais difícil. Estourava o escândalo da Operação Uruguai, e o presidente justificava a posse de dinheiro proveniente de um empréstimo internacional para financiar a campanha. A CPI desmontou o esquema, apontando a mentira, ficando cada vez mais evidente que o dinheiro provinha do tráfico de influência e da corrupção. A situação se agravou, com passeatas, protestos, manifestações estudantis pedindo o "Fora, Collor". Em setembro, a Ordem dos Advogados do Brasil e a Associação Brasileira de Imprensa deram entrada no Congresso a um pedido de *impeachment* do presidente. Em dezembro de 1992, para tentar fugir da perda dos direitos políticos, Fernando Collor renunciou à Presidência da República. Assumia um obscuro político de Minas Gerais chamado Itamar Franco.

CURIOSIDADES

OUTROS ACONTECIMENTOS (AFINAL, APESAR DOS POLÍTICOS E DOS GOVERNOS, O BRASIL SOBREVIVE)

1922
Acontece em São Paulo a Semana de Arte Moderna.

1945
A delegação paulista do I Congresso Brasileiro de Escritores, reunido em São Paulo, divulga, em seu encerramento, uma declaração de princípios exigindo "legalidade democrática como garantia da completa liberdade de expressão do pensamento" e redemocratização plena do país.

1948
Morre em São Paulo o escritor-cidadão Monteiro Lobato.

1950
Entra no ar a primeira televisão do Brasil e da América Latina, a TV Tupi de São Paulo.

1952
O Brasil tem seu 1º ouro olímpico, com Adhemar Ferreira da Silva (salto triplo, olimpíadas de Helsinque, Finlândia). Em 1956, na Austrália, ele conquistaria novamente o ouro, alcançando a marca de 16,35 m.

Grande Otelo

1958
O Brasil torna-se campeão mundial de futebol.

1959
É lançado o LP *Chega de saudade*, de João Gilberto, para muitos a certidão de nascimento da Bossa Nova, que desde alguns anos brotava das vozes e violões de Nara Leão, Carlos Lyra, Ronaldo Bôscoli, Sylvia Telles, Roberto Menescal, Luiz Eça. No ano anterior, havia sido lançado o disco de Elizeth com músicas da insuperável dupla Tom Jobim e Vinícius de Moraes, que em 1962 comporiam seu hino, "Garota de Ipanema"; Maria Ester Bueno torna-se campeã mundial de tênis pela primeira vez (repetiria a dose em 1960, 1964, entre muitos).

1960
Eder Jofre é campeão mundial de boxe (peso-galo).

1962
O Brasil torna-se bicampeão mundial de futebol.

1969
Entra em circulação um jornal que ficaria famoso, o *Pasquim* .

Pelé faz seu milésimo gol: foi contra o Vasco da Gama, em jogo no Maracanã.

Morre Cacilda Becker, vítima de um aneurisma no intervalo da peça que encenava, em São Paulo; ela que, corajosa, tinha telefonado para o governador Abreu Sodré, colocando os cargos da Comissão Estadual de Teatro à disposição, pois iriam todos participar da passeata que ocorreria em São Paulo, em protesto contra a ditadura militar. Felizmente, o governador Sodré respondeu: "Vocês podem participar da passeata que eu vou manter todos nos cargos que ocupam. Não aceito as demissões." Ela, de quem disse Drummond: "A morte emendou a gramática / Morreram Cacilda Becker / Não eram uma só. Eram tantas…" .

Edu Lobo, Caetano Veloso, Chico Buarque, Geraldo Vandré e Gilberto Gil partem voluntariamente para o exílio

É realizada a primeira transmissão internacional de televisão para o Brasil.

1970
É lançada no Rio de Janeiro a Loteria Esportiva.

Começa a transmissão de TV em cores no Brasil.

O ministro da Justiça, Alfredo Buzaid, comunica oficialmente a inexistência de tortura no Brasil.

O presidente Médici diz querer ver o jogador Dario, conhecido como "Dadá Maravilha" (do Atlético Mineiro), na seleção brasileira de futebol. O técnico João Saldanha, que também era jornalista, respondeu que o presidente escalava o ministério e ele, a seleção. Resultado: a sempre impecável CBF (Confederação Brasileira de Futebol) dispensou Saldanha e convocou Zagalo, que prontamente convocou Dario.

O Brasil torna-se tricampeão mundial de futebol.

Eram lançados pela propaganda da ditadura militar os *slogans* "Pra frente, Brasil" e "Brasil: ame-o ou deixe-o".

O PIB cresce 10%, as Bolsas (naquela época, a Bovespa ainda não era a Bolsa de Valores do Brasil) disparam, começam as obras da Transamazônica, o Brasil compra 16 caças supersônicos Mirage – o "país do futuro" se transformava então no chamado "milagre econômico".

O lutador de boxe Muhammad Ali (ex-Cassius Clay) volta ao ringue e vence, depois de ter seu título cassado, por se recusar a lutar na guerra do Vietnã.

A África do Sul é excluída dos Jogos Olímpicos, por causa de sua política de *apartheid.*

A China é finalmente aceita na ONU (Organizações das Nações Unidas).

1971
No Rio de Janeiro, desaba o elevado Paulo de Frontin, que estava em fase de construção, matando 48 pessoas e mutilando outras.

1972
O piloto Emerson Fittipaldi torna-se o primeiro brasileiro a vencer o Campeonato Mundial de Fórmula 1.

Um incêndio no edifício Joelma, em São Paulo, mata 184 pessoas.

Sancionada a Lei determinando a fusão dos Estados da Guanabara e do Rio de Janeiro.

É extinta a censura na imprensa.

O Brasil reata relações diplomáticas com a China.

Emerson Fittipaldi consegue o bicampeonato mundial de Fórmula 1.

1973
Eder Jofre é campeão mundial de boxe (peso-pena).

1975
O edifício Mendes Caldeira, em São Paulo, é derrubado em nove segundos, com uma técnica recém-importada na época: a implosão.

São inaugurados o Metrô e o InCor (Instituto do Coração), em São Paulo.

O atleta João Carlos de Oliveira, o João do Pulo, quebra o recorde mundial de salto triplo, pulando 17,89 m.

1978
No Rio de Janeiro, o Museu de Arte Moderna pega fogo, queimando um acervo de valor inestimável.

1979
João do Pulo é bicampeão mundial de salto.

1980
Morre o poeta Vinícius de Moraes, que depois de 26 anos de serviços prestados ao Itamaraty, tinha sido "aposentado" pelo AI-5, o que o magoou profundamente. No dia em que o ato era editado, Vinícius estava em Portugal, onde fazia um concerto. Depois do espetáculo, estudantes salazaristas estavam reunidos à frente do teatro para protestar. Avisado e aconselhado a sair pelos fundos, o poeta maior preferiu enfrentar os protestos e, parando diante dos manifestantes, começou a declamar sua "Poética I" (De manhã escureço/De dia tardo/De tarde anoiteço/De noite ardo). Então, um dos jovens tirou a capa do seu traje acadêmico e a colocou no chão para que Vinícius pudesse passar sobre ela, ato imitado pelos outros estudantes.

1982
Por causa da construção da usina de Itaipu, desaparecem do mapa as Cataratas das Sete Quedas.

Morre a cantora Elis Regina.

1984
O navegador Amyr Klink atravessa o oceano Atlântico, da África para o Brasil, num barco a remo.

1987
Nelson Piquet é tricampeão mundial de Fórmula 1.

1988
Ayrton Senna ganha seu primeiro Campeonato Mundial de Fórmula 1.

1989
Morre Nara Leão, a musa da bossa nova.

1990
Ayrton Senna torna-se bicampeão mundial de Fórmula 1.

1991
Ayrton Senna conquista o tricampeonato mundial de Fórmula 1 – o coração dos brasileiros já tinha conquistado há mais tempo.

1994
Morre nosso maestro, Tom Jobim; morre em Ímola o ídolo maior, Ayrton Senna; o Brasil é tetracampeão de futebol.

Escultura em homenagem a Ayrton Senna, na entrada do túnel que leva seu nome, sob o Parque do Ibirapuera, em São Paulo.

1995
Robert Scheidt leva o ouro nos Pan-americanos, primeira conquista de uma lista inacreditável.

2001
Guga conquista o tricampeonato de Roland Garros, dentre tantos títulos.

2002
O Brasil sagra-se pentacampeão de futebol.

Faixa Cronológica período Sarney

1985

JANEIRO – Tancredo bate Maluf no Colégio Eleitoral; é fundado o PFL (Partido da Frente Liberal); é inaugurado o maior aeroporto internacional do país, em São Paulo/Guarulhos, o aeroporto Governador André Franco Montoro; o MST (Movimento dos Sem-Terra) faz seu primeiro congresso nacional.

MARÇO – o presidente eleito Tancredo Neves é internado no Hospital de Base de Brasília, onde se submete a uma operação abdominal; na seqüência, é transferido para o InCor, do complexo do Hospital das Clínicas de São Paulo, onde fica internado até a sua morte, declarada oficialmente em 21 de abril; seu vice, José Sarney, assume a presidência, iniciando o período chamado de Nova República; é criado o Ministério da Cultura.

MAIO – o Congresso aprova a emenda constitucional que estabelece eleições diretas para presidente da República e para prefeitos das capitais, legaliza os partidos comunistas e estende o voto aos analfabetos.

SETEMBRO – Sarney declara a moratória internacional do Brasil, na ONU.

OUTUBRO – morre o general Médici.

"Em arte não há progresso. O progresso só existe para as coisas materiais e na bandeira brasileira... Os modernos também passarão, como passaram os românticos. Ninguém é dono do tempo."

Rubens Borba de Moraes [Semana de Arte Moderna de São Paulo, 1922].

"...e não se esqueça de trazer a nossa velha bandeira do Partido, meu bem, ..."

"Vou ser claro: teve pagamento ilegal de recursos para políticos aliados? Teve. Ponto final. É ilegal? É. É indiscutível? É. Nós não podemos esconder esse fato da sociedade".

José Eduardo Cardozo, presidente nacional do PT.

UM É ESCOLHIDO, MAS QUEM GOVERNA É OUTRO

JOSÉ RIBAMAR SARNEY
1985-1990

O Colégio Eleitoral se reuniu para indiretamente impedir que o populista Paulo Maluf chegasse à Presidência da República. Votou no conservador-liberal ou liberal-conservador Tancredo Neves, ex-governador das Minas Gerais. Como vice, um representante da retrógrada oligarquia do Maranhão, José Sarney, bandeado do partido do governo para a oposição. O PT chegou a expulsar deputado que votou no Colégio Eleitoral, por só aceitar eleição direta. Tancredo foi eleito, adoeceu, morreu em meio a uma comoção nacional – e o novo vice-rei do Norte assumiu para governar quatro anos. Sarney queria ficar cinco, e para isso faz a maior distribuição de concessões de rádios e tevês. Inaugurou e consolidou uma relação com o Congresso que está viva até hoje, o "é dando que se recebe". Apesar dos protestos de São Francisco, a sua oração foi deturpada e turbinou o processo de corrupção do Brasil, que tem mais voluntários do que erva daninha e puxa-saco. O último mês do governo de cinco anos de Sarney terminou com uma inflação de 83%. Isto quer dizer que, apesar dos esforços e dos vários planos econômicos que disparou, nada conseguiu segurar a epidemia inflacionária. Ninguém mais sabia o que era preço relativo, se um produto ou serviço era caro ou barato. Era pegar o salário e correr para o supermercado e encher o carrinho. Deixar para outro dia era perder dinheiro. O ministro da Fazenda, Dílson Funaro, foi o primeiro a sair a campo para abater o dragão da inflação. Vestiu armadura, pegou o escudo e atacou a besta-fera com o Plano Cruzado. A moeda virou cruzado, valendo o equivalente a mil cruzeiros!! Com uma espadada só, cortou três zeros. A explosão do consumo abalou o plano, que começou a fazer água, até afundar totalmente. Nem os congelamentos de preço nem os "fiscais do Sarney" conseguiram impedir a derrocada. Os planos Bresser e Verão tiveram o mesmo destino. Sarney deixou o descontrole da inflação como a grande herança de seu governo. Sem falar no "Trem da Alegria", lembram?

NOVEMBRO – Jânio Quadros (pelo PTB) é mais uma vez eleito prefeito de São Paulo, e Saturnino Braga (pelo PDT), do Rio de Janeiro.

1986

FEVEREIRO – Sarney lança o Plano Cruzado; nova troca de moeda: o cruzado substitui o cruzeiro como moeda.

NOVEMBRO – o PMDB vence em 22 estados as eleições para governador; Covas é eleito senador por São Paulo com mais de 7 milhões de votos; Sarney anuncia o Plano Cruzado II.

1987

FEVEREIRO – é instalada a 5ª Assembléia Constituinte.

JUNHO – é anunciado o Plano Bresser, o terceiro do governo Sarney.

AGOSTO – o PT lança a candidatura de Lula à presidência.

SETEMBRO – morre Golbery do Couto e Silva.

DEZEMBRO – é sancionado projeto de lei proibindo a pesca da baleia.

1988

JUNHO – é fundado o PSDB (Partido da Social-Democracia Brasileira), pelo grupo independente do PMDB (Mário Covas, FHC, Franco Montoro, Sergio Motta, José Serra, Geraldo Alckmin, entre outros); a Constituinte aprova o mandato de cinco anos para José Sarney.

OUTUBRO – é promulgada a 7ª Constituição brasileira, o mandato presidencial volta a ser de quatro anos, agora com eleições em dois turnos.

NOVEMBRO – o PMDB perde ²/₃ do eleitorado nas eleições municipais; a CSN (Companhia Siderúrgica Nacional) é invadida pelo Exército e três operários grevistas são mortos.

DEZEMBRO – Chico Mendes é morto a tiros, no Acre.

1989

JANEIRO – é lançado o Plano Verão, o quarto do governo Sarney.

FEVEREIRO – o cruzado novo substitui o cruzado como moeda.

SARNEY

A política brasileira prega peças em quem teima em exigir coerência dos seus atores. O velho mineiro conservador e conciliador Tancredo Neves adoeceu logo depois da vitória no Colégio Eleitoral e morreu. Não governou nem um dia. Os mais pessimistas temiam um novo golpe, por isso só restava obedecer à Constituição e dar posse ao vice, José Sarney. Ele tinha sido sustentáculo do regime militar no Norte/Nordeste do país, foi presidente do PDS e na undécima hora tinha se bandeado convenientemente para o PMDB, candidatando-se a vice de Tancredo. Em seguida foi escolhido presidente de honra do PMDB, o partido que tanto combatera. A política brasileira estava pontilhada de políticos que começaram na direita e terminaram na esquerda, e vice-versa. Havia e há um bom lote de partidos e políticos que está sempre com o governo, seja ele quem for. Uma das primeiras medidas do governo Sarney foi convocar uma Assembléia Nacional Constituinte para acabar com o lixo autoritário. O PMDB prometeu uma política desenvolvimentista para o Brasil, mas o ministro da Fazenda, Francisco Dornelles, sobrinho de Tancredo, optou por uma retomada do conservadorismo econômico. Foi substituído pelo empresário Dílson Funaro, que em 1986 lançou um plano para dar um choque na economia e derrubar a inflação alta.

Todos prenderam a respiração quando o ministro divulgou os principais pontos do Plano Cruzado. Para tentar recuperar o preço relativo dos produtos e serviços, foi criada uma nova moeda, o cruzado, que valia mil cruzeiros. Funaro queria segurar a inflação congelando preços e o dólar. Adotou-se no Brasil a política de câmbio fixo. Aluguéis também foram congelados, e para impedir que os assalariados perdessem renda foi instituído um dispositivo de reposição automática das perdas, o chamado gatilho salarial. O tiro saiu pela culatra, porque a inflação aumentava, o salário aumentava e realimentava a inflação, que seria reposta no salário... enfim, o cachorro começou a correr atrás do rabo. Havia uma demanda de consumo represada, e foi só congelar os preços que as pessoas saíram comprando o que podiam e provocaram uma inflação de demanda. Tinha mais gente querendo comprar do que produtos nas prateleiras, e logicamente os preços subiram.

CURIOSIDADES
VOCÊ SABIA?

que o Brasil já teve alguns primeiros-ministros?
E que Tancredo Neves foi um deles?

NOVEMBRO – depois de 29 anos, acontecem as eleições diretas para a Presidência da República.

DEZEMBRO – Fernando Collor de Mello (pelo PRN) vence Lula (pelo PT), no 2º turno.

Com a tabela nas mãos, muita gente foi incentivada a conferir os preços, chamar a polícia ou mesmo fechar supermercados; eram os entusiastas "fiscais do Sarney".

O Plano Cruzado nasceu morto. Em pouco tempo a inflação voltou, as prateleiras ficaram vazias e os salários perderam o poder aquisitivo. Era preciso fazer uma forte correção, mas 1986 era ano de eleição, e o governo gozava de grande popularidade, por isso segurou as mudanças quanto pôde. O PMDB fez barba, cabelo e bigode. O ágio para a compra de produtos corria à solta, as contas externas iam mal das pernas com o aumento do consumo, e o desabastecimento não demorou.

Mas o PMDB ganhou as eleições. Para impedir o consumo da classe média, tentou-se até depósito compulsório para comprar gasolina. Mas passada a eleição, veio a tempestade. O governo lançou um novo pacote, o Cruzado II, que liberava os preços, impunha arrocho aos salários e aumentava as tarifas públicas. Em 1985, a inflação bateu 242%. A segunda tentativa de liquidar com a inflação também falhou.

Os monopolizadores do poder avocaram para o Congresso Nacional o direito de redigir a nova Constituição brasileira. Era a Constituinte: Ulisses foi eleito seu presidente. Se a idéia inicial era de um grupo mais restrito e capaz, o que se viu, por manipulações e interesses, foi um saco de gatos. O debate que teve início discutia se a nova Constituição seria um contrato social entre o cidadão e o Estado, como nos Estados Unidos, ou um verdadeiro código, com centenas de artigos. Optou-se pela segunda hipótese, com a ilusão de que tudo o que estaria na Constituição seria muito mais respeitado do que na legislação comum, ordinária. Conservadores e liberais, ditos progressistas, se digladiaram na aprovação de propostas constitucionais. Sarney cooptou os congressistas para ficar cinco anos no poder e fez a maior distribuição de concessões de rádios e tevê. Sarney levava ao máximo o conhecido "é dando que se recebe".

"Fi-lo porque qui-lo",
Jânio Quadros

"Não sou chefe de quadrilha",
José Dirceu

DENÚNCIAS E ESCÂNDALOS

No Maranhão é assim: Para nascer, Maternidade Marly Sarney. Para morar, escolha uma das vilas: Sarney, Sarney Filho, Kiola Sarney ou Roseana Sarney. Para estudar, há as seguintes opções de escolas: Sarney Neto, Roseana Sarney, Fernando Sarney, Marly Sarney e José Sarney. Para pesquisar, apanhe um táxi no Posto de Saúde Marly Sarney e vá até a Biblioteca José Sarney, que fica na maior universidade particular do Estado do Maranhão, que o povo jura que pertence a um tal de José Sarney. Para inteirar-se das notícias, leia o jornal O Estado do Maranhão, ou ligue a tevê na TV Mirante, ou, se preferir ouvir rádio, sintonize as Rádios Mirante AM e FM, todos do tal José Sarney. Se estiver no interior do estado, ligue para uma das 35 emissoras de rádio ou 13 repetidoras da TV Mirante, todas do mesmo proprietário. Para saber sobre as contas públicas, vá ao Tribunal de Contas Roseana Murad Sarney (recém-batizado com esse nome, coisa proibida pela Constituição, lei maior que no estado do Maranhão não tem nenhum valor). Para entrar ou sair da cidade, atravesse a ponte José Sarney, pegue a avenida José Sarney e vá até a rodoviária Kiola Sarney. Lá, se quiser, pegue um ônibus caindo aos pedaços, ande algumas horas pelas "maravilhosas" rodovias maranhenses e aporte no município José Sarney. Não gostou de nada disso? Então quer reclamar? Pois vá ao Fórum José Sarney, procure a Sala de Imprensa Marly Sarney, informe-se e dirija-se à Sala de Defensoria Pública Kiola Sarney...

A Constituição de 1988 ficou conhecida como a *Constituição Cidadã*. Tudo o que poderia interessar ao cidadão estava lá, porém, apenas em seus princípios gerais, pois muitos artigos dependeriam de regulamentações que ficaram para as calendas. Até hoje tem artigo que não foi regulamentado. O excesso de leis tornou-a um verdadeiro código, e o que deveria estar nas leis ordinárias, estava na Constituição. O grande avanço foi a restauração do estado de direito, do habeas-corpus, da liberdade de imprensa, das eleições livres, enfim, de tudo aquilo que qualquer povo civilizado preza.

Ao longo do tempo, ela sofreu inúmeras emendas, uma vez que por tratar assuntos voláteis era preciso atualizá-la.

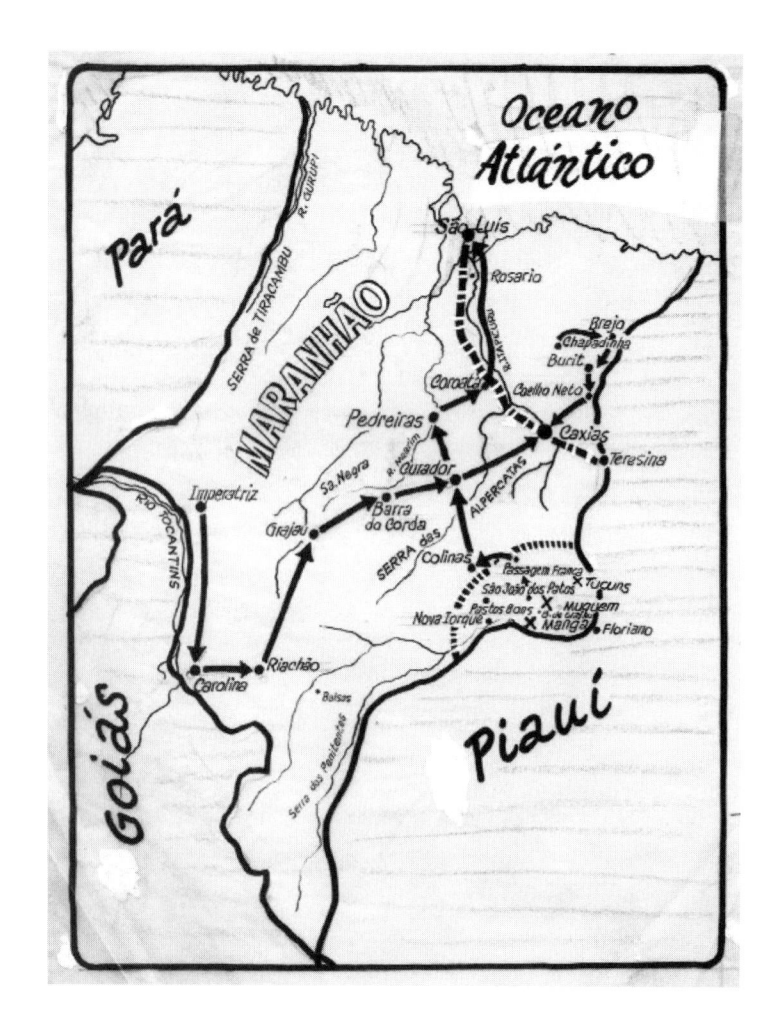

PERSONALIDADES
O HOMEM QUE SEMPRE ESTAVA LÁ

Ao lado de Jango, de Juscelino, dos militares, subindo a rampa, acenando do alto de palanques, em posses e deposições, em um sem-fim de fotos a figura de Tancredo Neves sempre aparece, teimosa. Sua figura representa bem o jeito mineiro de fazer política. Discreto, conciliador, sempre presente, soube se moldar às mais diferentes situações.

Em 1947, foi eleito deputado estadual e designado relator da Constituição estadual. No final dos trabalhos, assumiu a liderança de sua bancada e comandou a oposição ao governo da UDN.

Em 1950, foi eleito deputado federal. Seu aliado, Juscelino, eleito governador. Membro da coalizão que levou Vargas ao poder em 1950, se licenciou do mandato e foi ministro da Justiça a partir de junho de 1953. Quando Getúlio se suicidou, entregou o cargo. Fala-se que recebeu a famosa carta ao povo brasileiro diretamente das mãos do caudilho.

Em 1954, foi nomeado presidente do Banco de Crédito Real de Minas Gerais, pelo governador Clóvis Salgado da Gama, substituto legal de Juscelino quando ele renunciou para concorrer à presidência da República. Depois, recebeu de Juscelino uma diretoria do Banco do Brasil. Só saiu dali em 1958, quando nomeado secretário de Fazenda. Em 1960, foi derrotado por Magalhães Pinto na disputa pelo governo de Minas. Mas um mês depois foi novamente nomeado, dessa vez para a presidência do Banco Nacional de Desenvolvimento Econômico (BNDE), precursor do atual BNDES. Mas aí trombou com um político que não o nomeou, ao contrário, o demitiu: Jânio Quadros. Mas Jânio trombou também com o Congresso, e renunciou. E então Tancredo articulou a instalação do parlamentarismo, para evitar que Jango fosse impedido de assumir a presidência. Resultado : virou Primeiro-ministro.

De volta à Câmara, manteve o apoio ao governo Jango, até esse ser deposto pelo golpe dos militares, a quem Tancredo fez uma oposição bem moderada. Logo buscou abrigo no MDB. E foi reeleito deputado federal em 1966, 1970 e 1974. Nunca se negou ao diálogo com os militares, postura contrária àquela adotada pelo grupo "autêntico" do MDB. Quando o partido ainda tinha um grupo "autêntico".

Em 1978, foi eleito senador. Em 1980 fundou o PP (Partido Popular), do qual se tornou presidente.

Em 1982 foi alçado à vice-presidência nacional do PMDB e eleito governador de Minas Gerais. Só renunciou ao mandato de senador poucos dias antes de assumir o Palácio da Liberdade, sede do governo estadual, ao qual também renunciou, em agosto de 1984, para concorrer à presidência da República. Diante dos rachas internos da base governista, o então senador Sarney tinha proposto prévias para a escolha do candidato à sucessão de Figueiredo. Os malufistas logo disseram que isso não passava de manobra do senador para inviabilizar a candidatura de Maluf, e recusaram a proposta. Sarney não se fez de rogado: primeiro saiu da presidência do PDS, e dias depois do próprio partido. Em seguida, Brizola e os governadores do PMDB anunciavam o apoio à candidatura de Tancredo, na disputa do Colégio Eleitoral. Com Sarney, é claro, como vice.

Aliados desde criancinha, a dupla Tancredo-Sarney passou a ser a bandeira da oposição na defesa das eleições diretas. Comícios e slogans à parte, a dupla foi escolhida pelo Colégio Eleitoral. Tancredo foi sagrado presidente. Mas, como se sabe, nunca assumiu o cargo que coroaria sua bem-sucedida carreira.

DEPOIS QUE JÂNIO RENUNCIOU, EM 25 DE AGOSTO DE 1961, TANCREDO ARTICULOU A INSTALAÇÃO DO PARLAMENTARISMO, PARA EVITAR QUE O VICE-PRESIDENTE, JANGO, FOSSE IMPEDIDO POR UM GOLPE DE ASSUMIR A PRESIDÊNCIA. TANCREDO FOI PRIMEIRO-MINISTRO DE SETEMBRO DE 1961 A JUNHO DE 1962, QUANDO RENUNCIOU PARA CONCORRER A UMA VAGA DE DEPUTADO FEDERAL.

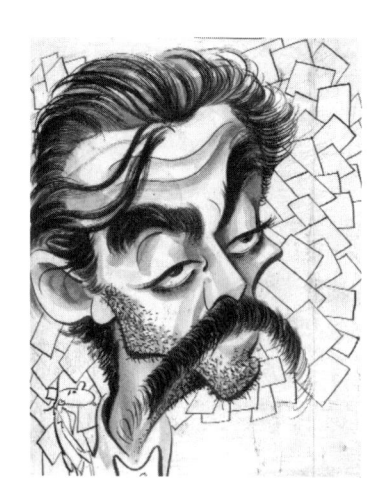

CURIOSIDADES
VOCÊ SABIA?

Transferido do Hospital de Base de Brasília, o presidente eleito Tancredo Neves morreu no Hospital das Clínicas de São Paulo (HC): o mais importante e maior complexo médico de toda a América Latina, referência internacional em diversas áreas. Com mais de 350 mil metros quadrados, o complexo é formado de sete institutos especializados, entre os quais o InCor (Instituto do Coração). A ele recorrem políticos e personalidades de todo o país, desde sua fundação, em 1944.

O HC é ligado à Faculdade de Medicina e Cirurgia da USP, criada em dezembro de 1912. Em 25 de janeiro de 1920, data de aniversário da cidade de São Paulo, foi lançada a pedra fundamental da sede da faculdade. Durante a Revolução de 1930, os trabalhos foram interrompidos, e retomados posteriormente.

Faculdade de Medicina e Cirurgia de São Paulo – 1931
(Fonte: foto autorizada pelo HC da FMUSP, www.hcnet@usp.br)

Até hoje, ela e a Faculdade Direito do Largo de São Francisco são as únicas que não se mudaram para o campus da Cidade Universitária.

A construção do HC foi resultado de um processo ligado à história da Faculdade de Medicina e Cirurgia, processo que se iniciou entre os anos de 1923 e 1926, por iniciativa de um grupo de médicos, e se concluiu com a transferência das clínicas da Santa Casa para o novo edifício.

DIÁRIO DA CORTE
PF pode apurar relação de Dirceu com prefeito preso

Estadão, 13.6.08

O desenvolvimento do globalismo, do fim do monopólio e as aberturas comerciais promoveram outras mudanças. Outro setor que avançou foi o das conquistas sociais e trabalhistas, como o 13° salário para os aposentados da previdência oficial. A nova Constituição tornou-se a panacéia para solucionar graves problemas, como a dívida social, e isso pesou nas contas públicas – novo fator gerador de inflação e recessão.

A dívida externa sufocava o país, e o governo optou por suspender o pagamento das parcelas da dívida, até que fez um acordo com o FMI, para pagar em vinte anos. Novos choques foram tentados, como o plano Bresser e o Plano Verão, mas os dois fracassaram. Puro curto-circuito. A inflação parecia ser indestrutível. Só mesmo um novo governo com apoio popular teria condições de fazer uma nova tentativa. Em 1989, o Brasil volta a eleger livre e diretamente o presidente da República. Dez candidatos se apresentaram, representando da esquerda à direita. O eleitor tinha um leque menor de opções. Sobraram para o 2° turno eleitoral Fernando Collor e Lula. Os partidos se juntaram em torno de Collor, temendo que Lula pudesse levar o país para o socialismo – mais tarde o próprio Lula diria nunca ter sido socialista. Fernando Collor de Mello foi o primeiro presidente eleito no novo período democrático do Brasil. Mas, como se sabe, ficou pouco mais de dois anos no poder, de março de 1990 a outubro de 1992.

Enquanto isso...

Em 1989 caía o Muro de Berlim e o mito do sonho socialista-comunista. Do regime que matou mais do que Hitler (sobretudo sob o Terror stalinista, que fez milhões de assassinatos). O reformador e corajoso Gorbatchev foi o ponta-de-lança da implosão do sistema soviético. Prêmio Nobel da Paz de 1990, ele abriu o diálogo com Reagan, desencadeou o processo de desarmamento nuclear, retirou as tropas do Afeganistão – a queda do muro da vergonha foi só uma conseqüência.

ELEIÇÕES E LEGENDAS

Em 1988, a partir do restabelecimento da democracia e da promulgação da Constituição, as eleições voltam a ser diretas, mas passam a ser realizadas em dois turnos.

Outra mudança é que o vice-presidente passa a ser eleito em chapa conjunta com o candidato a presidente, podendo ser de legendas partidárias diversas. Até então, eles eram eleitos separadamente. A regra também vale para os cargos de governador e prefeito.

CONSTITUIÇÕES

Nossa Carta Magna já foi "rasgada" umas tantas vezes. Oficialmente, desde a Independência foram sete, incluindo a atual: 1824, 1891, 1934, 1937, 1946, 1967, 1988. Remendos, emendas, atos institucionais e outros artifícios têm se multiplicado.

SENÃO VEJAMOS:
1824, a Constituição da Independência
1891, a *Republicana* (que só sofreu uma única alteração, em 1927)
1934, por pressão da Revolução Constitucionalista de 1932
1937, a 2ª do ditador Getúlio Vargas (a *Polaca*)
1946, a da pós-ditadura, de avanços democráticos
1967, a da ditadura, dessa vez militar
1988, a da pós-ditadura militar, chamada de *Cidadã*

DIÁRIO DA CORTE
Lula e Teixeira: amizade e imóveis
O advogado está envolvido, de uma forma ou de outra, na compra dos três apartamentos do presidente
Estadão, 15.6.08

Jango Assume e Conclama o País: "Agora, a Luta Contra a Miséria!"
Povo Invadiu a Câmara Para Aplaudir o Nôvo Presidente
1º MINISTRO É TANCREDO!
7 de Setembro Com Outro Grito de Independência

DIÁRIO DA CORTE
Anatel muda regras para facilitar fusão Oi/BrT
Estadão, 13.6.08

Fotografia du futuro ingontro du Generale Giusto, c'o Dottore Gitulio Vargas, guando u Moreno xigá nu Brasile.

PARTIDOS POLÍTICOS, OU "O SAMBA DO CRIOULO DOIDO"

Hoje em dia, a lista é de confundir qualquer um. Falando só dos ativos.
Além da extensa lista, há toda uma lista de agremiações em via de legalização.
Com exceção do período da ditadura militar, quando eles ficaram reduzidos a dois – a Arena (Aliança Renovadora Nacional) e o MDB (Movimento Democrático Brasileiro) –, regredindo no tempo, vamos percebendo que o número de partidos só tem crescido.
No finalzinho da fase anterior, a ditadura do Estado Novo, surgiram os principais partidos políticos atuantes de 1940 a 1960: a UDN (União Democrática Nacional),
o PSD (Partido Social Democrático) e o PTB (Partido Trabalhista Brasileiro).
Em suma, sempre foi um vaivém...

PARTIDOS ATIVOS DA IV REPÚBLICA (DESDE 1985)

A lista completa é extensa, além de outros tantos que se fundiram, mudaram de nome etc. [como o PP (Partido Popular), o PFL (Partido da Frente Liberal), atual Democratas, o PL (Partido Liberal), o PS (Partido Socialista)]:

Democratas (DEM)
Partido Comunista Brasileiro (PCB)
Partido Comunista do Brasil (PCdoB)
Partido da Causa Operária (PCO)
Partido da Mobilização Nacional (PMN)
Partido da República (PR)
Partido da Social-Democracia Brasileira (PSDB)
Partido Democrático Trabalhista (PDT)
Partido do Movimento Democrático Brasileiro (PMDB)
Partido dos Trabalhadores (PT)
Partido Humanista da Solidariedade (PHS)
Partido Popular Socialista (PPS)
Partido Progressista (PP)
Partido Renovador Trabalhista Brasileiro (PRTB)
Partido Republicano Brasileiro (PRB)
Partido Republicano Progressista (PRP)
Partido Social Cristão (PSC)

Partido Social Democrata Cristão (PSDC)
Partido Social Liberal (PSL)
Partido Socialismo e Liberdade (PSOL)
Partido Socialista Brasileiro (PSB)
Partido Socialista dos Trabalhadores Unificado (PSTU)
Partido Trabalhista Brasileiro (PTB)
Partido Trabalhista Cristão (PTC)
Partido Trabalhista do Brasil (PTdoB)
Partido Trabalhista Nacional (PTN)
Partido Verde (PV)

III REPÚBLICA (1964–1985)

Aliança Renovadora Nacional (ARENA)
Movimento Democrático Brasileiro (MDB)
Ação Libertadora Nacional (ALN) (NA ILEGALIDADE)
Movimento Revolucionário 8 de Outubro (MR-8) (NA ILEGALIDADE)
Partido Comunista Brasileiro (PCB) (NA ILEGALIDADE)
Partido Comunista Brasileiro Revolucionário (PCBR) (NA ILEGALIDADE)
Partido Comunista do Brasil (PCdoB) (NA ILEGALIDADE)
Partido Democrático Republicano (PDR) (NÃO CONSEGUIU REGISTRO)
Partido Popular (PP) (INCORPORADO AO PMDB EM 1982)

II REPÚBLICA (1945–1964)

Movimento Trabalhista Renovador (MTR)
Partido Agrário Nacional (PAN)
Partido Comunista Brasileiro (PCB)
Partido Comunista do Brasil (PCdoB)
Partido da Boa Vontade (PBV)
Partido de Orientação Trabalhista (POT)
Partido de Representação Popular (PRP)
Partido Democrata Cristão (PDC)
Partido Libertador (PL)
Partido Popular Sindicalista (PPS)
Partido Republicano (PR)
Partido Republicano Trabalhista (PRT)
Partido Social Democrático (PSD)
Partido Social Progressista (PSP)
Partido Social Trabalhista (PST)
Partido Socialista Brasileiro (PSB)
Partido Socialista Revolucionário (BRASIL) (PSR)
Partido Trabalhista Brasileiro (PTB)
Partido Trabalhista Nacional (PTN)
União Democrática Nacional (UDN)

ERA VARGAS (1930–1945)

Ação Integralista Brasileira (AIB) (NÃO REGISTRADO)
Aliança Nacional Libertadora (ANL) / aliado ao PCB (NÃO REGISTRADO)
Liga Comunista
Liga Comunista Internacionalista (BRASIL)
Partido Autonomista do Distrito Federal
Partido Comunista Brasileiro (PCB)
Partido Constitucionalista
Partido da Lavoura
Partido Integralista (PI)
Partido Progressista de Minas Gerais
Partido Republicano Liberal do Rio Grande do Sul
Partido Socialista Brasileiro – anos 1930, extinto em 1937 pelo Estado Novo
Partido Socialista Proletário do Brasil (PSPB), extinto em 1937 pelo Estado Novo

I REPÚBLICA (1889–1930)

Aliança Liberal (AL)
Partido Democrático
Partido Federalista
Partido Libertador (PL)
Partido Republicano Catarinense (PRC)
Partido Republicano Conservador (PRC)
Partido Republicano Federal (PRF)
Partido Republicano Fluminense (PRF)
Partido Republicano Liberal
Partido Republicano Mineiro (PRM)
Partido Republicano Paulista (PRP)
Partido Republicano Rio-Grandense (PRR)
Partido Socialista do Brasil (PSB)

IMPÉRIO (1822–1889)

Liga Progressista
Partido Conservador
Partido Liberal
Partido Republicano Paulista
Partido Restaurador (PARTIDO CARAMURU)

Faixa Cronológica período Figueiredo

1979

MARÇO – o general João Figueiredo toma posse como presidente.

AGOSTO – Figueiredo sanciona a Lei de Anistia; tem início o chamado processo de Abertura.

JULHO – é produzido o primeiro carro a álcool.

SETEMBRO – começa a volta de exilados, entre eles Brizola, Prestes e Arraes.

NOVEMBRO – é aprovada pelo Congresso a emenda que extingue o MDB e a Arena.

1980

JANEIRO – o PDS (Partido Democrático Social) tem seu programa aprovado e passa a substituir a Arena.

FEVEREIRO – é criado o PT (Partido dos Trabalhadores); Tancredo lança plano de ação política do PP (Partido Popular).

MARÇO – o professor Sabin acusa o governo Médici de ter manipulado dados sobre a erradicação de epidemias no Brasil.

ABRIL – quinze pessoas são presas, com base na LSN (Lei de Segurança Nacional), dentre elas o líder sindical Lula.

"Reivindico para mim a inclusão da palavra desenvolvimento no vocabulário político brasileiro, porque antes ninguém percebia o conteúdo político desta palavra."

Juscelino, inaugurando a síndrome do nunca antes.

"Nunca vi algo semelhante ao depoimento do Duda Mendonça. Porque ele disse para todo mundo: 'Eu recebi, recebi lá fora, tenho conta no exterior e usei na campanha'. Quantos prefeitos foram destituídos pela Justiça Eleitoral por isso?"

FHC

"Me lembro que achava extremamente divertido que elogiassem o presidente Dutra por ter saneado a Baixada Fluminense. Hoje entendo por que o elogiam. O homem fez alguma coisa - medíocre mas fez."

Paulo Francis

"A Venezuela tem democracia em excesso".

presidente Lula.

PRENDO E ARREBENTO

GENERAL JOÃO BATISTA FIGUEIREDO
1979–1985

O general Figueiredo foi escolhido pelo general Geisel. Deixou a farda, vestiu um terno de civil e disse que prendia e batia em quem fosse contra a abertura política iniciada no governo anterior. Na posse, disse que estaria de mãos estendidas à oposição em sinal de conciliação, apesar da frase de que preferia o cheiro de cavalo ao cheiro do povo. O general mandou para o Congresso a Lei da Anistia, aprovada dois meses depois. Não era exatamente o que a oposição queria, mas era o possível na época, já que os militares da linha dura ainda estavam à espreita. O próprio Figueiredo quase não assumiu o poder, por causa da tentativa de golpe do general Frota, partidário da continuidade do regime fechado iniciado com o AI-5, de 1968. A extrema direita bem que tentou melar o processo com bombas em bancas de jornal, sedes da OAB e shows musicais, como no Riocentro. A abertura avançou aos trancos e barrancos.

Figueiredo não tinha trava na língua, e quando questionado sobre o que faria se ganhasse um salário mínimo para viver, disse que daria um tiro na cabeça. Era uma constatação de que a economia ia da inflação para a recessão, e a única coisa que crescia no Brasil era a dívida externa. Ela chegaria a uns US$ 46 bilhões, considerada impagável pela oposição. O Produto Interno Bruto brasileiro, que cresceu a 9,20% em 1982, no final do governo do general estava em 5,40%. No mesmo ano, a inflação atingiu o patamar de 215% ao ano!!! Inspirado nas fórmulas milagrosas do ministro Delfim Netto, que insistia na tese de que primeiro era preciso deixar o bolo crescer para depois dividi-lo, Figueiredo conseguiu que o Congresso rejeitasse a emenda que restaurava as eleições diretas no Brasil e garantiu ao Colégio Eleitoral escolher o seu sucessor. A ditadura estava com os seus dias contados. Podiam amordaçar o galo, mas o dia ia amanhecer de qualquer forma.

MAIO – o TSE (Tribunal Superior Eleitoral) dá a Ivete Vargas o registro do PTB (Partido Trabalhista Brasileiro).

AGOSTO – no Rio de Janeiro, explode uma bomba na OAB (Ordem dos Advogados do Brasil), matando a secretária Lydia Monteiro da Silva, outra no gabinete do vereador Antonio Carlos (MDB) e uma terceira na sede da Tribuna Operária, ferindo seis pessoas; morre o poeta Vinícius de Moraes.

SETEMBRO – emenda constitucional prorroga mandatos dos prefeitos por mais dois anos; Leonel Brizola funda o PDT (Partido Democrático Trabalhista).

NOVEMBRO – é aprovada pelo Congresso a emenda que restabelece eleições diretas para governador e extingue a nomeação dos senadores biônicos.

1981

MAIO – durante o show do Dia do Trabalho, explodem duas bombas no Riocentro.

AGOSTO – Golbery deixa a chefia do Gabinete Civil.

SETEMBRO – Figueiredo sofre um infarto e seu vice, o mineiro Aureliano Chaves, assume a presidência; Maluf é condenado a devolver dinheiro aos cofres públicos.

DEZEMBRO – o PP de Tancredo se une ao PMDB, depois de ter sido inviabilizado pela Justiça Eleitoral.

1982

JANEIRO – morre Elis Regina

AGOSTO – pela primeira vez uma mulher assume um ministério: Ester de Figueiredo Ferraz é empossada na pasta da Educação.

NOVEMBRO – acontecem as eleições diretas para governador, prefeito, senador, deputado federal e deputado estadual; é inaugurada a hidrelétrica de Itaipu, pelos presidentes do Brasil e Paraguai, Figueiredo e Strossner.

DEZEMBRO – Leonel Brizola vence as eleições para governador no Rio de Janeiro.

1983

A inflação anual atinge o índice recorde de 200%.

JULHO – o presidente Figueiredo é operado nos Estados Unidos.

AGOSTO – congresso de fundação da CUT (Central Única dos Trabalhadores); morre Teotônio Vilela.

FIGUEIREDO

O novo presidente-general marcou o fim do período militar no Brasil. Os ventos da abertura sopravam de forma mais consistente, e o presidente passou a divulgar uma imagem mais alegre, amável, trocando os óculos escuros, típicos de ditadores latino-americanos, se apresentando como um esportista que gostava de ginástica, moto e futebol. Suas respostas nas entrevistas deixavam de cabelo em pé a assessoria da Presidência e eram o motor da imprensa e da oposição. Indagado sobre o que faria se ganhasse apenas um salário mínimo, respondeu que daria um tiro na cabeça. Ou era ingenuidade ou sinceridade inconveniente a um chefe de governo. A pressão da opinião pública pelo fim do regime de exceção era cada vez maior, e a campanha pelo voto direto ganhava cada vez mais adeptos, até mesmo entre os militares liberais.

O ano de 1979 deu um impulso importante para a recuperação das lideranças políticas nacionais, com a aprovação pelo Congresso Nacional da Lei da Anistia, que permitiu a volta dos banidos, a liberdade de presos políticos, mas que também anistiou os militares que usaram a força e a tortura para fechar o regime. Era uma anistia de lado a lado, o que impediu depois que alguns fossem julgados pela Justiça, como aconteceu em outras ditaduras latino-americanas que voltaram à democracia. Desembarcam no Brasil Leonel Brizola, Gabeira, Arraes, Betinho e muitos outros. Havia esperança de novas mudanças e a tibieza do regime abria possibilidades para novos avanços.

O regime acabou com o bipartidarismo e a oposição se dividiu. Os autênticos liderados pelo liberal Ulysses Guimarães fundaram o PMDB (Partido do Movimento Democrático Brasileiro) e os conservadores liderados por Tancredo Neves fundaram o PP (Partido Liberal). Os governistas se agruparam no PDS (Partido Democrata Social). Mas a grande novidade foi a criação do PT (Partido dos Trabalhadores), fundado por líderes sindicais, pela esquerda católica, intelectuais como Florestan Fernandes, socialistas, grupos de ex-guerrilheiros – enfim, um partido de esquerda que nunca anunciou exatamente que tipo de socialismo queria para o Brasil.

DENÚNCIAS E ESCÂNDALOS

Em setembro de 1981, uma decisão do STF (Supremo Tribunal Federal) condenou o ex-prefeito de São Paulo, Paulo Maluf, a devolver aos cofres municipais a importância de 315 mil cruzeiros, utilizada como "doação ilegal de 25 automóveis" aos integrantes da seleção brasileira de futebol campeã da Copa do México, em 1970.

Para presidir o partido foi escolhido o líder metalúrgico Luiz Inácio da Silva. Brizola perdeu a sigla PTB (Partido Trabalhista Brasileiro) para Ivete Vargas e fundou o PDT (Partido Democrático Trabalhista). Sobraram os nanicos da extrema esquerda e da extrema direita.

A linha dura ainda resistia aos avanços democráticos e ameaçava como podia. Em 1980 explodiu uma bomba na sede da OAB do Rio de Janeiro, matando uma secretária, e outra na Câmara Municipal. Vários jornais alternativos também levaram bombas ou foram ameaçados. O pior atentado ocorreu na comemoração do 1° de Maio no Riocentro. O governo não tinha força nem vontade política de apurar nada. A UNE (União Estadual dos Estudantes) se reorganizou em 1985, a exemplo dos sindicatos, na região industrialmente mais desenvolvida do país, o ABC paulista, sede do PT e da liderança de Lula. Em 1983 nascia a CUT (Central Única dos Trabalhadores), ligada aos sindicatos, por sua vez ligados ao PT.

1984

ABRIL – acontece em São Paulo o maior comício (1,3 milhão de pessoas) pelas Diretas-Já; a Câmara rejeita a emenda Dante de Oliveira, de eleições diretas para presidente.

JULHO – a Frente Liberal, que agremiava José Sarney, Aureliano Chaves e Marco Maciel, rompe com o governo.

AGOSTO – o deputado Paulo Maluf (pelo PDS) e Tancredo Neves (pelo PMDB) têm suas candidaturas homologadas para concorrer à Presidência de República.

SINAIS PARTICULARES

Figueiredo será sempre lembrado pela infeliz frase em que afirmava preferir o cheiro de seu cavalo ao do povo. Mas seria injusto não lembrar que em seu governo a agricultura foi alvo de um programa de incentivo, que mereceu o slogan "Plante que o João garante". Delfim Netto, então ministro do Planejamento, a quatro mãos com José Flávio Pécora, seu vice, criou esse programa graças ao qual o preço dos produtos agrícolas baixou, permitindo maior acesso da população aos alimentos básicos, além de alçar o Brasil a uma melhor posição de exportador do setor. Ainda em seu governo foi desenvolvido o maior programa de habitação da história (quase três milhões de casas populares).

Do ponto de vista da abertura política, prometeu a "mão estendida em conciliação" e jurou fazer "desse País uma democracia". Questionado sobre qual seria sua atitude para com aqueles que se opusessem à abertura, disparou: "Eu prendo, bato e arrebento." Cumpriu a promessa de redemocratização: foi concedida anistia ampla e irrestrita, o que permitiu que voltassem ao Brasil os exilados do regime. Em 1985, sem papas na língua, se recusou a passar a faixa presidencial a José Sarney, por considerá-lo um impostor, vice de um presidente que nunca tinha assumido o cargo.

No final do ano de 1980, a inflação chegava a 110% e a população perdia a referência do preço relativo dos produtos e serviços. Ninguém sabia mais se alguma coisa era cara ou barata. Os assalariados recebiam o salário e corriam para o supermercado, temendo perder o poder aquisitivo do que ganhavam. Essa prática foi ficando cada vez mais cruel, proporcionalmente ao aumento da inflação. Os efeitos mais visíveis da crise econômica eram o desemprego e o aumento da dívida externa. O impacto do segundo choque dos preços do petróleo foi decisivo para a recessão econômica que se seguiu. Iniciava-se o período de baixo crescimento econômico. Em 1984, o PIB caía para 4% negativos, um recorde na história econômica do Brasil. Dois anos depois caía mais 3%. Um desastre. Por outro lado, ninguém segurava a inflação. Em 1984, chegou a 215% ao ano!! Era o pior dos mundos para a populaçõ de baixa renda, que mais perdia com ela. No mesmo período, a dívida eterna dobrou e chegou a US$ 91 bilhões.

A pá de cal sobre o regime militar seria a aprovação de uma emenda restaurando a eleição direta para presidente da República. Com apoio da maioria governamental no Congresso, ela foi derrotada em 1984, apesar de uma forte campanha popular. Sobrou para a oposição disputar no Colégio Eleitoral a Presidência da República: o PMDB apresentou a chapa do conservador Tancredo Neves e como vice José Sarney, ex-presidente do PDS, que tinha mudado de lado. O PDS apresentou a candidatura do ultraconservador Paulo Maluf, ex-governador de São Paulo. O PT expulsou três deputados que votaram em Tancredo, que mesmo assim ganhou a eleição, em janeiro de 1985. Era o primeiro presidente civil, desde o Golpe de 1964.

DIÁRIO DA CORTE
Suspeita de falsificação na VarigLog Escritório de Roberto Teixeira e fundo Matlin são acusados de falsificar ata de assembléia de diretoria
Estadão, 13.6.08

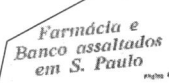

CAÇADA GERAL AO MR-8
CABEÇA VAI SER PAI

Farmácia e Banco assaltados em S. Paulo
Última Hora
Orçamento de 20 bilhões mais 50% para educação

AI-11 MARCA ELEIÇÃO
ABRE PROCESSO POLÍTICO

derrota dos "currais eleitorais"

EMBAIXADOR SALVO
E TERROR CERCADO

Última Hora

PENA DE MORTE
PARA SUBVERSÃO

SOVIÉTICO VEIO EXPLICAR

68 municípios impedidos de eleger seus prefeitos

Igreja convoca jovens

São Paulo fêz transplante inédito: coração ainda batia

Receptor é humilde boiadeiro e passa bem
Franca: Operários em greve negociam

Faixa Cronológica período Geisel

1974

MARÇO – Geisel assume a presidência e Figueiredo, a chefia do SNI; é inaugurada no Rio de Janeiro a ponte Rio–Niterói.

MAIO – é assinada a ata de constituição da hidrelétrica de Itaipu, pelo Brasil e Paraguai.

JUNHO – morre Eurico Gaspar Dutra.

NOVEMBRO – nas eleições para o Congresso, a oposição elege 16 senadores (de 22); começa a longa escalada da inflação, que só seria estancada pelo Plano Real, quase 20 anos depois.

1975

JUNHO – o Brasil assina acordo nuclear com a Alemanha.

JULHO – morre Juarez Távora.

NOVEMBRO – é lançado o Pró-álcool (Programa Nacional do Álcool); em chapa única, Lula é eleito presidente do sindicato dos Metalúrgicos, em São Bernardo do Campo.

"Eu prendo, bato e arrebento."
João Batista de Figueiredo quando perguntado sobre o que faria com aqueles que fossem contrários à abertura política.

"*Cai a emenda, não nós*",
editorial do jornal *Folha de S. Paulo* de 26 de abril de 1984, quando também se pedia à população que usasse preto pelo Congresso Nacional, já que a emenda Dante de Oliveira, pelas eleições diretas, nem chegou ao Senado – a Câmara se encarregou de derrubá-la.

> EU PERCO O PESCOÇO, MAS NÃO PERCO O JUÍZO!
>
> SAIBA QUE FOI DEPOIS QUE EU PERDI **JUÍZO**, QUE GANHEI **POPULARIDADE!**
>
> Néo Correia
>
> "Em período eleitoral, é reduzida a capacidade de fiscalizar.!"
> Marina Silva, a então soit-disant ministra do Meio-Ambiente

LENTA, SEGURA E GRADUAL

GENERAL **E**RNESTO **G**EISEL
1974-1979

Põe lenta nisso. O general Geisel assumiu a presidência com a missão de iniciar o processo de abertura no país e de levar de volta os militares para os quartéis. Com o fim do milagre brasileiro e o sonho de consumo da classe média, que queria TV em cores e um fusquinha para ir à praia, sobrou para o general pegar uma pedreira pela frente, com o espetacular aumento do preço do petróleo no mercado mundial, o início da recessão, alta da inflação, perda do poder aquisitivo do salário e a vitória da oposição em vários estados da federação. Geisel manteve as rédeas do poder graças ao Pacote de Abril, enfiado goela abaixo do Congresso, que, entre outras coisas, impunha um mandato de cinco anos para o presidente e a nomeação por ele dos governadores de estado e de 1/3 dos senadores. Estes foram carinhosamente apelidados pelo povo de "biônicos".

A linha dura não queria nem ouvir falar em abertura, ainda que mais devagar do que tartaruga. Os esbirros da ditadura organizavam-se em associações paramilitares, juntavam-se com militares mais empedernidos e partiam para a repressão política da oposição. Torturavam e matavam, à sombra da falta de liberdade de imprensa. Entre as vítimas, o jornalista da TV Cultura Wladimir Herzog e o operário M. Fiel Filho, mortos nas dependências do DOI-Codi de São Paulo. Geisel reagiu, mandou destituir o general comandante da área e teve que governar com um olho na oposição e outro na extrema direita. Não sobrou olho para o combate à miséria, falta de educação e saúde, distribuição de renda e bem-estar social.

1976

JUNHO – Furnas assina contrato de compra e financiamento dos equipamentos para as usinas de Angra II e Angra III.

JULHO – é sancionada a Lei Falcão, de alteração do Código Eleitoral.

AGOSTO – explode uma bomba na ABI (Associação Brasileira de Imprensa); morre Juscelino Kubitschek.

DEZEMBRO – morre Jango.

1977

ABRIL – Geisel fecha o Congresso e baixa o chamado Pacote de Abril: reforma do Judiciário, aumento do período do mandato presidencial para cinco anos, determinação de que 1/3 dos senadores seriam eleitos indiretamente ("biônicos"), aumento das bancadas dos estados mais pobres, onde a Arena sempre conseguia melhores resultados.

MAIO – morre o ex-governador da Guanabara, o jornalista Carlos Lacerda.

JUNHO – o manifesto contra a censura, da ABI, é assinado por mais de 2.500 jornalistas; é aprovada a emenda constitucional que institui o divórcio.

OUTUBRO – Sílvio Frota, ministro do Exército, é exonerado.

1978

MAIO – em São Bernardo do Campo, em SP, acontece a primeira greve operária depois do AI-5.

OUTUBRO – o general Figueiredo é escolhido presidente pelo Congresso.

NOVEMBRO – ocorrem as eleições para o Congresso.

DEZEMBRO – entra em vigor a LSN (Lei de Segurança Nacional), por decurso de prazo, eliminando a pena de morte e a prisão perpétua; Geisel revoga o AI-5.

GEISEL

Geisel chamou o próprio governo de "democracia relativa", ou seja, com liberdade *ma non troppo*... Ele representava o grupo moderado do sistema e deu o pontapé inicial em uma distensão política, com o objetivo de abrir novamente o país. Os radicais não apoiavam nenhuma abertura política, nem que ela fosse "lenta, segura e gradual", como dizia Geisel. Ele venceu no Colégio Eleitoral o anticandidato Ulysses Guimarães. Principal líder da oposição e do MDB, Ulysses era um liberal, e sua principal bandeira era a volta do estado de direito, uma tese que virou tema de rua e se tornou o principal mote da campanha eleitoral de 1974, quando a oposição, que perdeu a presidência, teve uma grande vitória na Câmara e no Senado. O fim da censura nos meios de comunicação abriu uma enxurrada de críticas ao governo, e tiveram ampla repercussão as pregações pela volta da democracia, eleições diretas para todos os cargos e a volta dos militares à caserna. A crise que se abateu sobre o país deixou claro que o regime tinha se esgotado, ainda que houvesse ampla resistência nos setores da linha dura.

GREVE
greve
greve
GREVE

Em 1977, morria o genial Chaplin.

Desde Juscelino, o Brasil estava pendurado no petróleo. Para fortalecer a presença das montadoras de veículos multinacionais no Brasil, tinham sido desmontadas as ferrovias, abertas estradas – e toda a economia nacional posta em cima de caminhões e pneus. O risco era o preço ou o desabastecimento do petróleo, uma vez que a Petrobras não tinha condições de acompanhar a grande procura de derivados de petróleo.

Em 1973, explodiu mais um conflito no Oriente Médio, e o preço do barril de petróleo explodiu junto. As economias americana e mundial entraram em recessão, e a do Brasil foi junto. O controle do fluxo de dólares foi parar nas mãos do cartel dos produtores, a OPEP, a Organização dos Países Exportadores de Petróleo. O impacto no país foi devastador. A dívida externa foi às alturas, com a importação de petróleo caríssimo e a alta dos juros de empréstimos internacionais. O dinheiro estava cada vez mais caro no mundo, e os dólares acumulados no Oriente Médio ficaram conhecidos como petrodólares. Ainda assim, o governo Geisel optou por continuar investindo em grandes empresas estatais, como a Petrobras e a Eletrobrás, construindo a usina nuclear de Angra dos Reis e fazendo o acordo nuclear com a Alemanha. Em 1975, foi lançado o Programa Nacional do Álcool (Pró-álcool). E terminava a censura prévia ao jornal *O Estado de S.Paulo*, e posteriormente a outros órgãos da imprensa.

PERSONALIDADES

O "SENHOR DIRETAS", ULYSSES GUIMARÃES

Apesar das práticas menos nobres que assolam nossa política como se epidemia fossem, algumas (poucas) figuras merecem nosso respeito. De um tempo em que os partidos políticos ainda faziam aquelas junções e injunções conhecidas por motivos ideológicos e estratégicos, e não pecuniários, Ulysses Guimarães honrou seu partido e não fez a política parecer um pano de chão.

Ulysses se diplomou em direito pela USP (Universidade de São Paulo), foi professor, autor de vários livros, o último publicado em 1992. Mas a veia política se impôs: deputado estadual na Constituinte de 1947, pelo PSD (Partido Social Democrático), foi em seguida deputado federal por 11 mandatos consecutivos, até 1995, quando morreu. Chegou a ser ministro da Indústria e Comércio no gabinete de Tancredo, durante o breve soluço parlamentarista de 1961–1962.

No início chegou a apoiar os militares, mas isso durou pouco. Em 1965, quando foi instaurado o bipartidarismo, se filiou ao MDB, de onde nunca mais saiu, e do qual se tornaria presidente. E ele presidiu um partido, não uma agremiação. Quando Pedro Simon se refere a seu partido sempre como MDB, suprimindo o P, impossível não pensar em Ulysses, e na época em que política até rimava com convicções! Simbolicamente, foi candidato à Presidência da República, em 1973. Novamente em 1989, sem sucesso.

Sua força estava no Parlamento: presidiu a Câmara por três vezes, além da Constituinte de 1987–1988. Teve papel fundamental na elaboração da Constituição Cidadã, como batizou a Carta Magna que introduziu uma série de avanços.

CURIOSIDADES
VOCÊ SABIA?

O *Pró-álcool*, ou Programa Nacional do Álcool, nasceu no CTA (Comando-Geral de Tecnologia Aeroespacial) de São José dos Campos, no Estado de São Paulo, em 1975. Ele foi um programa de substituição em larga escala dos combustíveis derivados de petróleo, na seqüência da crise do petróleo em 1973.

Mas adição de álcool à gasolina é obrigatória no Brasil desde 1931, na proporção de 5%. Na época da Segunda Guerra, o percentual obrigatório chegou a 60%. De 1986 a 1995, o programa sofreu uma estagnação. A partir de então, voltou a ser redefinido. Em 28 de maio de 1998, uma medida provisória determinava que o Poder Executivo elevaria a 22% o percentual obrigatório de adição de álcool etílico anidro combustível à gasolina, em todo o território nacional, até o limite de 24%.

Em 1978, surgiam os primeiros carros movidos a álcool. O professor Urbano Ernesto Stumf é o chamado "pai do motor a álcool": iniciou esses estudos na década de 1950, no ITA (Instituto Tecnológico de Aeronáutica), onde foi professor por mais de 20 anos e chefiou o Laboratório de Pesquisas de Motores. O motor a álcool do CTA serviu de base para a Neiva, subsidiária da Embraer instalada em Botucatu, desenvolver o mesmo modelo para o avião agrícola Ipanema.

Hoje, com os motores *flex*, os motivos de idas e vindas da preferência do consumidor parecem ter desaparecido do horizonte. A era, agora, é a dos biocombustíveis.

Comparado com o crescimento do PIB nos governos FHC e Lula, o governo apresentou crescimento notável, se considerarmos a recessão que se abateu sobre o Brasil: em 1974, mais de 8%, e quatro anos depois, no auge da recessão, chegou a 5%!!!! Um assombro. Por outro lado, a inflação disparou e não havia mago das finanças capaz nem de manipular os números nem convencer a população que o seu salário não perdia poder aquisitivo a cada semana. Em 1978, a inflação chegou a 40% ao ano, e isso incentivou os trabalhadores a se organizarem para exigir aumento de salários. A pressão sobre o governo aumentou muito – tanto interna como externamente. Os Estados Unidos mudaram de posição e passaram a apoiar a volta a democracia: o presidente Carter criticou a violação dos direitos humanos no Brasil. Estudantes, professores, operários, imprensa, OAB, ABI, CNBB se juntaram para traçar os caminhos da volta da democracia plena. O bordão era a "anistia ampla, geral e irrestrita".

O governo reagiu ao crescimento da oposição com a edição de um pacote em 1977, retardando o avanço em direção ao estado democrático, prorrogando o mandato de presidente de quatro para cinco anos, aumentando para 2/3 a maioria para aprovar projetos no Congresso e criando uma novidade, o senador biônico: 1/3 do Senado seria nomeado pelo presidente. Alguém se tornava senador da República sem um único voto – fato só comparável ao que acontece atualmente com os suplentes. Com a agravante de estes últimos não raras vezes terem pendengas com a Justiça. Os jornais não nos deixam mentir.

Para travar o debate político, o governo impôs o projeto do ministro da Justiça, Armando Falcão (Lei Falcão), que impedia os candidatos de fazer campanha na mídia. Só nome, número e partido. Nada mais. Ainda assim, o governo perdeu, e senadores da oposição foram eleitos, como Tancredo Neves, Pedro Simon e Franco Montoro. O governo, apesar de tentar controlar a linha dura com cabresto curto com os radicais do sistema, não tinha controle sobre setores das Forças Armadas que combatiam os movimentos armados. Denúncias de torturas e violações de direitos humanos se multiplicaram. Por um lado, o afastamento do comandante linha dura do II Exército, por Geisel em pessoa; por outro, a reação dos radicais: bombas em bancas de jornais, na sede da Associação Brasileira de Imprensa e em manifestações públicas a favor da abertura.

Em 1977, houve um confronto entre a ala liberal e a linha dura do sistema que governava o Brasil desde o Golpe de 1964. Geisel impediu que o ministro do exército, Sílvio Frota, desse um golpe de Estado, e impôs o nome do general Figueiredo. A última decisão do governo foi a de revogar o AI-5, o principal esteio do regime de exceção em que vivia o Brasil. Estava aberta a avenida para a redemocratização.

DIÁRIO DA CORTE
Irmão de ex-presidente da Bancoop aponta desvio para campanha do PT
Estadão, 7.6.08

Faixa Cronológica período Médici

1969

OUTUBRO – promulga-se a nova Constituição; eleito pelo Congresso, mais um militar assume a presidência, Emílio Garrastazu Médici.

DEZEMBRO – morre Costa e Silva.

1970

JANEIRO – a censura de livros, jornais e revistas é aprovada pela Câmara.

FEVEREIRO – morre Café Filho.

MARÇO – o cônsul japonês Nobuo Okuchi é seqüestrado pela VPR (Vanguarda Popular Revolucionária) em São Paulo, e trocado por cinco prisioneiros.

MARÇO – é decretada a ampliação do mar territorial brasileiro.

ABRIL – um avião da Vasp é seqüestrado.

MAIO – o cruzeiro substitui o cruzeiro novo como moeda.

JUNHO – no Rio de Janeiro, é seqüestrado o embaixador alemão Ehrenfried von Holleben, e trocado por 40 presos políticos.

JULHO – é criado o Incra (Instituto Nacional de Colonização e Reforma Agrária).

"Estejam certos de que o Brasil saberá... realizar uma Copa do Mundo para argentino nenhum botar defeito."

Lula na Suíça, 31.10.07

"Fiquei no anonimato esse tempo todo. Fui muito digna. Diferentemente de outros que abriram a boca. Por isso, pedi ajuda. Isso é chantagem?"

Jeany Mary Corner, empresária de eventos em Brasília, em março de 2006.

NINGUÉM SEGURA ESTE PAÍS

GENERAL EMÍLIO GARRASTAZU MÉDICI
1969–1974

A ditadura descobriu que a classe média queria ir ao paraíso, de fusquinha e muita descontração. E nada melhor do que exaltar as conquistas do governo e comemorar em um país tropical, abençoado por Deus e bonito por natureza. Uma ilha de segurança em um mundo perturbado pela Guerra Fria e pelas disputas políticas entre a esquerda e a direita. Tudo calmo na Terra de Santa Cruz graças à repressão, à tortura e às organizações paramilitares que davam sumiço em quem ousasse criticar um governo tão bom. Nada de oposição, a não ser a consentida através do MDB. O milagre brasileiro, capitaneado pelo ministro Delfim Netto, finalmente introduziria o Brasil nos quadros do capitalismo ocidental, iniciando a derrocada das relações pré-capitalistas, até então existentes.

"Ninguém segura este país", aclamava o departamento de propaganda do governo. "Ele está a um passo do abismo", dizia timidamente a oposição. "Ame-o ou deixe-o", um jargão que foi parar nos vidros dos carros de passeio da classe média e que foi copiado do norte-americano love it or leave it. *O general adorava futebol e comparecia ao estádio sem ser vaiado, coisa que outros não fizeram, ou se fizeram quebraram a cara, ou ficaram com a orelha doendo de escutar vaia...*

A seleção canarinho mostrava ao mundo que com o brasileiro não há quem possa, é bom no samba, é bom no couro. Entenda-se como couro a bola de futebol daquela época. O período colocava em prática a velha frase do populismo de "para a frente e para o alto". De um lado, a promessa de crescimento, aumento da dívida externa, de outro, uma repressão cruel contra quem insistisse em discordar publicamente do governo.

NOVEMBRO – a Arena vence estrondosamente o MDB nas eleições legislativas.

DEZEMBRO – no Rio de Janeiro, é seqüestrado o embaixador suíço Giovanni Enrico Bucher, e trocado por 70 presos políticos.

1971

FEVEREIRO – incapaz de conseguir um plano de ação contra o terrorismo, o Brasil deixa a OEA (Organização dos Estados Americanos).

a Embratel (Empresa Brasileira de Telecomunicações) inaugura no Rio de Janeiro o DDD (Discagem Direta a Distância).

1972

FEVEREIRO – é inaugurada em Paulínia a maior refinaria de petróleo do país.

ABRIL – as eleições para governadores são decretadas indiretas (a partir de 1974), por emenda constitucional.

JULHO – iniciadas as obras de Angra I.

SETEMBRO – Médici inaugura a Transamazônica.

NOVEMBRO – a Arena vence novamente de maneira estrepitosa a eleição para prefeitos (80%).

1973

ABRIL – é assinado o acordo com o Paraguai para a construção da usina hidrelétrica de Itaipu.

JULHO – é concluído o acordo com a Bolívia para a construção de um gasoduto entre Santa Cruz de la Sierra e Paulínia.

SETEMBRO – 46 revistas estrangeiras e 14 revistas nacionais são proibidas; Ulysses Guimarães é lançado pelo MDB como anticandidato à Presidência da República.

1974

JANEIRO – o general Ernesto Geisel é eleito presidente pelo Colégio Eleitoral; começa a prática da censura prévia de rádio e televisão.

MÉDICI

Em outubro de 1969, o novo presidente assumiu com poderes amplos, apoio militar e dos setores conservadores da sociedade. O sistema partiu para o enfrentamento total aos grupos armados que queriam derrubá-lo e cercou a oposição do jeito que pôde. Não satisfeito, instalou a censura ampla geral e irrestrita, o que atingiu em cheio a produção cultural do Brasil e amordaçou a imprensa. Os censores atuavam a distância na maioria dos veículos, e aqueles que resistiram, como o jornal *O Estado de S.Paulo*, um dos articuladores do golpe, receberam um censor, ao vivo, na redação. Para impedir a explosão da guerrilha no Brasil, o governo militar declarou guerra aos movimentos armados e partiu para um vale-tudo, com mortes, prisões, torturas, seqüestros, exílios, ameaças, enfim, os meios se justificavam pelo anseio à paz social que buscavam os estavam no poder. Os setores progressistas da Igreja também sofreram forte repressão, alguns foram processados na justiça militar, enquadrados na temida Lei de Segurança Nacional, e outros morreram ou foram expulsos do país.

A desarticulação do movimento sindical, o crescimento industrial e as condições externas impulsionaram a economia brasileira em 1970, e com isso o governo conquistou o apoio da classe média, ansiosa pelo poder de consumo. Sem falar nas glórias da seleção canarinho de futebol, tricampeã do mundo. Médici arriscava-se a ir ao estádio, e graças à repressão teve mais sorte do que outros, escapando do constrangimento da vaia. Havia um clima de vitória no país, e a conjuntura mundial deu condições para uma sucessão de bons resultados econômicos, com taxas de crescimento que se assemelhavam às atuais taxas da China: em 1970 ela foi de 10,4%, no ano seguinte, 10,3%; em 1972 subiu para 11,9% e em 1973, pasmem, chegou a 13,9%. "Ninguém segura este país", dizia o departamento de propaganda do governo. Este é um *país que vai pra frente, uooooo*... O calcanhar-de-aquiles da economia era a dependência cada vez mais crescente de capitais internacionais, o que elevou a dívida externa brasileira e promoveu uma forte concentração das novas rendas, aumentando a crise social e a exclusão da população. Em 1972, ano do "milagre", mais de 52% da população vivia com menos de um salário mínimo, portanto, abaixo da linha de pobreza. Naqueles anos, o Brasil conseguiu do BID (Banco Interamericano de Desenvolvimento) o maior empréstimo até então concedido a um país da América Latina. Isso foi em 1970, mesmo ano em que o limite do mar territorial brasileiro foi ampliado para 200 milhas, em que foi criado o Incra (Instituto Nacional de Colonização e Reforma Agrária), decretado o Estatuto do Índio e lançado o Plano de Integração Nacional, que previa a construção das rodovias Transamazônica, Cuiabá–Santarém e Manaus–Porto Velho.

Em 1972 era inaugurada a refinaria de petróleo de Paulínia, em São Paulo, a maior do país. Em 1973, dois importantes acordos: com a Bolívia, para a construção de um gasoduto entre Santa Cruz de la Sierra e Paulínia, e com o Paraguai, para a construção da usina hidrelétrica de Itaipu. Em 1974, a inauguração da maior usina hidrelétrica da América do Sul, em Ilha Solteira, e da ponte Rio—Niterói, no Rio de Janeiro.

Médici deixou o governo antes da crise econômica que se abateu sobre o mundo e atingiu em cheio o Brasil. O sistema no poder escolheu o general Geisel para sucedê-lo.

DENÚNCIAS E ESCÂNDALOS

Haroldo Leon Peres, esse é o nome do governador do Paraná deposto (renunciou a pedido de Médici, em 1971) por tentar extorquir dinheiro do empresário Cecílio do Rego Almeida para liberar verbas de obras públicas.

DIÁRIO DA CORTE
Minc usou brecha da lei para se aposentar aos 51 anos Benefício foi obtido em 2003, 5 anos após ele ter liderado movimento que acabou com as aposentadorias especiais dos deputados estaduais
Estadão, 16.5.08

DENÚNCIAS E ESCÂNDALOS

Saúde – ah, outro assunto antigo, esse! Em março de 1980, o professor Albert Sabin, descobridor da vacina contra a poliomielite, acusou o governo do ex-presidente Médici de ter manipulado dados relativos às condições de saúde no Brasil, entre 1969 e 1973, em especial aqueles que diziam respeito a epidemias. Depois de vir várias vezes ao Brasil para observar a situação de mais de uma doença epidemiológica, entre elas a poliomelite, o cientista afirmou que "os relatórios encaminhados à Organização Mundial de Saúde apresentavam estatísticas duvidosas, o que somente agora eu posso confirmar". A acusação foi feita em entrevista concedida por Sabin no Ministério da Saúde, em Brasília, na presença de ministros. Segundo ele, com base nesses relatórios, as autoridades sanitárias mundiais consideraram a poliomielite extinta no Brasil a partir de 1973. "Os números [...] apontavam uma redução da poliomielite da ordem de 86%, fato só conseguido em nações desenvolvidas da Europa, e nos Estados Unidos; essa redução, porém, era incorreta", declarou Sabin. As autoridades da época, ouvidas, desconversaram. Um deles chegou a declarar que Sabin "talvez tenha se equivocado com as datas".

Ultima Hora — GOVÊRNO DE MEDICI COMEÇA ESTA MANHÃ

Ultima Hora — "MR-8" NA JUSTIÇA: DEZ BILHÕES PARA O TERROR

Rio come pouco

ISTO É L.S.D.

Foram necessários muitos dias de investigações, em Copacabana, para o "Homem de Ouro" Vigmar Ribeiro chegar até o QG do LSD — droga mais forte do que a heroína, capaz de levar à loucura.

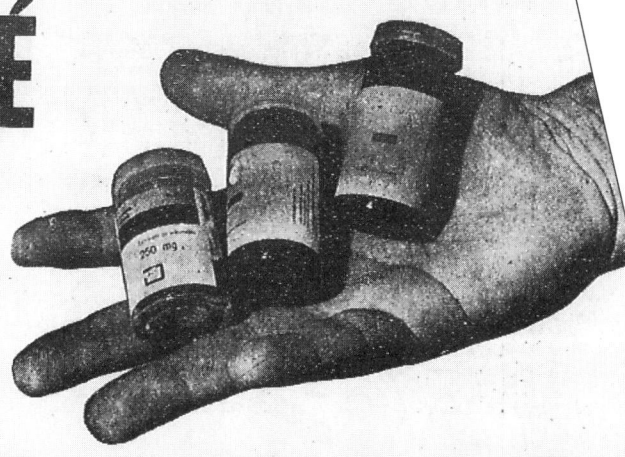

A DROGA DA MORTE

Medici intervem contra torturas

BANIDOS DO BRASIL (EM CUBA) A FIDEL: — ESTA SERÁ NOSSA CASA

1 O Primeiro Ministro cubano, Fidel Castro, deu pessoalmente boas-vindas aos 13 banidos pelo govêrno brasileiro libertados em troca do Embaixador Elbrick, que deixaram o México para residir em Cuba. Fidel elogiou o govêrno peruano e condenou o boliviano, enquanto os brasileiros lhe disseram que gostariam que Cuba "fôsse nossa casa". Dos 15 banidos, só continuam no México Ricardo Sá Rêgo e Flávio Tavares.

2 Flávio Tavares foi apontado ontem, no Rio, como um dos componentes do grupo subversivo MAR (Movimento de Ação Revolucionária), na Guanabara e...

A alegria de Edu só durou um tempo, após o gol contra de Piazza. O Cruzeiro voltou com todo o gás na segunda fase e ganhou do América

Faixa Cronológica
período Costa e Silva

1967

MARÇO – primeira Lei de Segurança Nacional; são empossados o marechal Costa e Silva e o vice Pedro Aleixo; entra em vigor a Constituição de 1967.

JUNHO – Castelo Branco morre em intrigante acidente aéreo, quando um avião da FAB se choca no ar com a aeronave em que ele viaja.

DEZEMBRO – é criado o Mobral (Movimento Brasileiro de Alfabetização); é criada a Funai (Fundação Nacional do Índio).

1968

ABRIL – as eleições para os municípios são proibidas, já que eles passam a ser consideradas áreas de segurança nacional.

MAIO – no Hospital das Clínicas de São Paulo, o doutor Zerbini realiza o primeiro transplante de coração do país.

JUNHO – Cem mil manifestantes saem às ruas no Rio de Janeiro contra o regime militar.

JULHO – o Teatro Ruth Escobar, em São Paulo, é invadido e depredado por membros do CCC (Comando de Caça aos Comunistas).

"A melhor propaganda anti-comunista é deixar um comunista falar."
Paulo Francis

"Embora os médicos digam que é melhor operar para corrigir os intestinos, é evidente que o estado do presidente estaria melhor se não precisasse da operação."
O realista Pedro Simon, sobre mais uma cirurgia do presidente eleito Tancredo Neves.

MALUF DISSE QUE ESTÁ SOFRENDO UMA PERSEGUIÇÃO COM ESTA HISTÓRIA DE DESVIO DE VERBAS...

E MEU SOFRIMENTO É MAIOR QUE O DO RENAN CALHEIROS, POIS EU NÃO TIVE UMA MÔNICA VELOSO DEBAIXO DOS MEUS LENÇÓIS!

Néo Correia
8p.com.br/neocorreia

"Um livro escrito nas coxas. Mas que coxas!"
Blog da Época sobre o livro da Mônica Veloso.

PREPARE O SEU CORAÇÃO PRAS COISAS QU'EU VOU CONTÁ

GENERAL **A**RTUR DA **C**OSTA E **S**ILVA
1967–1969

Ninguém sabia ao certo quanto tempo os militares ficariam no poder no Brasil. Mas não custava nada dar uma forcinha para que fosse o menor possível. A oposição desorganizada apostou na fraqueza do general e o bombardeou com piadas que desqualificavam sua possibilidade cultural. Todo dia havia uma piada nova que tinha como protagonista Costa e Silva – também envolto do mistério sobre ter ou não o apoio coeso das Forças Armadas. Dirigia o país de forma cambaleante, o que estimulou a ação de intelectuais, festivais de música e de teatro que criticavam o governo, imprensa com tablóides de oposição ao regime, passeatas de estudantes e professores nas ruas, início da luta armada da extrema esquerda para instalar um governo revolucionário de inspiração marxista-leninista. Uma proposta totalitária contra o autoritarismo dominante. O governo de Costa e Silva chegou a um ponto sem retorno.

A linha dura, apoiada pela burguesia urbana, latifundiários, setores conservadores da Igreja e da imprensa, não permitiriam que a situação política do país voltasse ao que era no tempo de Goulart. Isto resultou em um golpe dentro do golpe. O regime baixou o Ato Institucional 5, que fechou de vez as possibilidades políticas e endureceu o regime. Dali para a frente só poderia dar no que deu: um confronto armado entre o governo e setores da oposição. Costa e Silva não resistiu à pressão que sofria da linha dura e da esquerda, teve uma trombose cerebral, sendo substituído por uma junta militar. O regime se consolidou pela força.

SETEMBRO – morre Stanislaw Ponte Preta (pseudônimo do humorista Sérgio Porto).

OUTUBRO – em confronto com alunos do Mackenzie, a Faculdade de Filosofia da USP (Maria Antônia) é incendiada e posteriormente fechada.

NOVEMBRO – é criado o Conselho Superior de Censura.

DEZEMBRO – o governo baixa o AI-5; Caetano Veloso e Gilberto Gil são presos no Rio de Janeiro; o poeta Vinícius de Moraes é "aposentado" de seu cargo de diplomata.

1969

JANEIRO – 43 deputados são cassados, entre os quais, Mário Covas / setembro – é aprovada a LSN (Lei de Segurança Nacional), com pena de morte e prisão perpétua (só para crimes políticos).

MARÇO – morre o ex-governador Adhemar de Barros.

AGOSTO – Costa e Silva sofre um derrame e é substituído por uma junta militar carinhosamente apelidada por Ulysses Guimarães de "os três patetas".

SETEMBRO – em troca da libertação de 15 presos políticos, é solto pelos grupos ALN (Aliança Libertadora Nacional) e MR-8 (Movimento Revolucionário 8 de Outubro) o embaixador norte-americano no Brasil, Charles Burke Elbrick.

COSTA E SILVA

Os militares mostraram que vieram para ficar. A tese de que devolveriam o poder para os civis caiu por terra e se estreitou a aliança entre os conservadores e os militares salvacionistas. O general foi escolhido pelo Congresso Nacional. Nas eleições de 1966, os oposicionistas pregaram o voto nulo e o partido do governo teve uma grande vitória no Congresso e na Câmara dos Deputados. Em janeiro do ano seguinte, a Constituição foi adaptada à nova realidade imposta pela força e consolidou-se que o presidente da República seria eleito indiretamente; ele ganhava o direito de apresentar emendas à Constituição. Apesar das vitórias políticas do governo, a oposição se organizou para brecar o regime autoritário instituído no Brasil. Intelectuais divulgaram manifesto contra a ditadura, as manifestações culturais se tornaram cada vez mais críticas e o governo era atacado duramente. Os estudantes e outros setores da sociedade organizaram manifestações, passeatas, atos públicos para mobilizar a população, desafiando as forças da repressão. Um setor radical da oposição de esquerda partiu para a luta armada contra o governo. A ditadura foi colocada em xeque.

Os setores radicais da direita se decidiram pelo enfrentamento aos que se opunham à ditadura. Houve forte repressão contra os congressos da União Nacional dos Estudantes, e um deles, em 1968, em Ibiúna, no interior de São Paulo, terminou com a prisão em massa dos estudantes. Em dezembro o governo baixou o AI-5 e fechou de vez o regime. O presidente ganhou poderes discricionários, podia suspender os direitos do cidadão pelo prazo de dez anos, cassar mandato de parlamentares, demitir ou remover funcionários públicos de qualquer poder da República, inclusive nas Forças Armadas, decretar o recesso do Congresso Nacional, decretar o estado de sítio e a intervenção em estados da federação. Enfim, ele podia tudo, em nome do sistema que tinha se assenhoreado do poder. O AI-5 foi um verdadeiro golpe dentro do golpe. Com ele tinha fim o habeas-corpus e o estado de direito, além de qualquer manifestação de natureza política, e agrupamentos – o que gerou a expressão muito usada, na época, "Circulando!". Começavam os *anos de chumbo*. Em agosto de 1969, Costa e Silva sofreu um derrame e ficou impossibilitado de governar, sendo substituído por uma junta militar, que governou por dois meses. O general Médici foi o escolhido para seu lugar.

Nesse intervalo em que a junta governou (logo apelidada de "os três patetas", por Ulysses Guimarães), o Congresso ficou fechado e a situação política piorou com o seqüestro do embaixador americano Charles Elbrick, por militantes das organizações clandestinas Ação Libertadora Nacional (ALN) e Movimento Revolucionário 8 de Outubro (MR-8). Os seqüestradores conseguiram impor suas condições de libertação de 15 presos políticos (levados para o México), mas em contrapartida o governo intensificou as medidas repressivas: o AI-13 estabelecia a pena de banimento em caso de ameaça à segurança do Estado, e o AI-14 instituía a pena de morte e a prisão perpétua para os casos de guerra revolucionária ou subversiva.

Na esfera administrativa, em 1967 foram criados o Mobral (Movimento Brasileiro de Alfabetização), a Embraer (Empresa Brasileira de Aeronáutica) e a CPRM (Companhia de Pesquisa e Recursos Minerais); o Serviço de Proteção ao Índio foi transformado na Fundação Nacional do Índio, a Funai. Tinha início o projeto piloto Rondon Zero, mais tarde institucionalizado como Projeto Rondon.

Aquele foi um período de crescimento econômico: o governo conciliou expansão industrial, facilidade de crédito, política salarial contencionista e controle da inflação em torno de 23% ao ano.

Um dos incêndios da Rede Record de São Paulo

**Faixa Cronológica
período Castelo**

1964

ABRIL – Jango parte para Porto Alegre, em seguida se exila no Uruguai; o presidente da Câmara, Ranieri Mazzilli, assume interinamente; o AI-1 depõe o presidente e dá início às cassações; o marechal Castelo Branco toma posse como presidente.

JUNHO – é criado o SNI (Serviço Nacional de Informação), comandado pelo general Golbery do Couto e Silva; 40 políticos são cassados, entre eles Juscelino.

JULHO – uma emenda constitucional prorroga o mandato de Castelo.

OUTUBRO – em visita oficial, o presidente francês Charles De Gaulle teria vaticinado sobre a seriedade do país.

1965

MARÇO – acontece a primeira eleição pós-golpe militar.

OUTUBRO – tem lugar a eleição para governadores: Negrão de Lima vence na Guanabara e Israel Pinheiro, em Minas, ambos da oposição; Castelo baixa o AI-2, endurecendo o regime, depois de 5 dos 11 governadores eleitos serem da oposição; Juscelino volta do exílio.

"Tenho aquilo roxo."
Collor

"Se me quiserem depor, só encontrarão o meu cadáver."
Getúlio Vargas, durante a crise que o levou ao suicídio.

ZÉ DIRCEU...

A TÁTICA FUNCIONOU. FALARAM MAIS DO MEU IMPLANTE DE CABELO DO QUE DO MENSALÃO!

8p.com.br/neocorreia

Néo Correia

"A alma do PT está integralmente preservada. Nós não temos o que temer. A idiotia parlamentar não é suficiente para derrubar o governo Lula."
Arlindo Chinaglia, em 2005, no auge do escândalo que derrubou [quase] toda a cúpula do PT do governo.

O SANTO GUERREIRO CONTRA COMUNISTAS E CORRUPTOS

GENERAL **H**UMBERTO **C**ASTELO **B**RANCO
1964–1967

Os militares subiram ao poder pela primeira vez através de um golpe de Estado. Floriano Peixoto, ainda que tenha governado ditatorialmente, com o apoio do Exército, tinha sido eleito vice na chapa de Deodoro. Hermes da Fonseca derrotou Rui Barbosa em eleições da República Velha, e Vargas instalou seu Estado Novo, mas era um civil, ainda que tivesse apoio dos militares.
Foi um fato novo, na evolução política do Brasil, um militar chegar ao poder por meio de um golpe e referendado pelo Congresso Nacional, que o colocou como substituto do presidente constitucional, Jango. A primeira impressão era que a presença de Castelo Branco seria rápida, como uma daquelas salvações que o governo federal aplicava nos estados, nos tempos da República oligárquica. Ledo engano. Sob a bandeira de combater a corrupção e acabar com a ameaça comunista, os militares se prepararam para ficar no poder por muito tempo. Para isso, seria necessário suspender os direitos políticos de gente moderada, como Juscelino Kubitschek e Jânio Quadros, até os mais agitados, como Leonel Brizola, Miguel Arraes e outros.
A revolução devorou os seus líderes. Até mesmo políticos populistas que participaram do golpe foram cassados, acusados de corruptos, como o ex-governador de São Paulo,

1966

FEVEREIRO – AI-3.

ABRIL – é criada a Arena (Aliança Renovadora Nacional).

MAIO – morre Venceslau Brás.

JULHO – atentado a bomba contra Costa e Silva, no Recife.

OUTUBRO – o marechal Costa e Silva é eleito presidente do Congresso, apesar de toda a bancada oposicionista ter se retirado do plenário; o movimento de oposição Frente Ampla reúne Jango, JK e Lacerda.

NOVEMBRO – a Arena vence as eleições para o Senado e a Câmara; é criado o INPS (Instituto Nacional de Previdência Social), por decreto-lei.

1967

JANEIRO – é promulgada a nova Constituição.

FEVEREIRO – o cruzeiro novo substitui o cruzeiro como moeda; é sancionada a nova Lei de Imprensa.

PERSONALIDADES

NEM TUDO É LAMA

Quem não se lembra da carta aberta de Fernando Gabeira, o ex-seqüestrador que teve a grandeza e a humildade de admitir que tinha errado, sem os eufemismos com os quais os políticos costumam brindar nossos ouvidos? Aquele mesmo, que declarou sem meias-palavras que os carcereiros da época militar queriam menos do que o PT de hoje: os primeiros só queriam uma confissão, este exigia sua alma. Aquele mesmo, que cansado da empáfia do então todo-poderoso José Dirceu deixou o PT. Aquele mesmo, que em nome de milhares de brasileiros classificou Duda Mendonça, o marqueteiro de Lula, de "mercador de sabonete".

Adhemar de Barros. A redentora veio para fazer um limpa geral e não foi grande a surpresa quando Castelo comunicou ao país que as eleições presidenciais estavam suspensas. Nem o mais importante líder civil do golpe foi poupado. O governo cassou o mandato de Carlos Lacerda, impediu a formação de grupos oposicionistas e deixou bem claro que tinha vindo para ficar. O próximo presidente seria escolhido indiretamente pelo Congresso Nacional. A economia mergulharia no liberalismo econômico. A aura de intelectual e liberal de Castelo Branco foi se esvaindo ao longo do governo, pois ele não teve forças para colaborar para a volta da democracia. A ajuda que obteve dos Estados Unidos era um sinal claro de que a Guerra Fria tinha chegado ao Brasil e de que o golpe brasileiro era apenas o início de uma série de outros em países sul-americanos.

CASTELO

O governo empossado pelo Congresso iniciou uma retaliação contra as lideranças políticas da oposição e da esquerda. Houve perseguição política contra os governadores Leonel Brizola e Miguel Arraes e o secretário-geral do partido comunista, Luís Carlos Prestes. Mesmo assim a oposição ganhou eleições em Minas Gerais e no Rio de Janeiro. Para controlar as eleições, o governo baixou o Ato Institucional nº 2, que acabou com todos os partidos, criando apenas dois: a Arena, que apoiava o governo, e o MDB, da oposição. O ato suspendia as eleições diretas para a Presidência da República e estabelecia que a escolha seria feita pelo Congresso Nacional.

Os militares, apoiados pelos setores conservadores, deixaram claro que não estavam dispostos a devolver o poder para um eleito pela população. Isto motivou a criação da Frente Ampla, que uniu ex-inimigos políticos como Jango, Juscelino e Carlos Lacerda, uma aliança impensável alguns anos antes. Os militares reagiram com a cassação do mandato de Lacerda e a proibição da Frente. Tinha ficado claro quem mandava no Brasil.

Na área econômica, o governo se preparava para recuperar a economia, debelar a inflação e tentar melhorar o crescimento do PIB. Houve um incentivo para a vinda de novas empresas estrangeiras e a garantia de que os investimentos estariam seguros. O liberalismo econômico foi a política econômica escolhida pelos ministros Gouveia Bulhões, da Fazenda, e Roberto Campos, do Planejamento. Os Estados Unidos apoiaram o novo governo, aliado contra o crescimento da esquerda continental, e prestaram assistência por meio de empréstimos e estímulo à vinda de empresas americanas ao Brasil. Os gastos públicos foram cortados, para equilibrar o orçamento e combater o déficit público, e os salários contidos, para desestimular o ciclo inflacionário. O direito de greve foi drasticamente atingido para impedir a organização da classe trabalhadora.

Castelo ficou no governo de abril de 1964 a março de 1967. Acabou explodindo em comentada trombada nos ares – e nem estávamos ainda em tempos de caos aéreo. Foi só um acidente. E o marechal Castelo Branco se foi. Para ser substituído por outro militar.

DIÁRIO DA CORTE

O comando da campanha de José Serra à Presidência da República não ficou lá muito satisfeito com o fato de o presidente da Câmara, Aécio Neves, ingressar na disputa do governo de Minas Gerais pelas mãos do governador Itamar Franco. Nos bastidores, políticos ligados à campanha de Serra engoliram a seco o fato de Aécio estar afinadíssimo com um governador que xinga o presidente Fernando Henrique Cardoso e fala mal de Serra

Correio Braziliense, 20.6.02

O CRIME MAIOR

Os porões da ditadura são mais do que conhecidos. O exílio de artistas famosos também. Jornalistas que se transformaram em alvo, idem. Mas o que para muitos foi o aspecto mais cruel e invisível do golpe, ainda hoje é pouco discutido, como se tivesse sido algo menor: o sistema educacional.
A reforma do ensino, em 1968, promoveu um desmonte do qual o Brasil nunca mais se recuperou. Até então, o ensino público era o melhor. Tanto que no final do curso primário fazia-se um exame, chamado de "admissão ao ginásio" — e só os melhores alunos entravam na escola escolhida. O currículo era de dar inveja a muito colégio particular, antigo ou atual: no curso ginasial, aprendia-se português, redação, literatura (brasileira e portuguesa), história, música, desenho, geografia, francês, inglês, artes, trabalhos manuais. Sem esquecer da prática de ginástica. As escolas eram equipadas com bons laboratórios, salas de projeção, anfiteatro, salas especiais, jardim de biologia; os professores não faltavam regularmente. A qualidade do ensino era motivo de orgulho: em São Paulo, por exemplo, havia um conhecido ranking de escolas. Muitos dos professores e intelectuais de hoje nunca freqüentaram um colégio pago — do primário ao clássico, ou científico, tiveram o orgulho de ser alunos de escolas públicas.
Mas o sonho acabou de vez em 1970. Foram instituídas as provas de múltipla escolha, aquelas horrorosas, em que basta marcar com uma cruzinha a alternativa menos absurda; a redação foi eliminada, e a leitura também; literatura — para quê?; história e geografia foram singelamente agrupadas em uma disciplina inócua batizada de estudos sociais; o francês simplesmente desapareceu, afinal para quê outra língua, se todos podiam aprender inglês? Já em 1969, os cursos clássico, científico e normal foram resumidos em um único, o empobrecido colegial, onde ficava patente a mudança de modelo educacional, do humanista francês para o tecnocrata norte-americano. O resultado, todos conhecem.

PERSONALIDADES

Mário Wallace Simonsen foi o dono da Panair, aquela companhia aérea da qual fala a música de Milton Nascimento (nas asas da Panair).
Dono da hoje extinta TV Excelsior, de São Paulo (canal 9), que em seis meses havia sido campeã de audiência. Dono também da Comal, a maior exportadora de café do Brasil, numa época em que o café era responsável por 2/3 de todas as exportações brasileiras.
Dono da Cerâmica São Caetano, do Banco Noroeste do Estado de São Paulo, dos biscoitos Aymoré, da Wasim (*trading* com escritórios em 65 países).
Criador do primeiro supermercado brasileiro, a rede Sirva-se. No início dos anos 1960 fundou a Rebratel, que ligou São Paulo ao Rio de Janeiro por meio de um link de microondas inédito na época – pela primeira vez foi transmitida uma partida de futebol ao vivo, do Maracanã.
Sobrinho de Roberto Simonsen, o fundador da poderosa Fiesp (Federação das Indústrias do Estado de São Paulo), morreu em fevereiro de 1965, aos 56 anos. Pobre. No mesmo ano em que a Panair tinha suas atividades encerradas.
Empreendedor de sucesso, homem mais rico do Brasil em sua época, dele pouco se fala, curiosamente.
Sua desgraça começou com o Golpe de 1964, com o poder de um regime que foi implacável com ele. Havia muita pressão: de Herbert Levy, da Varig. Dos Diários Associados. Ao menos, é o que se conta. Talvez seja maldade.
O fato é que suas empresas foram tomadas ou sumariamente fechadas, com exceção do Banco Noroeste, transferido para seu primo, Leo Cochrane.

103

Faixa Cronológica período Jango

1961

SETEMBRO – Jango volta ao Brasil; uma emenda constitucional institui o parlamentarismo; assume, com Tancredo como primeiro-ministro.

1962

ABRIL – inauguração do campus da UnB (Universidade de Brasília).

JUNHO – o gabinete de Tancredo renuncia; uma sucessão de indicados e empossados ou não são aceitos, ou não aceitam, ou renunciam.

JULHO – é criada a Eletrobrás

SETEMBRO – Celso Furtado assume o recém-criado Ministério do Planejamento.

OUTUBRO – é assassinado na prisão o ex-chefe da guarda pessoal de Getúlio, acusado no episódio de tentativa de assassinato de Lacerda.

1963

JANEIRO – é feito um plebiscito sobre o regime de governo e vence o presidencialismo.

OUTUBRO – trinta mil camponeses são contidos no Recife pelo Exército.

"Dizem que escrever é um processo torturante para Sarney. Sem dúvida, mas quem grita de dor é a língua portuguesa."
Paulo Francis

"Não posso acreditar que ele se referia ao Floriano Peixoto."
Itamar Franco, então embaixador do Brasil na Itália, irritado com o presidente Lula, que chamou os seus antecessores de covardes.

"A função da universidade é criar elites, e não dar diplomas a pés-rapados."
Paulo Francis

lula em João Pessoa:
"Quem fala "ingreis" é metido a besta"
...ÓIEM O COITADO DO MANGABEIRA, PUREZEMPRO: NUM FALA NEM INGREIS E NEM PORTUGUEIS !!!

sponholz.arq.br

"O mais corrupto da história nacional",
classificação do governo Lula, feita por Roberto Mangabeira Unger, antes de se tornar ministro desse mesmo governo.

É JANGO. É JANGO, É JANGO GOULART

JOÃO GOULART
1961–1964

1964

MARÇO – Jango anuncia em comício a nacionalização das refinarias de petróleo e o tabelamento dos aluguéis; desfile reúne aproximadamente 500 mil pessoas na praça da Sé, em São Paulo; o cabo Anselmo chefia no Rio de Janeiro a chamada Revolta dos Marinheiros; FHC parte para o exílio, com prisão preventiva decretada.

O refrão musical do candidato a vice-presidente aproveitou o refrão de Jânio, e seu nome era repetido na campanha eleitoral. Era possível votar em um presidente de um partido e o vice de outro, mesmo que fossem de chapas diferentes. Isto era apenas um dos sintomas da crise política que se abateria sobre a República liberal. Um populista apoiado pela direita para presidente e outro populista apoiado pela esquerda e pelo partido trabalhista fundado por Getúlio Vargas. Foi só Jânio renunciar para a crise anunciada no horizonte tomar forma de tempestade e se abater sobre o país. As forças políticas e sociais se radicalizaram, os legalistas exigiam a posse do vice João Goulart e a direita disse que impediria um comunista de subir ao poder. Goulart era proprietário de terras no Sul, rico, herdeiro da oligarquia rural gaúcha e também do sindicalismo de Vargas. Estava longe de instalar no Brasil qualquer governo que se parecesse com o de Cuba. Para acalmar a agitação e os radicalismos políticos, optou-se pela adoção do sistema parlamentarista, que não resistiu a uma consulta popular e foi parar nos arquivos da história da República.

O auge da Guerra Fria ameaçava a humanidade com um conflito nuclear de conseqüências imprevisíveis. Americanos e soviéticos estavam dispostos a usar tanques, marines e dólares para impedir que qualquer dos satélites que giravam em suas áreas de influências passasse para o outro lado. Não se permitiria nem mais uma Cuba na América, nem uma Hungria na Cortina de Ferro. Essa era a realpolitik da época, gostassem ou não os políticos dessas áreas. Por isso, não é de estranhar a participação americana na crise política brasileira. Algo que estava claro na doutrina da política externa dos Estados Unidos. Assim, a direita poderia armar um golpe para se contrapor a outro golpe, que poderia vir da esquerda amparada na tomada do poder pela força das teses marxistas-leninistas. Uma corrida de fortalecimento político que valia tanto para resistir a um golpe como para tentar outro. A direita foi mais competente, conseguiu a adesão das forças militares, da Igreja, de maioria da imprensa, dos partidos conservadores, e partiu rumo a 1964. Caiu o governo constitucional e iniciou-se um novo período autoritário, e a democracia se perdeu novamente, dessa vez durante 25 anos.

JANGO

A República vinha aos trancos e barrancos desde a morte de Getúlio Vargas, em 1954. Mesmo Juscelino teve que enfrentar rebeliões militares da Aeronáutica, e chegou-se a divulgar que não assumiria o poder. Jango chegou ao poder como herdeiro de Vargas, o maior populista brasileiro. Era o líder do PTB (Partido Trabalhista Brasileiro), herdeiro de Vargas. Tinha sido ministro do Trabalho no governo dele, e a oposição o acusava de se juntar aos trabalhadores para instalar uma república sindicalista no Brasil.

Elegeu-se vice de Jânio em 1960. Já em 1955, tinha sido eleito vice de Juscelino com mais votos do que ele – de quem foi, contudo, um excelente vice, poupando-o, permitindo que o presidente pairasse acima dos conflitos de classe.

Governou de setembro de 1961 a março de 1964. Se pode ser acusado de atuação indecisa e por vezes inexpressiva, impossível negar sua habilidade no trato político e sua liderança sobre o PTB. Ele foi seu líder de fato até a extinção da legenda, em outubro de 1965. Desde 1953, intermediou como ninguém a relação com os trabalhadores, os sindicatos e o governo – o que lhe valeu a fama de nacionalista e provocou a desconfiança daqueles que não o deixariam no poder anos mais tarde.

Em agosto de 1961, estava em visita à República Popular da China, um país comunista, inimigo dos Estados Unidos, na época governado por Mao Tsé-tung. Era mais um elemento para impedi-lo. Jango retornou imediatamente ao Brasil para assumir a Presidência da República, após a renúncia de Jânio Quadros. O país beirou uma guerra civil. Jango usou a estratégia de entrar no Brasil pelo Rio Grande do Sul, com o apoio do governador Leonel Brizola, seu cunhado, líder do PTB gaúcho e articulador da Rede da Legalidade.

AH, ESSES JORNALISTAS!!

Durante o curto governo de Jango, parte da imprensa colaborou para difundir o fantasma do comunismo. Que assombrou o imaginário popular, justificando a deposição do presidente. Mas não só: ao mesmo tempo, ela falava aos quatro ventos de um caos administrativo e ajudava a inculcar a crença de que era imperioso restabelecer a ordem – através de uma intervenção militar. Poucos jornais ficaram ao lado de Jango: a *Última Hora*, o *Diário Carioca* e *O Semanário*, que chegou a denunciar a preparação do golpe militar. Contra ele, a lista era maior: o *Jornal do Brasil*, o *Diário de Notícias*, o *Correio da Manhã*, o *Estado S. Paulo*, entre outros.

Depois que Jango foi deposto e a censura aos meios de comunicação estabelecida, teve início a perseguição às lideranças intelectuais, políticas, sindicais. Só então alguns jornais, como o próprio *Correio da Manhã*, começaram a se distanciar dos novos donos do poder e a denunciar as arbitrariedades cometidas por eles.

Como diz uma expressão francesa, descobriram que não se pode ter "a manteiga e o dinheiro da manteiga".

Houve um acordo nacional: Jango assumiria, mas o país passaria de presidencialista a parlamentarista, uma forma de acomodar a oposição. Em 7 de setembro de 1961 Jango tomou posse, fez de Tancredo seu primeiro-ministro, restabelecendo a velha parceria PSD-PTB. No plebiscito, Jango recuperou o poder presidencial, e a oposição e os militares começaram a articular um golpe de Estado contra ele. Esquerda e direita radicalizaram suas posições; a vitória de Fidel em Cuba e a possibilidade do comunismo se espalhar na América Latina determinaram o apoio americano ao golpe. A radicalização foi alimentada pela divulgação dos planos do governo, entre eles, a reforma agrária com a desapropriação de terras na beirada das estradas federais. A esquerda defendia a tese marxista-leninista de tomada do poder pela força para a instalação de uma ditadura do proletariado. Ou seja, havia dois golpes em andamento. Um da esquerda, outro da direita.

O auge da crise foi o comparecimento do presidente Goulart a um comício na estação Central do Brasil, no Rio de Janeiro, quando anunciou a desapropriação de todas as refinarias privadas de petróleo e de terras improdutivas. Os conservadores responderam com uma marcha de mais de um milhão de pessoas em São Paulo – a Marcha da Família com Deus pela Liberdade, liderada pelo governador do estado,

CURIOSIDADES

Jango foi eleito duas vezes vice-presidente, mas de maneira curiosa: na primeira, em 1955, foi mais votado do que Juscelino, que concorria à presidência. Como? É que naquela época a eleição ainda não era vinculada – votava-se para presidente e para vice separadamente –, por isso era possível votar em um candidato a presidente de uma chapa e a vice de outra. Era a chamada eleição *solteira*. Na segunda, foi eleito vice-presidente apesar de seu companheiro de chapa, o marechal Lott, ter sido derrotado.

A CHAMADA REVOLUÇÃO

Militares golpistas afugentaram um presidente legalmente no poder. Desorganizado, o governo se perdeu. Jango foi para o Sul, onde Brizola o aconselhou a resistir, o que ele não quis fazer. Os grupos que apoiavam o presidente, entre eles o Comando Geral dos Trabalhadores (CGT), pareciam baratas tontas. Ninguém fez nada. Um entristecido Jango se exilou no Uruguai, onde em alguns anos envelheceu muitos, adoeceu e morreu, sem nunca ter podido voltar ao Brasil — mesmo muito doente. Impossível não ver nas fotos do suave e antes sempre sorridente Jango o que o triste episódio fez com ele. Acusado, não se beneficiou com o direito de defesa. Seus advogados nem sequer tiveram acesso aos autos durante os cinco anos de investigações. Jango morreu de tristeza, alquebrado. Mesmo doente, lia o que chamava de "os jornais da terra". Documentos, cartas e fotos de seu acervo pessoal atestam que o que turvava seu olhar era o coração, que nessa época ficou doente para sempre e o matou em 1976, precocemente.

Ranieri Mazzilli, o presidente da Câmara, assumiu. Pura fachada. No comando, estavam os militares. Uma trinca ficou no poder por duas semanas. A repressão que se abateu foi dura. Foram os *anos de chumbo*, de prisões e perseguições, de estudantes e professores detidos como bandidos ou inimigos, de soldados em salas de aula, de músicas e livros proibidos. De tortura. De nova nomenclatura: quem não era aderente, era "subversivo". De muito absurdo. O que acabou forjando líderes que nunca o foram, resistentes de mentirinha, padres de passeata. E futuros heróis de mentira. Muuuita mentira. Muuuito folclore posterior.

Adhemar de Barros, Liga das Senhoras Católicas, amplos setores da imprensa, partidos conservadores e setores das classes médias e populares.

O nacionalismo de Jango propunha também a taxação da remessa de lucros das empresas estrangeiras, e por isso perdeu o apoio da burguesia industrial paulista, temerosa pela propriedade de suas fábricas.

A UDN, principal partido de oposição, articulou uma aliança com os militares e avançaram com tropas contra o Rio de Janeiro, sede do maior opositor de Jango, Lacerda. Goulart tentou resistir em Brasília, depois viajou para Porto Alegre e em seguida se exilou no Uruguai, junto com Brizola e muitos políticos. O exército impôs o general Castelo Branco para ocupar seu lugar.

Faixa Cronológica período Jânio

1961

JANEIRO – Jânio e Jango tomam posse

JULHO – Jango vai à China comunista em viagem oficial

AGOSTO – abre-se uma crise nas Forças Armadas por causa da condecoração de Che Guevara por Jânio; Jânio renuncia e o presidente da Câmara, Ranieri Mazzilli, assume provisoriamente, até a volta de Jango; os militares se manifestam contra a posse de Jango.

"Estou pensando em criar um vergonhódromo para os políticos sem-vergonha."
Brizola

"Bandeira, aqui, só a do Brasil."
FHC, a integrantes do MST que queriam estender uma bandeira do movimento no gabinete presidencial.

"A ocasião faz o furto, o ladrão já nasce feito."
Machado de Assis

VARRE, VARRE, VASSOURINHA

JÂNIO QUADROS
1961

O populismo descobriu mais uma das ansiedades nacionais: o combate à corrupção. Era preciso enterrar de vez Macunaíma, o herói sem caráter, as gorjetas, as porcentagens em cima das compras e pagamentos do governo, as propinas que cruzavam os escaninhos do legislativo e judiciário, capazes de comprar sentenças e projetos de lei. Uma praga que se atribuía ao início da colonização e só fazia aumentar com o tempo e a imaginação do povo. A construção de uma cidade em tão pouco tempo gerou o sentimento que com o que gastou "dava para construir duas Brasílias". Os caminhões carregados de cimento, pedra, areia, asfalto entravam por um portão da obra, saíam por outro e entravam novamente, dando voltas e mais voltas para serem contabilizados e pagos, dizia o maledicente. Era preciso pôr um paradeiro nisso, frear a corrupção, o câncer que impedia a nação de se autoafirmar. Jânio Quadros, líder populista de São Paulo, se colocou com o discurso de varrer a corrupção do país, de ser o portador de métodos de combate à corrupção altamente qualificados e técnicos que iam de uma vassoura a visitas inesperadas em repartições públicas, para fiscalizar se os funcionários estavam trabalhando. Seu opositor regional, Adhemar de Barros, foi por ele tenazmente combatido como o maior corrupto do país, e essa luta política lhe deu notoriedade nacional. Finalmente surgiu o Robespierre brasileiro, o incorruptível, com os seus gestos teatrais, discursos demagógicos e apoio da direita temerosa que um presidente de esquerda pudesse jogar areia no processo de internacionalização da economia brasileira.

PERSONALIDADES

LEONEL BRIZOLA
Aquele que cunhou a expressão "sapo barbudo" foi uma das tantas figuras controversas da política nacional. Começou sua carreira no PTB (Partido Trabalhista Brasileiro), criado por Getúlio depois da ditadura do Estado Novo (1937–1945). Dois anos depois se elegeu deputado estadual, ao lado de figuras do quilate de um João Goulart, por intermédio de quem deu seu maior passo – se casou com a irmã de um dos grandes líderes do partido, herdeiro de Getúlio.
Numa sucessão de cargos, ainda nos anos 1950 se elegeu governador do Rio Grande do Sul. Nessa ocasião, encampou as companhias de energia elétrica e de telefonia, subsidiárias de empresas norte-americanas.
Sua projeção nacional veio com a crise de 1961. Governador do Rio Grande, liderou o movimento pela legalidade – pela aceitação do parlamentarismo e pela nomeação de um primeiro-ministro. A crise que se seguiu às reformas promovidas por seu cunhado Jango custou a cabeça de ambos. Expulso do Uruguai, onde tinha se exilado, foi para os Estados Unidos e depois para Portugal.
Voltou ao Brasil em 1979, anistiado, mas sua carreira nunca mais teve o brilho anterior, apesar de ter conseguido se eleger governador em 1982 – mas não de seu estado, e sim do Rio Janeiro. Concorreu como vice na chapa de Lula, quando FHC se elegeu presidente. Mas depois rompeu com ele.

DR. NEREU RAMOS
Vice-Presidente da República

Ninguém põe freios em um líder populista, nem mesmo os conservadores que o colocam no poder. Perderam o controle sobre o presidente Jânio Quadros. Os horizontes do presidente se espraiaram pela economia, através de atos de controle do câmbio, saída de moeda estrangeira e ameaças de intervenções governamentais. Enquanto alimentava a imprensa com proibição de rinhas de galo e biquíni nas praias, aparecia em público com um novo guarda-roupa: usava slacks que lembravam os colonizadores ingleses na Índia. Julgou-se um ator importante no jogo da Guerra Fria; inspirado nos líderes da época, como Nasser, Nehru e Tito; apoiou o governo de Fidel Castro no episódio da invasão da baía dos Porcos, ação dos americanos para derrubar Fidel. Jânio rapidamente perdeu apoio e ficou só. Tentou uma cartada final e se perdeu. O Congresso aceitou o pedido de renúncia, o golpe deu errado, e só lhe restou voltar para casa. Foi vencido pelas forças ocultas que nunca soube explicar claramente quais eram.

CURIOSIDADES

VOCÊ SABIA que, nos 50 anos que se seguiram ao golpe comandado por Getúlio, os estados que fizeram a revolução de 1930 se aboletaram no poder por 46 anos? Mineiros e gaúchos assumiram o QG. As exceções ficam por conta dos poucos meses dos governos de Café Filho e Nereu Ramos (meramente protocolares), e de Jânio Quadros.

Lott

JÂNIO

Jânio concorreu pelo Partido Trabalhista Nacional (PTN), coligado ao Partido Democrata Cristão (PDC), e com o apoio da União Democrática Nacional (UDN), e não o contrário, como muita gente acredita. Mais tarde, rompeu com a UDN, provocando enorme insatisfação e resultados conhecidos. Afinal, com o Congresso não se brinca.

A conhecida aliança PSD-PTB, que havia eleito Juscelino e Jango, lançou o nome do general Lott. A UDN, considerada de esquerda, lançou o de Jânio, ex-prefeito e ex-governador de São Paulo – que teve uma vitória esmagadora (a mais expressiva votação popular da História do Brasil: 5.636.632 votos) e o apoio da sociedade. Depois de 15 anos de domínio do PSD, a oposição finalmente chegava ao poder. Mas o pessoal do PSD-PTB controlava o Congresso. E naquela época nem existia *mensalão*.

Não nos esqueçamos: a projeção de Jânio vinha de sua eficiência administrativa e de sua independência, relativamente aos partidos políticos. O que nos ajuda a entender o que ele chamou mais tarde de "forças ocultas", pois o Congresso não gostava dele e não tornou sua vida fácil. Sua candidatura tinha sido lançada pelo MPJQ (Movimento Popular Jânio Quadros), de caráter suprapartidário – e só foi apoiada pelos partidos por conveniência. Não seria aquela a única vez em que a máquina política devora o que não consegue combater e assimilar.

Jânio assumiu a presidência num país com cerca de 72 milhões de habitantes. De imediato, lançou um programa antiinflacionário: reforma do sistema cambial, desvalorização do cruzeiro em 100% e redução dos subsídios às importações de produtos como trigo e gasolina. A questão era o incentivo às exportações e o equilíbrio da balança de pagamentos. O plano foi aprovado pelo Fundo Monetário Internacional (FMI), o que credenciava o governo à renegociação da dívida externa.

Ah, os interesses: Jânio encaminhou o projeto da lei antitruste e de criação da Comissão Administrativa de Defesa Econômica, vinculada ao Ministério da Justiça. Resultado: nenhum, porque o Congresso rejeitou. Ainda em agosto, anunciou a criação da Comissão Nacional de Planejamento e a preparação do Primeiro Plano Qüinqüenal. Mas a tal "base de apoio" fez uma tremenda falta. E Jânio não era jeitoso, nem rezava pela cartilha dos partidos.

Enquanto isso,

A ameaça comunista: é conhecida a foto de Jânio condecorando Che Guevara, é sabido o papel que teve a alegada simpatia de Jango pelos russos, mas Juscelino também foi todo sorrisos ao então guerrilheiro e futuro ditador Fidel, quando a seu convite este visitou o Brasil, em 1959.

DIÁRIO DA CORTE
Governo gasta R$ 1,2 milhão por dia com viagens e diárias em 4 anos Estadão, 20.1.08

VOCÊ NÃO ACHA QUE O LULA VIAJA DEMAIS?

O PROBLEMA NÃO É ELE VIAJAR DEMAIS, O PROBLEMA É QUE ELE SEMPRE VOLTA!

O Brasil lutava com problemas econômicos e impasses políticos, e Jânio concentrava as esperanças de solução. Mas o homem que tinha feito administrações impecáveis, emissor inveterado de bilhetinhos e praticante de inspeções e visitas-surpresa, era também dono de um temperamento irreverente. Pouco ligava para a UDN, fazia o que queria. Especialmente em política externa: ficou famosa a condecoração que deu a Che Guevara, o que arrepiou os cabelinhos da nuca de muita gente. Carlos Lacerda, o gritão governador da Guanabara, logo se insurgiu, e Jânio bateu de frente com as lideranças udenistas. Jânio alegou que "forças ocultas" agiam contra ele, não o deixando governar, e num blefe – porque tinha enorme apoio popular – apresentou sua renúncia. Mas o Congresso, para surpresa sua, aceitou o pedido. Ele não acreditava que isso acontecesse, porque sabia que Jango não era visto com bons olhos pelos militares, por ser demasiado ligado às massas.

João Goulart e JK. Posse de Jânio Quadros.
Fevereiro de 1961.

Renúncia do Presidente Jânio Quadros.
Agosto de 1961.

FIGURINHA CARIMBADA: BRIGAS DE GALO, LANÇA-PERFUME, BILHETINHOS

Ele conseguiu. Jânio tinha 43 anos de idade e 13 de carreira política. Fez rápida carreira política, toda ela em São Paulo: foi vereador, deputado, prefeito e governador. Dono de um estilo populista, suas roupas eram simples (e amarrotadas), deixava a barba por fazer. Ao cumprimentar os eleitores, fazia questão de mostrar os bolsos cheios de sanduíche de mortadela e pão com banana. Mas não arranhava a língua pátria: professor e autor de livros sobre língua portuguesa, suas expressões e discursos eram famosos. Angariou votos também com a promessa de "varrer os ratos, os ricos e os reacionários da máquina pública", levando multidões às praças e avenidas, empunhando vassouras.Na presidência, logo tomou várias medidas drásticas e moralizadoras, que por vezes foram mal compreendidas ou feriram interesses.

Começou seu governo com ímpeto. No mesmo dia da posse, em discurso transmitido pela cadeia nacional de rádio, acusou a administração anterior de descontrole e prometeu um governo moralizador. No estilo já conhecido, estabeleceu normas para disciplinar o horário dos funcionários públicos e reduzir vencimentos de militares no exterior. As corridas de cavalo só eram permitidas aos domingos e feriados; a briga de galos ficava proibida (ainda bem que ele não tinha um marqueteiro dado à prática ilícita). O lança-perfume também. Por toda a parte circulavam seus bilhetinhos, lembrando aos ministros as resoluções tomadas e fixando prazos. Não faltou quem não gostasse.

Faixa Cronológica período Juscelino

1954

AGOSTO – com a morte de Vargas, Café Filho assume; em eleições para o Congresso, 2/3 do Senado e a Câmara são renovados.

NOVEMBRO – Juscelino é indicado pela aliança PSD-PTB como candidato à presidência, e Jango como vice.

1955

JANEIRO – Jânio da Silva Quadros assume o governo de São Paulo; é construída a usina hidrelétrica de Paulo Afonso.

MARÇO – morre Artur Bernardes.

ABRIL – é inaugurada a então maior refinaria do Brasil, a Refinaria Presidente Bernardes, em Cubatão.

OUTUBRO – Juscelino é eleito, vencendo Juarez Távora e Adhemar de Barros; Brizola é eleito prefeito de Porto Alegre.

NOVEMBRO – o presidente Café Filho é hospitalizado, afasta-se da presidência e Carlos Luz assume; Lott dá um golpe para garantir a posse de Juscelino; Carlos Luz, Lacerda e inúmeros ministros se refugiam no Ministério da Marinha e dali vão para o Tamandaré, e fogem sob o bombardeio de canhões; Nereu Ramos decreta estado de sítio, que fica vigente até a posse de Juscelino.

"Só serei 'imortal' se puserem esse grande gênio fora de lá a pontapés."
Monteiro Lobato, recusando indicação para a Academia Brasileira de Letras, referindo-se a Getúlio Vargas, 'eleito' em 1941.

"Esquerdismo: doença infantil do comunismo."
Paulo Francis

PRESIDENTE SE DIZ MAL INFORMADO SOBRE A EXTENSÃO DA CRISE

"Bons governos salvam vidas; maus governos contribuem para a morte de seus cidadãos. O leitor decidirá se os mortos em Congonhas foram fatalidades inevitáveis ou se poderiam ter sido salvos com governo e agências competentes. A começar pelo presidente da República."
Gláucio Ary Dillon Soares, no Globo.

ISTO É SER COMO SE APROVA, É SER UM PRESIDENTE BOSSA-NOVA

JUSCELINO KUBITSCHEK
1956–1961

O populismo desenvolvido na Era Vargas ganhou novos adeptos no período da República liberal pós-1946. Fortaleceu-se no imaginário popular que um só homem poderia decidir pelo destino do país, um verdadeiro salvador da pátria, alguém que misturava a sua personalidade, suas preferências pessoais em todos os campos, com o governo do país. O humor do presidente era o humor da nação. Essa idéia foi reforçada de tal forma, a ponto de se pautar o estudo da história do Brasil pela seqüência dos presidentes, e não pelas transformações sociais e estruturais. JK como era conhecido, era simpático, bem-humorado, sorridente, falante, gostava de noitadas de serestas e era acima de tudo um otimista contagiante. Sua bandeira principal era o desenvolvimentismo, ainda que nunca tenha definido exatamente o que isso significava. Praticava um liberalismo democrático; hábil negociador, conversava com todos, e com isso conseguiu aplacar o turbilhão da morte do maior populista do Brasil, Getúlio Vargas. Juscelino conseguiu fazer o povo esquecer o presidente morto, olhar para a frente, acreditar no futuro do país e não se envergonhar de ser brasileiro. Sua meta principal era mudar a capital federal do litoral para o centro-oeste. Um projeto ambicioso, caro, confuso, gerador de grandes despesas públicas e inflação, mas capaz de mobilizar toda a nação que, finalmente, tinha o seu eldorado, um caldeirão de ouro no final do arco-íris, capaz de inebriar o povo e fazer com que todos buscassem aquela miragem. O fato é que, pela primeira vez, alguém desfiava séculos de história e se propunha a transferir o eixo administrativo e político do país do Rio de Janeiro para Brasília. Verdade que a mudança já estava prevista na Constituição de 1891... Juscelino inaugurou mais do que uma cidade, conseguiu mexer com a auto-estima do brasileiro, "Brasília, a capital da esperança".

1956

JANEIRO – Juscelino e Jango tomam posse.

FEVEREIRO – Juscelino apresenta seu plano de metas, de desenvolvimentismo; acontece a Revolta de Jacareacanga.

MARÇO – Juscelino envia projeto de anistia ao Congresso, que o aprova.

SETEMBRO – a lei que autoriza o Executivo a tomar as providências para a construção de Brasília é sancionada.

NOVEMBRO – Juscelino manda decretar a prisão domiciliar de Juarez Távora, que o tinha criticado em programa de televisão.

1957

FEVEREIRO – a rodovia Rio de Janeiro–Belo Horizonte é inaugurada; Furnas é criada; morre o marechal Rondon.

MAIO – é criada a Rodobras, para fazer a rodovia Belém–Brasília.

AGOSTO – morre Washington Luís.

1958

JUNHO – o Palácio da Alvorada é inaugurado; morre Nereu Ramos.

OUTUBRO – Brizola é eleito governador do Rio Grande do Sul, nas eleições para governador e para o Congresso; é lançado o disco considerado o marco inicial da bossa nova: *Canção do amor demais*, de Elizeth Cardoso, com canções de Tom e Vinícius.

A USP (Universidade de São Paulo) instala o primeiro reator nuclear da América Latina.

1959

JUNHO – Juscelino anuncia o rompimento do Brasil com o FMI (Fundo Monetário Internacional).

OUTUBRO – o rinoceronte Cacareco é eleito vereador em São Paulo; acontece o primeiro seqüestro de avião comercial no Brasil: um avião da Panair é desviado, em início de uma revolta da Aeronáutica, que logo é controlada.

DEZEMBRO – Jânio é escolhido pela UDN como candidato à presidência; o PSD indica Lott; Juscelino cria a Sudene (Superintendência para o Desenvolvimento do Nordeste); ocorre a Revolta de Aragarças.

Era preciso fazer todos os esforços possíveis para se dar mais um passo no processo de industrialização. Juscelino reconheceu que era necessário abrir o país para a entrada de capital estrangeiro na produção, dar garantias do investimento e promover mercados para os produtos. O novo impulso estava baseado no incentivo à indústria de transformação, e para isso era essencial atrair empresas estrangeiras que fabricassem produtos com tecnologia importada e incentivar novas fábricas de capital nacional. A indústria automobilística foi o motor desse novo impulso e do mergulho do Brasil no mundo dos investimentos capitalistas internacionais. Americanos e europeus foram os primeiros a avaliar a potencialidade do mercado nacional, a facilidade de acesso às matérias-primas estratégicas e o turbilhão de incentivos, o que garantiria certamente uma excelente remuneração para os acionistas internacionais. A urbanização, a ascensão da classe média e as mudanças nas relações do trabalho formariam o mercado comprador dos novos produtos, principalmente dos carros e caminhões saídos das linhas de montagem de São Bernardo do Campo, a terra dos metalúrgicos. Cada vez que se anunciava o aumento do índice de nacionalização dos produtos, comemorava-se um gol de Pelé. Pela primeira vez o Brasil conquistou o campeonato mundial e o presidente em pessoa homenageou a Seleção Brasileira no palácio do Catete, no Rio. Brasília ainda não tinha sido inaugurada.

DIÁRIO DA CORTE
PT é acusado de cobrar propina para campanha – Em depoimento a uma comissão de promotores, o médico João Francisco Daniel, irmão do ex-prefeito Celso Daniel, revelou a existência de um suposto esquema de arrecadação de propinas montado na prefeitura de Santo André para financiamento de campanhas do PT.

Estadão, 20.6.02

JUSCELINO

Por algum tempo, mais precisamente de 1934 a 1940, **Juscelino** se dividiu entre a medicina e a política. Mas a partir de sua nomeação para a prefeitura de Belo Horizonte, seu caminho foi só um: "para a frente e para cima", como ele costumava dizer do Brasil de seus sonhos. Participou da criação do Partido Social Democrático (PSD) em Minas Gerais, foi deputado federal e governador do estado. Pela coligação PSD-PTB, foi eleito presidente com apertados 36% dos votos, contra 30% do 2º colocado (e com menos votos do que o candidato a vice, Jango), num cenário de tensão. E não seriam mais tranquilos os primeiros tempos de seu governo. Menos de um mês depois da posse, enfrentou a revolta de Jacareacanga (de um grupo de oficiais da Aeronáutica), além de greves em vários pontos do país, seca no Nordeste, outra revolta na Aeronáutica, a de Aragarças (em que lançaram um manifesto à nação denunciando a corrupção no governo e conclamando o povo à revolta), e as acusações de Lacerda, de irregularidades em suas contas. Mas não seriam as dificuldades que ficariam como marcas de seu governo: o mineiro sabia se promover.

Em sua primeira coletiva de imprensa, Juscelino garantiu que cumpriria o programa anunciado na campanha eleitoral: reforma cambial e petróleo (manutenção da Petrobras como estatal); mudança da capital (prevista na 1ª Constituição da República) e melhora da balança comercial.

Em linhas gerais, o programa previa o aumento da produção de energia, ampliação da rede de estradas de rodagem, incremento da produção, criação de indústrias de base e reaparelhamento das que já estavam em funcionamento, como a siderurgia.

1957

ABRIL – inauguração de Brasília, que passa a ser o Distrito Federal.

OUTUBRO – Jânio é eleito presidente, com Jango como vice, e Lacerda governador da Guanabara.

JUSCELINO KUBITSCHEK "PRESIDENTE BOSSA NOVA"

50 anos em 5

Fazer "50 anos em 5" pode ser um bom *slogan*. Mas na prática... No final dos seus cinco anos de governo, Juscelino só tinha para mostrar: Brasília; a indústria automobilística nacional; duas ou três rebeliões; um volume enorme de dinheiro e a conseqüente inflação; um país entrando na era do consumismo. E isso porque naquela época ainda não se avaliava quanto sairia caro ter mergulhado o país em rodovias, em detrimento das ferrovias – os maledicentes diriam de Juscelino que ele tinha vendido o país ao *lobby* do petróleo.

Sorriso sempre aberto, Juscelino era hábil em contornar situações difíceis. No ano de sua posse, por exemplo, o aumento de preço das passagens de bonde, pela Light, levou o Rio ao quebra-quebra de bondes, com populares e estudantes fazendo piquetes. A sede da UNE foi ocupada militarmente. Juscelino chamou as lideranças estudantis para o diálogo e conseguiu a redução das tarifas.

Juscelino podia se dar a luxos. O Congresso era praticamente todo seu: o PSD e o PTB tinham juntos 55% dos representantes eleitos. Dos 24 ministros civis, 16 eram do PSD e 6 do PTB (a UDN não tinha nenhum ministro). Assim, foi fácil construir Brasília e conseguir aprovação para as crescentes emissões de dinheiro. Um período inflacionário, mas cheio de realizações. Com brilho de vitrine.

Já naquela época...

Graças à herança deixada por Vargas, de uma máquina que funcionava e coletava, a um amplo mercado interno, à capacidade de produção de ferro e de aço e à disposição externa de investimento, a gestão de Juscelino se traduziu, sobretudo, em crescimento industrial. O governo incentivou a entrada de capitais externos e se voltou para as áreas de transporte e de energia, montando uma infra-estrutura para a expansão do parque industrial. Entre 1955 e 1961, a produção do setor cresceu 80%, sobretudo as indústrias de aço, mecânicas, elétricas, de comunicações e de equipamentos de transportes. Entre 1957 e 1961, a taxa de crescimento real foi de 7% ao ano.

Um dos aspectos positivos de seu governo foi o planejamento estatal setorizado, articulado em grupos de trabalho e grupos executivos ligados ao recém-criado Conselho de Desenvolvimento. Os investimentos eram orientados segundo estudos e projetos desenvolvidos pelos representantes da Comissão Econômica para América Latina (Cepal) e pelo Banco Nacional de Desenvolvimento Econômico (BNDE).

PROBLEMAS

Mas se é verdade que a política econômica obteve resultados expressivos na área da expansão industrial, ninguém pode negar que ela gerou contradições, como o favorecimento à concentração de capital, com a entrada de empresas multinacionais no país, o que deixou poucas oportunidades para o pequeno capital. Outro aspecto negativo foi que apesar de ter havido aumento de produtividade, como resultado do aprimoramento tecnológico, ele não foi transferido nem para os preços nem para os salários. As importações, que visavam suprir a escassez interna de insumos, aprofundaram a dependência externa da economia brasileira, elevando o desequilíbrio financeiro e o déficit da balança de pagamentos, trazendo a volta da inflação, um dos maiores problemas enfrentados por Juscelino e a pior herança deixada a Jânio. Além de tudo, a pressão do FMI por ajustes levaria Juscelino a abrir mão de seu famoso Plano de Metas. E o que é o FMI, comparado ao eleitorado? Juscelino rompeu com o FMI. E ainda convenceu o caríssimo público de que tinha sido por nacionalismo. Outro fracasso inegável aconteceu no programa de alimentos e no de educação. No plano internacional, apresentou aos Estados Unidos a proposta da Operação Pan-Americana, de promoção multilateral do desenvolvimento do continente. Ela foi adotada anos depois, através da Aliança para o Progresso.

DENÚNCIAS E ESCÂNDALOS

Juscelino também foi acusado de corrupção – mais de uma vez. Já quando tinha sido governador de Minas Gerais. Mas elas se intensificaram na época da presidência, por causa da construção de Brasília. Indícios de superfaturamento e favorecimento de empreiteiros ligados ao grupo político do presidente foram o núcleo das denúncias, o que motivou a campanha da "vassoura" janista, que prometia varrer a corrupção do governo. Quando quis voltar à vida pública, os militares teriam ameaçado Juscelino com as tais denúncias. Mas apesar dos fortes indícios, nunca chegou a responder formalmente à Justiça.

AH, ESSES JORNALISTAS!!

O que seria de nós sem a irreverência dos jornalistas? O nº 21 da revista *Maquis*, de março de 1957, trazia na capa uma foto de Juscelino, atravessada em letras garrafais pelo título de um filme famoso: "Sindicato de ladrões".

Zé do Caixão

SÃO PAULO PAROU (QUASE COMPLETAMENTE) EM UMA DAS MAIORES GREVES DA SUA HISTÓRIA

"[...] Mas por ocasião do episódio de Aragarças, ocorreram os poucos atos não democráticos de seu governo: a censura a emissoras de rádio, entre elas a JB. Greves também aconteceram nos cinco anos de seu mandato. São Paulo parou mais de uma vez. Os sapateiros aderiram ao movimento dos metalúrgicos. A oposição não cessava, e explorava episódios como a visita ao Brasil do secretário de estado americano John Foster Dulles, interessado, mais que tudo, na luta contra o comunismo e na permissão para que a CIA pudesse atuar no Brasil. Uma foto publicada pelo JB, Juscelino de mãos abertas, Dulles manuseando algo que parecia uma carteira de notas, tudo isso sob o título 'Me dá um dinheiro aí', teve grande repercussão, no governo e entre seus opositores. [...]"

(Transcrito do Jornal do Brasil - edição de 6.8.1958)

MAIS UM PASSO NO CAMINHO DA EMANCIPAÇÃO ECONÔMICA

"A indústria automobilística, a firme determinação, desde o início, de construir Brasília contam-se entre os pontos positivos com que Juscelino apagaria o lado menos favorável de seu governo. Os próprios tempos – por causa dele ou contribuindo com ele – eram de certa euforia nacional. Desde o futebol, com a realização do velho sonho de ganharmos a Copa do Mundo, até outros campos da cultura. Tudo parecia abrir-se para o novo, o cinema, o teatro, a bossa. O jornalismo se renovava, a televisão crescia. Mesmo as disputas políticas, por mais acirradas que continuassem, pareciam menos ameaçadoras.[...]"

(Transcrito do Jornal do Brasil - edição de 19.6.1956)

PERSONALIDADES

LACERDA: carioca, jornalista, em 1935 participou da ANL (Aliança Nacional Libertadora), uma "frente popular" de inspiração comunista. Em 10 de novembro de 1937 o golpe do Estado Novo determinou o fechamento do Congresso e o desaparecimento de todos os partidos políticos. Lacerda foi preso, solto; em 1939 rompeu com os comunistas. Em 1945, trabalhava no O Correio da Manhã. Em 1947 se elegeu vereador pela UDN, oposição a GV. Em 1954 foi alvo do famoso atentado da rua Toneleros, mas escapou ileso, com um tiro no pé. Isso foi em 5 de agosto. No dia 12 Lacerda conclamava à renúncia de Vargas, no editorial do seu Tribuna da Imprensa; no dia 22 os próprios militares já pediam a cabeça do presidente, pois tinha se confirmado o envolvimento da guarda pessoal de Getúlio na tentativa de assassinato; no dia 24, sem apoio, GV se suicidou.

Apesar de Juscelino ter sido democraticamente eleito, Lacerda defendia a intervenção dos militares na política. Um dia depois de Café Filho, que estava doente, passar o bastão presidencial a Carlos Luz, Lacerda escreveu virulento artigo contra a posse, que no seu entender prepararia o caminho para Juscelino e seu vice, João Goulart

O marechal Lott quis se demitir de suas funções de ministro da Guerra, mas mudou de idéia, numa estratégia para forçar a deposição do presidente. A capital federal foi ocupada por tropas do Exército, sob o comando geral de Lott. Os militares se comprometiam com a posse de Juscelino, por isso determinaram o impedimento de Carlos Luz e deram posse a Nereu Ramos, vice-presidente do Senado

Lacerda se asilou na embaixada de Cuba, para onde partiu em seguida, mas só como escala – dali, foi para os vizinhos EUA, e mais tarde para Lisboa, sempre como correspondente jornalístico. Voltou ao Brasil em novembro de 1956, reassumiu o mandato de deputado federal e passou imediatamente ao ataque a Juscelino, a quem acusava de corrupção e de responsável pelo aumento do custo de vida e da inflação – por causa do volume de gastos para construir Brasília.

Ao mesmo tempo, era candidato ao governo do estado da Guanabara. Eleito, logo no início do governo de Jânio foi se distanciando dele (que tinha apoiado) e dos setores liberais da UDN carioca.

Depois do golpe de 31 de março de 1964 que derrubou Jango, Lacerda participou de uma reunião com o general Costa Silva em que ficou decidido o apoio à candidatura do general Castelo Branco à presidência da República. Mas como a UDN foi afastada do centro de decisões do novo governo, seu apoio à ditadura militar durou pouco.

CURIOSIDADES

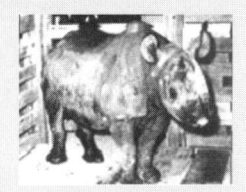

O VEREADOR ELEITO CACARECO

Outubro de 1959: em São Paulo, o campeão de votos nas eleições para vereador foi a simpática figura acima retratada. Famoso, já tinha sido objeto de polêmica, porque o novo morador do então recém-inaugurado zoológico da cidade (1958) tinha se transformado rapidamente em queridinho dos paulistanos, que não quiseram devolvê-lo aos cariocas. É que Cacareco tinha vindo do Rio de Janeiro. Chegadas as eleições, não deu outra: foi eleito! E com um número impressionante de votos, para a época – algo como 100 mil. Para apimentar a história, Stanislaw Ponte Preta escreveu que "diversos membros da cúpula do PSP andaram rondando a jaula de Cacareco, para o colocarem no lugar de Adhemar de Barros". Quanto ao presidente, o sempre escorregadio Juscelino, declarou simplesmente: "Não sou intérprete de acontecimentos sociais e políticos. Aguardo as interpretações do próprio povo". Muito pelo contrário...

> *Da série "nos amigos sempre se pode confiar": Israel Pinheiro, filho de um amigo de Juscelino, o político João Pinheiro, foi nomeado em setembro de 1956 pelo presidente para presidir a recém-criada Novacap (Companhia Urbanizadora da Nova Capital)*
>
> *Otto Lara Resende dizia que Brasília foi produto de uma conjugação de quatro loucuras: a de Juscelino, a de Israel Pinheiro, a de Oscar Niemeyer e a de Lúcio Costa (autor do projeto escolhido). Que maldade!*
>
> *"Brasília. Me esmagou o peito a primeira noite que passei lá. Um amigo da minha idade me ligou do Rio e perguntou se eu não estava deprimido. Respondi que sim e perguntei como ele sabia. Disse que todo mundo (da nossa geração) se sentia assim, a primeira vez. Até hoje, gente chega terça-feira à noite a Brasília e sai quinta-feira à noite. A cidade oprime e deprime. Oscar Niemeyer e Lúcio Costa continuam louvados como gênios. Waaal..." Paulo Francis.*

O PAGADOR DE PROMESSAS, PALMA DE OURO EM CANNES.

O maior prêmio do nosso cinema

Em maio de 1960, ao sair da projeção de um filme russo durante o Festival de Cannes, Anselmo Duarte prometeu a um jornal: "No próximo ano vou trazer um filme para ganhar a Palma de Ouro". Voltou ao Brasil e se trancou para escrever o roteiro de um filme. Tinha conseguido convencer o teatrólogo Dias Gomes a vender os direitos de filmagem de uma peça que tinha feito muito sucesso em São Paulo, *O pagador de promessas*. Dias Gomes resistiu inicialmente, não confiando no talento de um diretor que só tinha dirigido um filme anteriormente, *Absolutamente certo*. Depois de escrever o roteiro, Anselmo foi para Salvador escolher os cenários e atores locais. Estudou livros sobre os costumes baianos, e conseguiu financiamento para as filmagens. Inscreveu o filme no Festival de Cannes e veio a surpresa: a saga religiosa, representada pelos atores Leonardo Villar e Glória Menezes, sensibilizou a todos, até mesmo os concorrentes de Anselmo Duarte, e *O pagador de promessas* ganhou a Palma de Ouro, o mais importante prêmio do festival, e a maior conquista do cinema brasileiro até então. Derrotou filmes de diretores como Buñuel, Antonioni, Bresson e outros.

Esse filme...

Aumento dos gastos públicos com a execução dos programas previstos no Plano de Metas (para cumprir a todo custo o slogan "50 anos em 5")

+

aumento de salários do funcionalismo

+

gastos continentais com a construção Brasília

+

alargamento das linhas de crédito do Banco do Brasil

=

inflação e endividamento do setor público.

Estamos falando do governo de Juscelino, é claro: só no 1º semestre de 1958, o custo de vida aumentou aproximadamente 10% na capital federal. Pondo em risco as ambiciosas metas do presidente da República, adepto precursor do desenvolvimentismo.

Explosão teatral na GB

Nara: tôda simplicidade em seu 'tic-tac'

A Guanabara vive sua explosão teatral. O grande acontecimento é realmente o grupo TUCA, com a peça O & A, que está sendo encenada no João Caetano, "Roda Viva", "Dura Lex Sed Lex", os "shows" de Nara Leão, Maria Betânia, Stanislaw Ponte Prêta são alguns dos espetáculos que tornam possível o diálogo entre teatro e juventude. Reportagem na página 3 do 2.º caderno, onde Nélson Mota, em sua coluna "Roda Viva", informa sôbre a apresentação amanhã, no Rio, de Johny Halliday.

Cartaz da campanha eleitoral de Jânio Quadros, Milton Campos e Carlos Lacerda em 1960. 09/08/1960

UMA BOSSA NOVA, MUITO NATURAL...

Na Zona Sul do Rio de Janeiro, no final dos anos 1950, grupos de rapazes e moças reuniam-se para cantar e tocar músicas de novos compositores, quase todas com acentuado estilo intimista e com nítida influência do jazz.

Dois desses rapazes, Carlos Lyra e Roberto Menescal, fundaram uma academia de violão, que ajudou muito na divulgação das composições do jovem grupo.

Em 1958, Elizeth Cardoso lançou Canção do amor demais, *onde se fez notar um violonista que tinha uma batida diferente, uma nova forma de acompanhamento rítmico. Em julho daquele ano, o mesmo violonista lançou um compacto simples pela Odeon, onde também cantava. De um lado, a música "Chega de saudade", de Tom Jobim e Vinícius de Moraes, já gravada por Elizeth, sofreu uma grande transformação na nova gravação. Do outro lado, "Bim-bom", composição do próprio violonista. Ninguém mais tinha dúvida: o violonista diferente conseguira registrar os novos sentimentos que dominavam os artistas cariocas. O baiano João Gilberto era mais bossa-nova que todo mundo.*

Em fevereiro de 1959, João Gilberto lançou seu primeiro LP, Chega de saudade, *totalmente bossa-novista, e com ele a música brasileira começou a se transformar. Tom Jobim, Vinícius de Moraes, Johnny Alf, Silvinha Telles, Sérgio Ricardo, Alaíde Costa, Baden Powell, Carlos Lyra, Roberto Menescal, Newton Mendonça, Ronaldo Bôscoli, Nara Leão, Chico Feitosa, os irmãos Castro Neves, Luiz Eça e muitos outros, compunham, tocavam e Interpretavam as músicas dentro do estilo bossa nova, e foram conseguindo mais adesões e um enorme sucesso entre o público, principalmente universitário.*

Muitos discos foram lançados com a nova música, até que em uma noite de novembro de 1962 a bossa nova chegou a Nova York: o sucesso foi tão grande que dali as gravações internacionais se sucederam, e alguns dos artistas mudaram de vez de ares.

Vinícius

70 MILHÕES DE BRASILEIROS
(alguns deles na nova capital)

O recenseamento de 1960 comprovou o grande crescimento populacional que o Brasil atravessou da segunda metade da década de 1950 em diante. Chegamos aos 70.992.343 habitantes. Poucos estados tinham menos de um milhão de habitantes, e São Paulo, o mais populoso, tinha quase 13 milhões. A população das regiões Nordeste e Sudeste, somadas, ultrapassavam 75% dos habitantes do país, e pela primeira vez foi registrada a população da nova Capital Federal: 41.742 brasileiros já estavam em Brasília.

A ERA DO AUTOMÓVEL – E DO LOBBY DO PETRÓLEO

Foi um espanto! Ninguém tinha visto nada igual: um carro pequenininho, todo esquisito, com a porta abrindo na frente do motorista. O Romi-Isetta andava pelas ruas do Brasil. Em 1955, o primeiro veículo automotor de fabricação nacional.

No ano seguinte, Juscelino Kubitschek assumiu a presidência e um dos seus sonhos era a instalação da indústria automobilística. Conseguiu capital estrangeiro, abriu estradas, criou infra-estrutura para as indústrias, restringiu a importação de peças que já fossem produzidas no Brasil – o que obrigou empresas estrangeiras a montarem fábricas no Brasil, para garantir mercado futuro – e o resultado foi imediato: a Volkswagen e a Simca instalaram suas fábricas no Brasil, além da Vemag, que tinha capital nacional mas tecnologia estrangeira.

E os carros começaram a circular: Rural Willys, Vemaguet, Jeep, Kombi, DKW Belcar, e em 1959 outro carro diferente, o apelidado de besouro. Era o Volkswagen 1200 Sedan, o "Fusca".

DIÁRIO DA CORTE
Um em cada 5 jovens não acaba o [ensino] fundamental
Folha, 20.1.08

DIÁRIO DA CORTE
Crise na Ásia, especulação no Brasil
Estadão, 16.7.97

SINAIS PARTICULARES

ESPELHO, ESPELHO MEU...

O embate entre monetarismo e desenvolvimentismo não é novidade: Juscelino o transformou em poderoso instrumento de ação política. Por exemplo, quando fez o rompimento com o FMI (Fundo Monetário Internacional) parecer um gesto de nacionalismo. Alguns chamam esse tipo de coisa de habilidade. Outros, de demagogia. Juscelino foi mestre em evocar o ideário nacionalista. Nem que para tanto precisasse dispensar assessores contrários, como fez em 1959: o ministro da Fazenda, Lucas Lopes, e o presidente do BNDE, Roberto Campos, foram sumariamente exonerados. Mas o prezado público ficou com a imagem de um Juscelino bossa nova, como dizia Juca Chaves: grande promovedor da modernização da economia brasileira. A conta seria paga mais tarde. Juscelino deixou para seu sucessor, Jânio Quadros, uma herança de altas taxas de inflação, além de um descontrole crescente das contas externas. Brasília custou caro. Sem falar da entrada em massa do capital estrangeiro no país.

Herança bem diferente daquela que encontrou: o caudilho legou a ele um aparelho de Estado já montado, que financiava, planejava — e cobrava. Essa foi a base que lhe permitiu executar o plano de governo que projetaria sua imagem. Ele se beneficiou do planejamento, marca registrada desde os anos 1930, e dos corpos técnicos já formados. Mestre na arte da promoção pessoal, e sempre com o intuito de voltar ao poder (ainda não havia reeleição), Juscelino soube dar legitimidade política às suas ações. Domesticou os militares (as Forças Armadas adoraram seu lema "desenvolvimento e ordem", adotado logo nos primeiros dias de governo), reverenciou as instituições mais representativas. Soube ainda criar fatos novos, como a construção da nova capital, sempre na onda do modismo da época, o desenvolvimentismo. Collor não foi o primeiro a passar a imagem de viril-moderno-boa-pinta-gumex-no-cabelo. O troféu cabe a Juscelino.

CHAMADO DE "RAPOSA PESSEDISTA", JUSCELINO SEMPRE TEVE CONSCIÊNCIA DA IMPORTÂNCIA DAS BASES LOCAIS PARA A VIABILIZAÇÃO DE SUA CANDIDATURA, LEIA-SE AS MINEIRAS. MAS NÃO TIROU O OLHO DO NACIONAL. AUTÊNTICO MODELO DO "POLÍTICO MINEIRO", ARTICULADOR, CAPAZ DE CONVIVER COM ADVERSÁRIOS — QUE PUDESSE TRANSFORMAR EM ALIADOS.

Digno representante da concepção que pretende que a política é a "arte da conciliação", no intuito de conseguir apoio para aprovar seus projetos no Congresso — principalmente a mudança da capital —, mostrou-se interlocutor habilidoso, em especial com as correntes da UDN lideradas por Juracy Magalhães. Figuras mais raivosas e ruidosas, como Lacerda e Afonso Arinos, mereciam dele outro tratamento. Contra Juarez Távora, por exemplo, que teve o desplante de criticar o sempre simpático presidente em programa de televisão, mandou simplesmente decretar sua prisão domiciliar.

Atravessada em sua garganta, a língua ferina de Lacerda, carismático líder que foi alvo da famosa *Cláusula R*.

AH, ESSES JORNALISTAS!

Contra Lacerda, o democrático Juscelino chegou a baixar uma portaria (a Cláusula R) proibindo as emissoras de rádio e TV de transmitir programas "insultuosos às autoridades públicas". Principalmente porque a autoridade pública mais visada era ele, Juscelino. Afinal, o "demolidor de presidentes" já tinha conseguido derrubar o caudilho.

Juracy Magalhães

A NOVA CAPITAL

No dia de Tiradentes, ano de 1960, um orgulhoso mineiro recebia uma chave das mãos de Israel Pinheiro. Era a chave da cidade de Brasília – para uns, um grande sonho; para outros, uma loucura; para o próprio Juscelino, um projeto nacional para "liquidar com a sonolência de uma sociedade que parasitava ao longo das praias como caranguejos, ou como se quisesse ir embora".

A partir de fevereiro de 1957, tinham começado a ser deslocados os 45 milhões de metros cúbicos de terra. E muito dinheiro: US$ 10 milhões só para as estruturas de aço dos ministérios; Cr$ 300 bilhões na obra inteira. Juscelino autorizava as verbas sem nenhum problema: a lei da Novacap, redigida por Santiago Dantas, garantia a direção das operações de crédito ao governo, sem interferência do Congresso.

Assim, em três anos o Brasil ganhou sua terceira capital, depois de Salvador e do Rio de Janeiro. Um velho sonho, no planalto goiano.

Brasília

Além de tudo, Lacerda era carioca. E a Guanabara, um espinho que Juscelino sabia que podia incomodá-lo: eleito com uma das menores percentagens de votos válidos (33,82%) da história da República, ele certamente não tinha esquecido que o eleitor fluminense tinha preterido seu nome, em favor do ex-governador paulista, Adhemar de Barros. E até a areia da praia sabia que Lacerda queria ser presidente. A estratégia de Juscelino foi impedir que a Guanabara se transformasse em plataforma de lançamento do "demolidor de presidentes". Sobretudo para ocupar o Palácio da Alvorada, obra sua.

Mineiramente, apresentou o nome de Negrão de Lima como candidato da coligação PSD-PTB ao governo da Guanabara. Naquele ano, Lacerda venceu, mas em 1965 o cassado Juscelino certamente saboreou a derrota do candidato de Lacerda para seu amigo de longa data, o mesmo Negrão de Lima. Mas ainda presidente, tratou de alimentar as correntes não-lacerdistas da UDN. Era preciso enfraquecê-lo. Porque com o homem não havia diálogo possível. Pelo menos era o que parecia. Mas como a política mais parece a arte dos arranjos, das acomodações e da conveniência, o improvável aconteceu. Quando acabou seu mandato, Juscelino não fazia outra coisa a não ser articular sua volta ao Planalto, em 1965. Mas o golpe militar mudou o cenário, e eis que a nação incrédula assistiu não ao enfrentamento esperado, mas a uma aliança inacreditável: Juscelino e Lacerda juntos, na Frente Ampla...

A BELA ANTIGA CAPITAL

Juscelino roubou do Rio de Janeiro seu posto e estatuto, mas não seus encantos. Muitas das instituições ainda hoje existentes no Rio de Janeiro foram criadas na época em que a cidade era a Capital Federal. Assim, foi fundada em abril de 1935 a Universidade do Distrito Federal (UDF). Ela é até hoje uma das mais importantes e respeitadas instituições brasileiras.

Dois anos depois, a Universidade do Brasil (hoje Universidade Federal do Rio de Janeiro) foi criada por lei anterior ao Estado Novo. Resultado de um processo iniciado nos anos 1920, quando a reunião das escolas superiores da cidade dava origem à antiga Universidade do Rio de Janeiro. Mas em 1975, com a fusão dos estados da Guanabara e Rio de Janeiro, ela ganhou o nome de Universidade do Estado do Rio de Janeiro (UERJ).

Nos anos trinta, foi fundado o Instituto Nacional do Livro (dezembro de 1937).

Outra criação importante foi a da Biblioteca Nacional: depositária do patrimônio bibliográfico e documental do Brasil – é a maior biblioteca da América Latina. Tem a função de preservar, atualizar e divulgar uma coleção de mais de 8 milhões de peças, que teve início com a chegada da Real Biblioteca de Portugal ao Brasil. Ela tem esse nome desde 1876, pois quando foi fundada chamava-se Real Biblioteca, e depois Biblioteca Imperial e Pública da Corte. Com a fuga da família real para a colônia, o acervo foi trazido em três etapas.

Em 1858, a Biblioteca foi transferida. Mas só em 1905, durante o governo Rodrigues Alves, sua pedra fundamental foi lançada. O magnífico edifício foi inaugurado 5 anos depois, no governo Niço Peçanha. Em 1990, foi transformada em fundação de direito público, vinculada ao ministério da Cultura, e passou a absorver parte das funções do INL (Instituto Nacional do Livro), extinto naquele ano.

Outro imponente endereço carioca é o Museu Nacional de Belas Artes, criado oficialmente em 1938, de autoria do espanhol Adolfo Morales de los Ríos, que se inspirou no Louvre.

Confeitaria Colombo

Palácio do Conselho Municipal

Largo da Lapa

Sua biblioteca é especializada em artes plásticas dos séculos XIX e XX e reúne obras raras e coleções de periódicos, monografias, documentos, catálogos de exposições e fotos que registram sua história, desde a Academia Imperial de Belas Artes, incluindo acervos pessoais de alguns artistas. O prédio atual, construído em 1906, originalmente abrigou a Escola Nacional de Belas Artes (ou Escola Real de Ciências, Artes e Ofícios). Seu acervo também teve início com a vinda da família real portuguesa, em 1808, e ampliado consideravelmente em 1816 pelo chefe da Missão Artística Francesa, Joachin Lebreton. Merece destaque o grande acervo de arte do século XIX. Ainda, o Teatro Municipal do Rio de Janeiro, construído como um dos símbolos do projeto republicano para a então Capital Federal. Sua construção começou em 1905 e ele foi inaugurado em 1909. O projeto vencedor foi o do filho do prefeito da época, Oliveira Passos.

A Capital Federal em Minas

"se mentira pagasse imposto..."

Juscelino afirmou certa vez que a mudança da capital federal do Rio de Janeiro para Brasília tinha sido obra do "acaso". Apesar de saber que a mudança para o Oeste estava na 1ª Constituição republicana, de 1891. E que já entre 1892 e 1896 uma comissão tinha sido incumbida de demarcar no Planalto Central o quadrilátero a ser ocupado pela nova capital. Décadas depois, chegou-se a cogitar a mudança para Belo Horizonte. O assunto era tão conhecido, que em 1938 uma tese de pós-graduação em urbanismo, na Universidade do Distrito Federal, intitulava-se "Anteprojeto para a futura capital do Brasil no Planalto Central". Carmen Portinho, esse era o nome da estudiosa: foi ela a autora do projeto de construção de uma inovadora cidade para capital federal (mesmo que para fins acadêmicos). Aliás, em 1937 Getúlio lançou a então chamada "Marcha para Oeste" (que começou efetivamente nos anos 1940), que não era outra coisa senão uma diretriz de integração territorial nacional. Desde as denúncias de Euclides da Cunha, a noção de "vazio" territorial mais parecia um defunto no meio da sala, lembrando todo o espaço abandonado.

Adivinhem que palco Getúlio escolheu para anunciar sua "Marcha para Oeste": Goiânia, durante as comemorações de inauguração da cidade.

Coincidências do acaso.

Faixa Cronológica período Getúlio

1951

JANEIRO – empossado, Getúlio nomeia para a presidência do Banco do Brasil o maior contribuinte da sua campanha eleitoral, Ricardo Jafet.

JULHO – é sancionada a Lei Afonso Arinos, que estabelece que racismo é crime.

OUTUBRO – acontece a I Bienal Internacional, em São Paulo

DEZEMBRO – Getúlio envia ao Congresso o projeto de criação do Programa Nacional de Petróleo e da Petrobras (vinte anos depois da campanha de Monteiro Lobato).

1952

JANEIRO – por decreto, é instituída a restrição de remessa de lucros das empresas estrangeiras para o exterior.

JUNHO – é criado o BNDE (Banco Nacional de Desenvolvimento Econômico).

OUTUBRO – é criada a CNBB (Conferência Nacional dos Bispos do Brasil).

DEZEMBRO – é criado o IBC (Instituto Brasileiro do Café).

"O plenário perdeu a graça. Não sei se a inteligência entrou em colapso."
Rubem Azevedo Lima, jornalista político desde 1946.

"Faz quase cem anos, mas veste como uma luva (infelizmente) : De tanto ver triunfar as nulidades, de tanto ver crescer as injustiças, de tanto ver agigantarem os poderes nas mãos dos maus, o homem chega a desanimar da virtude, a rir-se da honra, a ter vergonha de ser honesto."
Rui Barbosa

Sei não, Lula... Parece mais um troféu que o Zé esqueceu...

"Eu não saio do governo."
O imperial José Dirceu, por ocasião do 1º escândalo da era Lula, o Waldogate.

SAIR DA VIDA PARA AS PÁGINAS DA HISTÓRIA

GETÚLIO VARGAS
1951–1954

Eleito senador por dois estados e deputado federal em três. Mais de um milhão de votos. Recém-derrubado do poder e auto-exilado no interior do país. Afastado cinco anos da política nacional, sua influência se fez sentir em muitas ações do governo Dutra. Era ligado a dois grandes partidos políticos nacionais, e seu retrato com a faixa presidencial ainda estava pendurada em muitas salas de prédios públicos. Um caudilho de boa cepa não acaba apenas porque foi apeado do poder. Era preciso muito mais para impedir que Getúlio Dornelles Vargas se candidatasse à Presidência da República cinco anos depois de ser sido tirado à força de lá, e ganhasse a eleição com mais da metade dos votos dos brasileiros. Vargas estava de volta, e agora o seu populismo tendia para a esquerda – com isso ganhou apoio ainda maior para proceder às reformas que julgava necessárias para o país. Os fazendeiros e conservadores de uma forma geral ficaram de cabelo em pé. Era preciso se organizar para que o "pai dos pobres" não se eternizasse novamente no poder.

A industrialização e a modernização técnica nacional não deixavam outra escolha: sem a energia do petróleo não seria possível continuar o processo de industrialização do país. Seria necessária, mais uma vez, a intervenção do Estado na economia, coisa que arrepiava os liberais, e organizar uma empresa capaz de suprir o Brasil de petróleo, o combustível

1953

MARÇO – Jânio é eleito prefeito de São Paulo.

JUNHO – Getúlio faz uma reforma ministerial: João Vicente Belchior Goulart é nomeado ministro do Trabalho, Osvaldo Aranha, da Fazenda e Tancredo Neves, da Justiça.

JULHO – cria-se o Ministério da Saúde Pública.

OUTUBRO – é promulgada a lei que cria a Petrobras.

1954

JANEIRO – a maior cidade do país festeja seu IV Centenário.

FEVEREIRO – João Goulart propõe 100% de reajuste do salário mínimo; é demitido em seguida por Getúlio; é enviado ao ministro da Guerra o Manifesto dos Coronéis, documento de protesto contra o governo de Getúlio.

MAIO – instalação da Petrobras.

JUNHO – o deputado Afonso Arinos (da UDN) envia moção de impedimento do presidente, mas ela é derrotada no Congresso.

AGOSTO – Carlos Lacerda é vítima de tentativa de assassinato; Climério E. de Almeida, um dos pistoleiros, membro da guarda pessoal de Getúlio, é citado como envolvido no crime, em que morrera o major Vaz, segurança de Lacerda; Afonso Arinos pede a renúncia de Vargas; Alcino João do Nascimento é preso e confessa ter sido contratado por Climério para matar o major Vaz; Climério é preso e confessa ter sido contratado por Gregório Fortunato, chefe da guarda pessoal de Getúlio; brigadeiros do Clube da Aeronáutica enviam nota a Vargas sugerindo sua renúncia; Vargas ordena a seu irmão Benjamin que não compareça à Base Aérea do Galeão para depor; sem apoio dos militares nem dos políticos, Getúlio se suicida.

do século XX. Vargas partiu para um projeto de criação da Petrobras, uma iniciativa que não incomodava as grandes petrolíferas internacionais, muito mais interessadas em regiões de grande potencial petrolífero, como o Oriente Médio, do que o Brasil. Sabia-se muito pouco do subsolo nacional e o risco não era compensador. Além disso, para não criar nenhum atrito com os governos ocidentais, o projeto estabelecia que as refinarias já existentes podiam continuar trabalhando, e a distribuição, filé-mignon da cadeia, seria efetuada por empresas nacionais e estrangeiras. Portanto, nada de dar sustos nos americanos, nem afrontar o capital internacional. Houve uma acomodação possível de interesses, incapaz de levar alguém a dar um tiro no coração por causa disso. Ainda para deixar os atuais políticos de água na boca, o caudilho legou uma carta-testamento onde afirmava "sair da vida para entrar para as páginas da história".

Estudantes contra Vargas

Greve em SP, 1953

GETÚLIO

Quando voltou ao poder, em 1951, Getúlio enfrentou oposição: da UDN (União Democrática Nacional), da Cruzada Democrática, do setor militar, de parte da imprensa. A estatização do setor petrolífero e medidas populistas estavam na base da insatisfação.

Em outubro de 1950, Vargas foi finalmente eleito. Para presidir legalmente a República de um país de 53 milhões de habitantes. A política econômica teve cores nacionalistas e tentou conciliar a necessidade de crescimento econômico aos anseios populares. Mas a prioridade era atender ao pacto político que garantiria sua permanência no poder. Horácio Lafer foi seu ministro da Fazenda, e depois Osvaldo Aranha. As linhas mestras: a participação decisiva do Estado e de setores privados no processo de industrialização e o estímulo à entrada de capital estrangeiro.

Como conseqüência do aumento das divisas geradas pelos altos preços do café no mercado internacional, a tendência era a inflação. Outro problema foi o próprio crescimento industrial, incompatível com a estrutura energética e de transportes (já naquela época!).

Além disso, por causa da restrição de remessa de lucros das empresas estrangeiras para o exterior (decreto de janeiro de 1952), ficou mais difícil conseguir dinheiro americano.

Em 1954, Vargas ainda enfrentava a oposição da UDN (União Democrática Nacional), dos militares, da imprensa, de setores da sociedade. Razões não faltavam, em especial a ineficácia do plano econômico de estabilização – a emissão de moeda tinha desequilibrado as alianças políticas do governo. Mas Getúlio não sairia da cena política facilmente. Para não ser deposto pela segunda vez, suicidou-se, deixando a famosa carta, com a famosa frase que o colocava, a ele mesmo, na história.

Carlos Lacerda era o autor de ferozes críticas ao presidente, e se transformou em alvo de uma tentativa de assassinato, o que jogou o governo no que a imprensa gentilmente batizou de "mar de lama": ficou provado que o plano tinha sido urdido no Palácio do Governo, o que impedia Vargas de dizer que não sabia de nada. Outros tempos, aqueles.

Cartazes usados em comício de estudantes contra Getúlio Vargas s/d

E O BRASIL GANHAVA SUA BIENAL

O melhor das artes plásticas do mundo inteiro foi reunido na I Bienal Internacional de São Paulo, inaugurada em outubro de 1951. Organizada pelo MAM – Museu de Arte Moderna –, a bienal foi instalada na Esplanada do Trianon, na avenida Paulista. Participaram 21 países, com 1.800 obras que foram vistas por mais de cem mil pessoas, em apenas dois meses de exposição.
Considerada de alto nível artístico, a bienal teve como destaques obras de Picasso, Rouault, Magnelli, Richier, e os prêmios nacionais de pintura foram dados a Tarsila do Amaral, Danilo Di Prete, Maria Leontina, Franco da Costa e Ivan Ferreira Serpa.

A Cigarra

Marçal Fernandes — O apreciado tenor brasileiro Marçal Fernandes, realisou, a 30 do corrente, no salão do Conservatorio, um concerto, com o concurso do joven pianista Francisco Mignone e do professor Pedro Zani. Marçal Fernandes cantou uma romanza da opera *Moema*, de Del-

Casa de Saude Francesco Matarazzo

DENÚNCIAS E ESCÂNDALOS

No atentado da rua Toneleros foi ferido o jornalista Carlos Lacerda e morto o major-aviador Rubens Vaz. As investigações tornaram evidente aquilo que a oposição chamava, já então, de "mar de lama". Logo depois, Getúlio se suicidava.

O atentado a Carlos Lacerda. 29/10/1954

PERSONALIDADES

Ciccillo Matarazzo nasceu em São Paulo, em 1898, onde também morreu, no ano de 1977. Descendia do pioneiro Francesco Matarazzo, que chegou ao Brasil em 1854 e depois de perder parte da carga que trazia fundou, com o pouco dinheiro que sobrou, uma empresa de produção e comércio de banha de porco – e viria a ser um dos mais importantes industriais do país.

Ciccillo se destacou como mecenas. Diretor de empresas de variados ramos, em 1946 fundou o MAM e em 1951, a Bienal Internacional de Arte de São Paulo. Foi co-fundador do TBC (Teatro Brasileiro de Comédia) e da Companhia Cinematográfica Vera Cruz.

Eleito pelo PSP (Partido Social Progressista), foi prefeito de Ubatuba de 1964 a 1969, e posteriormente cassado.

Esse filme...

Para presidente do Banco do Brasil em 1951, Getúlio nomeia o maior contribuinte da sua campanha eleitoral, Ricardo Jafet, depois de tê-lo cogitado para a pasta do Ministério da Fazenda.

Para a chefia do Gabinete Civil da Presidência, o escolhido foi Lourival Fontes, ex-diretor do Departamento de Imprensa e Propaganda (DIP) no Estado Novo.

Além do insucesso da Hora do Brasil, o impopular "Fala sozinho", o governo Vargas sempre teve problemas com a imprensa. Ou pelo menos com parte dela. Censurou à vontade, encampou a Rádio Nacional, criou cartilhas e uma fabulosa máquina de propaganda, mas queria mais. Precisava de um jornal que fosse o divulgador diário dos feitos do governo. Até porque naquela época ainda não havia televisão. O jornal Última Hora veio socorrer Getúlio. Samuel Wainer, que tinha relações de amizade com a família do caudilho, fundou o jornal em 1951. Competente, Wainer fez um jornal moderno, de abordagem inovadora e parque gráfico de ponta. Pagando os melhores salários, atraiu os melhores profissionais. Lacerda, dono da Tribuna da Imprensa, o acusou de favorecimento por parte dos órgãos oficiais, principalmente do Banco do Brasil. História de empréstimos. Wainer, amicíssimo de Vargas, sugeriu a abertura de uma CPI. E assim foi feito, em junho de 1953. Mas juntamente com outra, instaurada para investigar o montante de cruzeiros das operações efetuadas entre o BB e todas as empresas jornalísticas no período 1943 a 1953. A oposição chegou a sugerir o impeachment (impedimento) de Getúlio, já antevendo as apurações do inquérito sobre o jornal Última Hora. Mas no final dos trabalhos, em novembro de 1953, a conclusão foi realmente de existência de irregularidades nas transações de crédito do Banco do Brasil com as empresas jornalísticas – mas em geral, e não exclusivamente com as do grupo Wainer. Como a maioria dessas empresas gozava de concessões oriundas do BB, apesar das inúmeras acusações, como favoritismo e concorrência desleal, nada ficou provado – que pudesse colocar no colo da oposição uma peça acusatória consistente para o impedimento de Getúlio. Outra modalidade de pizza.

O Brasil ligado no rádio

Era o auge do rádio. Ele ditava moda, criava ídolos, transmitia emoções, registrava a história. Os programas musicais, como Um milhão de melodias *ou os* Festivais GE, *introduziram na música popular brasileira um tratamento sinfônico, com arranjos de Radamés Gnattali.*
O Repórter Esso *era o mais ouvido e respeitado rádio-jornal do Brasil, símbolo da notícia exata, sempre em primeira mão. E os programas humorísticos atingiam quase 100% de audiência. Satirizavam a vida nacional, principalmente o* Balança mas não cai, *com quadros como o* Primo pobre e o primo rico, *e a* PRK-30, *uma "rádio dentro da rádio", com paródias de programas e brincadeiras que divertiam o país.*
Duas coisas ajudaram a aumentar ainda mais o poder e a penetração do rádio no Brasil: os auditórios, onde tudo era ao vivo, e a Revista do Rádio, *que organizava fã-clubes, distribuía fotos dos artistas, promovia concursos e noticiava tudo que envolvia aquele universo.*
Ídolos não faltavam: Chico Alves, o Rei da voz; Orlando Silva, o Cantor das multidões; Emilinha Borba, Marlene, Rodolfo Maier, César de Alencar, Paulo Gracindo, Mário Reis, Ari Barroso (que lançou os programas de calouros com A hora do pato*).*

AH, ESSES JORNALISTAS!

Quando Getúlio aumentou o salário dos funcionários públicos, leu-se no jornal *Correio da Manhã* a corajosa frase "os escrúpulos de ordem constitucional repetem-se, vê-se, a cada passo, no espírito do homem que já destruiu uma Constituição e foi o candidato de si mesmo à sucessão de si próprio".

Lupicínio Rodrigues

AH, ESSES JORNALISTAS!

A relação de Getúlio com a imprensa sempre foi difícil. E o controle exercido sobre ela não impediu que com a ajuda dela seu governo começasse a cair, em 1945. Durante a ditadura do Estado Novo, muitos jornais foram fechados: um dos que mais sofreram foi *O Estado de S.Paulo*, cujo proprietário se viu obrigado a partir para o exílio. A principal razão de revolta da imprensa foi que a nova Constituição (a Polaca, de 1937) abolia a liberdade de expressão, além de transformar a imprensa em serviço de utilidade pública, o que obrigava os veículos de comunicação a divulgar comunicados do governo. E também fazia a censura prévia do que seria publicado.

Uma igrejinha mineira muito importante

Na década de 1950, uma igrejinha mineira conseguiu, finalmente, a sua sagração, vencendo a resistência da Igreja tradicionalista, que considerava sua arquitetura e as figuras extremamente estilizadas um desrespeito à religião. Muito discutida, a igrejinha mineira se transformaria em marco da arquitetura brasileira, marco do talento de um jovem arquiteto: Oscar Niemeyer. Obra do então prefeito Juscelino Kubitschek, em 1942, ficou logo conhecida como a igreja da Pampulha, bairro mineiro escolhido para sua construção. Além do projeto inovador, acolheu duas valiosíssimas obras de arte: os painéis e a Via-Sacra, ambos de Portinari. Para espanto ainda maior do clero, a igreja foi incluída no conjunto arquitetônico da Pampulha, do qual faziam parte um cassino e a Casa de Baile. Em torno do conjunto, jardins criados por Burle Marx.

IV Centenário: São Paulo em festa

Foi um ano inteiro de festas na cidade, mas principalmente no dia 25 de janeiro. Naquele 1954, São Paulo completava o IV Centenário como a maior cidade do país, com mais de dois milhões de habitantes. Logo cedo, no Pátio do Colégio, o presidente Getúlio Vargas, o governador Lucas Nogueira Garcez e o prefeito Jânio Quadros assistiram a um ato cívico, e em seguida, na praça da Sé, foi inaugurada a Catedral que estava sendo construída desde 1912.

Aviões sobrevoaram a cidade jogando triângulos de papel prateado, com duas das três cores paulistas, o preto, o branco e o vermelho; bandas civis de todo o estado apresentavam-se nas praças da cidade. Às 11 horas, na praça da Sé, desfiles de soldados das Forças Armadas e da Força Pública de São Paulo.

À noite, no Pátio do Colégio, dom Jaime Câmara, cardeal-arcebispo do Rio de Janeiro, oficiou uma missa campal diante de 30 mil pessoas. Mais tarde, no vale do Anhangabaú houve um grande desfile cívico e queima de fogos. Mas o maior presente da cidade foi a inauguração do parque do Ibirapuera, com 110 mil metros quadrados, com jardins de Burle Marx, monumento de Victor Brecheret e pavilhões criados por Oscar Niemeyer, inclusive o que se tornou sede da Bienal Internacional de São Paulo.

A criação da Petrobras: petróleo jorra em Mataripe, Bahia

A campanha foi de Monteiro Lobato. Ainda na década de 1930. Em dezembro de 1951, Vargas enviou ao Congresso um projeto de lei propondo a criação do Programa do Petróleo Nacional, e da Petrobras, uma empresa de capital misto, com a maioria das ações nas mãos do governo.

A reação foi imediata. Os ultranacionalistas, entre eles o ex-presidente Artur Bernardes, criticaram abertamente o presidente.

Pelo projeto, a Petrobras teria o monopólio da perfuração de petróleo em todo o território nacional, e o controle das refinarias, com exceção das já instaladas, que poderiam continuar com os particulares. A distribuição do petróleo e seus derivados também permaneceriam com os particulares.

Além das manifestações contrárias de Artur Bemardes e Estilac Leal (ultranacionalistas, diziam que o projeto era "inspirado pelos trustes"), intelectuais, homens de negócios e outros políticos debateram abertamente o projeto, com a maioria francamente favorável à sua aprovação – o que só aconteceria dois anos depois, em 1953.

Com a Eletrobrás, mais energia

Em 1954, Vargas enviou ao Congresso uma mensagem propondo a criação das Centrais Elétricas Brasileiras, a Eletrobrás. Morreu sem ver a aprovação. Ela só seria constituída em julho de 1962, passo final para acabar com o déficit brasileiro no setor energético.

Depois da Segunda Guerra, o suprimento de energia elétrica estava em crise, o que afetava diretamente o desenvolvimento do país, insuficiente que era para atender à crescente industrialização. Havia racionamentos constantes, e a instalação de indústrias, na década de 1950, era muito difícil, por causa da falta de energia. Em 1953, o déficit brasileiro de energia era de 1 milhão de kW, obrigando o comércio, a indústria, e até mesmo hotéis, cinemas e edifícios, a instalarem geradores para complementar a energia então recebida por quotas, dentro do programa de racionamento.

Isso obrigou os governos estaduais a constituírem suas próprias empresas de energia, ou tornarem-se acionistas de empresas já existentes.

PERSONALIDADES

Guilherme Guinle foi o primeiro presidente da CSN, a Companhia Siderúrgica Nacional, sociedade anônima de economia mista criada em 7 de abril de 1941.

Anos 1950, os dourados

Em todo o Ocidente, a década que se seguiu à Segunda Guerra foi de otimismo e confiança. Para facilitar a vida das donas de casa, a promessa dos novos aparelhos eletrodomésticos. Enceradeiras, aspiradores de pó, geladeiras, ventiladores – que delícia, a vida moderna! Foi a época da descoberta do plástico e das fibras sintéticas, da mudança na decoração das casas. Por influência dos Estados Unidos, o mundo – maravilhado – descobria o chamado american way of life. Em paralelo, multiplicavam-se os meios de comunicação: rádios, jornais, revistas, programas de todo tipo. No Brasil, ganhavam vida as chanchadas, filmes de comédia e música que tinham nascido nos anos 1940. Via-se e ouvia-se de tudo. As telenovelas e telejornais tinham enorme audiência.

O panorama musical também mudava, mas aqui inovamos: nascia a inimitável bossa nova.

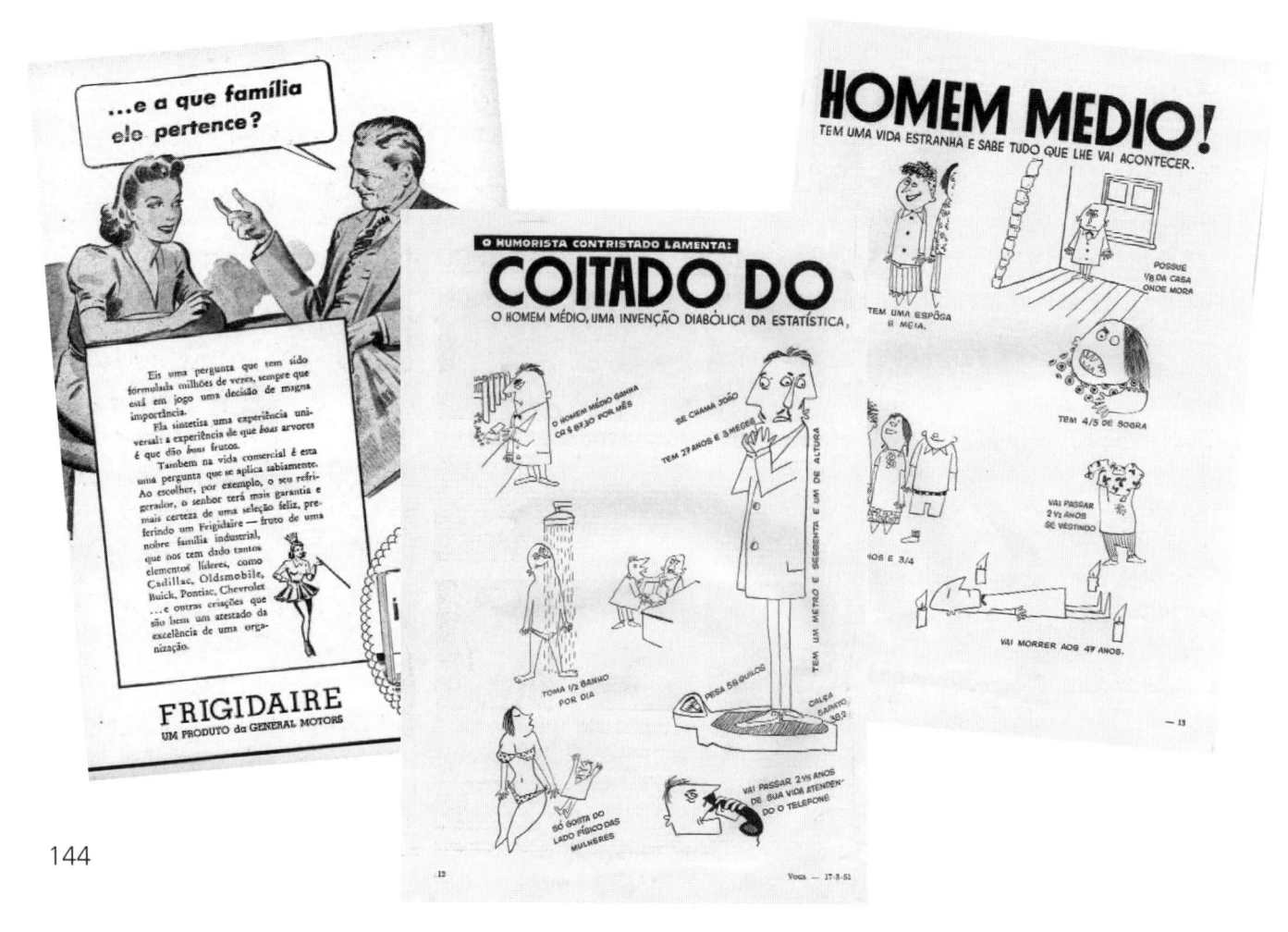

Um cangaceiro conquista o mundo

O Cangaceiro, de 1953, foi o primeiro filme brasileiro a conquistar as telas do mundo. O filme, considerado o melhor que saiu da Vera Cruz, a "Hollywood paulista", foi escrito e dirigido pelo cineasta Vítor Lima Barreto, inspirado na figura de Lampião.

No Festival Internacional de Cannes, o mais importante dos festivais cinematográficos, O Cangaceiro ganhou o prêmio de melhor filme de aventura e de melhor trilha sonora. Depois dos prêmios, perto de 80 países viram a obra de Vítor Lima Barreto (em Paris, O Cangaceiro ficou seis anos em cartaz. Vendido à Columbia Pictures, rendeu US$ 200 milhões, dos quais nenhum foi para o bolso de Lima Barreto, que tinha entregue os direitos de seu filme, a preço "simbólico", à distribuidora e produtora norte-americana.

> **OUTROS ACONTECIMENTOS:**
> Em 1952, por iniciativa de Dom Hélder Câmara era criada a CNBB (Conferência Nacional dos Bispos do Brasil).
> Em 1954, no plano internacional, a divisão do Vietnã em dois países, a descoberta da vacina contra poliomielite e o lançamento do "cérebro eletrônico" (computador), pela IBM.

ENQUANTO ISSO, LÁ FORA...

Outra crise internacional foi a do canal de Suez, a ligação entre o Mediterrâneo e o mar Vermelho, escoadouro de petróleo dos países árabes para a Europa. Até 1956, o canal estava sob controle de companhias britânicas e francesas, por isso, quando o presidente egípcio Gamal Abdel Nasser decidiu nacionalizá-lo, o Sinai foi simplesmente invadido por Israel, que se aliou à Grã-Bretanha e França sob pretexto de uma intervenção militar punitiva. Mas como a repercussão internacional foi péssima, o Conselho de Segurança da ONU enviou a Força Internacional de Paz, e o canal de Suez foi reaberto em 1957.

Novos Ventos

Olhando retrospectivamente, além das questões internas, Getúlio tinha enfrentado outros reveses: os empréstimos para a instalação da indústria de base no Brasil tinham sido condicionados ao fornecimento de manganês e urânio, assim como à participação na guerra da Coréia. No mínimo, um bom motivo para conseguir apoio político do povo brasileiro.

Na época, Getúlio tinha chamado Osvaldo Aranha para o Ministério da Fazenda – tentando repetir o sucesso de 1930 – e João Goulart para o Ministério do Trabalho. Foi uma tentativa: ganhar o apoio do povo com um ministro populista (que propôs um aumento de 100% no salário mínimo, teve que deixar o governo por isso, mas Vargas acabou decretando o aumento) e, por outro lado, manter a imagem externa, de novo pelo conhecido respeito a Osvaldo Aranha.

Contudo, no final de 1953, os Estados Unidos reduziram o prometido empréstimo, de US$ 250 milhões para US$ 100 milhões. A exportação de café para os Estados Unidos caiu de 4,1 milhões de sacas no início de 1953, para 2,9 milhões no início de 1954.

CURIOSIDADES

VOCÊ SABIA QUE CARLOS COIMBRA DA LUZ FOI PRESIDENTE POR TRÊS DIAS, ANTES DE SER DEPOSTO?

Lacerda Convoca os Corvos Para Uma Rebelião Contra o Exército

INDISFARÇÁVEL CARÁTER POLÍTICO NA SENTENÇA CONTRA WAINER!

Carlos Luz era presidente da Câmara e por isso assumiu interinamente a Presidência da República, como substituto legal de Café Filho, afastado da chefia do governo. Isso foi em 8 de novembro de 1955: uma manobra liderada pelo marechal Lott, que era ministro da Guerra, o retirou do posto, sob a alegação de que ele estaria ligado a conspiradores que supostamente impediriam a posse de JK, presidente eleito. Foi substituído por Nereu Ramos, presidente do Senado.

Mas, finalmente, Vargas deixou o palco. Os líderes populistas não conseguem viver sem aplausos.

Café Filho foi empossado. Governou de agosto de 1954 a novembro de 1955, em tumultuado processo. Com a aproximação das eleições de 1955, os antigetulistas não gostavam nem um pouco da idéia de ver eleitos Juscelino e Jango, nomes lançados pela chapa PSD-PTB, por considerar que os dois eram comprometidos demais com a política de Vargas, que finalmente tinha desaparecido do horizonte. Mas a coligação J-J venceu. Alegava-se que não teriam tido maioria absoluta e pretendia-se impugnar a vitória. Quando o coronel Mamede fez um discurso no enterro de um colega, elogiando o morto por sua atuação no movimento contra Getúlio, aproveitou para fazer duras críticas a Juscelino e Jango, manifestando-se contra sua posse. Lott, ministro da Guerra, exigiu do presidente Café Filho que fosse punido, mas não foi atendido. O presidente, que estava doente, logo depois se afastou, e foi substituído por Carlos Luz, presidente da Câmara, e que tendia conhecidamente para a UDN.

Lott Tomou o Governo Dos Golpistas Para Restitui-lo ao Povo!

Demorada Conferência Entre o General Lott e o Senador Nereu Ramos

REUNIDA A CÂMARA PARA DESTITUIR CARLOS LUZ!

Mas governou só três dias, antes que novo golpe sacudisse a legalidade republicana.
A confusão se instalou. Lott se demitiu, depois voltou atrás e liderou um movimento militar contra a posse de J-J. A Câmara afastou Carlos Luz, e Nereu Ramos, o presidente do Senado, assumiu a presidência. Como Café Filho melhorou, a Câmara se apressou a providenciar uma moção afastando-o. Nereu Ramos decretou estado de sítio por 30 dias – com o apoio do Congresso. E Juscelino assumiu. Como se vê, idas e vindas do Congresso também não são novidade. Que surpresas pode esconder um presidente de Câmara ou Senado!!

Marcos do desenvolvimento

Entre os Estados da Bahia, Alagoas e Pernambuco, no trecho médio do Rio São Francisco, a Chesf (Companhia Hidrelétrica do São Francisco) construiu a usina hidrelétrica de Paulo Afonso, inaugurada em janeiro de 1955. Uma enorme usina feita para aproveitar o potencial hidrelétrico da Cachoeira de Paulo Afonso, e que na inauguração funcionou com duas geradoras com capacidade de 60 mil kW cada uma.
Três meses depois, no dia 16 de abril, foi inaugurada a Refinaria Presidente Bernardes, em Cubatão, um marco na política nacionalista em relação ao petróleo. Era a maior refinaria do país, com capacidade de processar 45 mil barris de petróleo por dia.

ENQUANTO ISSO...

Em 1956, começava o movimento guerrilheiro liderado por Fidel Castro, que em 1959 conseguiria derrubar Fulgêncio Batista. Um ditador substituído por outro, que rapidamente desagradou aos Estados Unidos, que no início o apoiavam: além de se aproximar da URSS, no auge da Guerra Fria, as medidas econômicas implementadas afetavam os interesses norte-americanos em Cuba. Com a assinatura de acordos de ajuda financeira da potência soviética, ficou claro que toda a América Latina se transformava em zona potencial de influência. A fracassada tentativa norte-americana de invadir a ilha, o episódio da baía dos Porcos, o bloqueio econômico decidido pela OEA (Organização dos Estados Americanos) e a crise dos mísseis, em 1962, quase levaram a um conflito armado entre a ex-URSS e os Estados Unidos.

Faixa Cronológica período Dutra

1946

JANEIRO – Dutra toma posse.

FEVEREIRO – têm início os trabalhos da Constituinte.

ABRIL – Dutra proíbe o jogo em todo Brasil.

AGOSTO – nasce o PSB (Partido Socialista Brasileiro).

SETEMBRO – a nova Constituição é promulgada.

1947

JANEIRO – eleições (governadores, prefeitos, deputados estaduais e vereadores)

MARÇO – Adhemar de Barros toma posse como governador de São Paulo

MAIO – o PCB (Partido Comunista do Brasil) tem seu registro cancelado pelo TSE (Tribunal Superior Eleitoral)

OUTUBRO – é fundado o Masp (Museu de Arte de São Paulo).

1948

JULHO – morre Monteiro Lobato

OUTUBRO – é criada a SBPC (Sociedade Brasileira para o Progresso da Ciência).

"A mim surpreendeu não o esquema em si, mas quem o estava fazendo. O PT firmou sua história no combate à corrupção, na defesa da bandeira da ética e da integridade."
Jornalista, sobre o escândalo do Mensalão.

"Continuo traduzindo. A tradução é minha pinga. Traduzo como o bêbado bebe: para esquecer, para atordoar. Enquanto traduzo, não penso na sabotagem do petróleo."
Monteiro Lobato

"Ficar em Brasília 'é uma desgraceira só'."
Lula, fevereiro de 2008

VERMELHO VINTE E SETE

EURICO GASPAR **DUTRA**
1946–1951

Façam suas apostas!!!! Quem jogou, jogou, quem não jogou não joga mais. O marechal mandou fechar os cassinos e proibir o jogo de azar no Brasil. O único jogo de azar legal era a loteria, explorada pelo próprio governo, que proibia o povo de jogar – que por sua vez ignorou a lei e continuou fazendo sua fezinha com os bookmakers do jogo do bicho, uma instituição nacional, principalmente na então capital federal. A missão do marechal Dutra não era fácil. Suceder o pai dos pobres no poder, peitar os comunistas e outras facções que queriam que Vargas continuasse, apesar de toda a repressão do Estado Novo sobre eles, e decidir o que fazer na política externa com o mundo dividido entre a União Soviética e os Estados Unidos. Era o início da Guerra Fria e o marechal não escapou: alinhamento automático com os americanos. A prova de lealdade foi o fechamento do Partido Comunista, acusado de fortes ligações com os soviéticos. Estava decidido, o presidente era de direita, o governo era de direita e era melhor ficar na direita do mundo.
O Brasil emergiu da Segunda Guerra Mundial totalmente mudado. É verdade que a guerra não foi disputada em território nacional, nem a presença da Força Expedicionária Brasileira tinha sido decisiva para a vitória dos Aliados contra o Eixo. A sociedade brasileira entrou no período de Vargas de um jeito e saiu completamente mudada. As cidades tinham crescido e um grupo maior se aglomerava nas cidades, especialmente no litoral, e as pessoas foram submetidas a novas condições políticas e sociais de vida. Muitos buscavam

1949

AGOSTO – é criada a ESG (Escola Superior de Guerra), no Rio de Janeiro, com o auxílio dos Estados Unidos.

1950

ABRIL – Vargas é lançado candidato do PTB, por Adhemar de Barros.

SETEMBRO – entra no ar a primeira emissora de TV do Brasil e da América Latina, a TV Tupi de São Paulo.

OUTUBRO – Vargas se elege.

1951

JANEIRO – é criado o CNPq (Conselho Nacional de Pesquisa).

NO PÓS-GUERRA (1948), DE UM ORGANISMO DAS NAÇÕES UNIDAS CHAMADO CEPAL (COMISSÃO ECONÔMICA PARA A AMÉRICA LATINA), SEDIADO NO CHILE, VEIO COM UMA MUDANÇA DE NOMENCLATURA QUE FICOU FAMOSA: DEIXOU-SE DE FALAR EM "ATRASO", PARA SE FALAR EM "SUBDESENVOLVIMENTO". JUNTO COM OUTRA EXPRESSÃO QUE PASSOU A SER CONSIDERADA POLITICAMENTE INCORRETA, MUITOS ANOS DEPOIS — "TERCEIRO MUNDO". ELA FOI SUBSTITUÍDA POR OUTRA MENOS OFENSIVA: "PAÍSES EM DESENVOLVIMENTO", E MAIS TARDE POR "PAÍSES EMERGENTES". COISAS DA POLÍTICA. E DA SEMÂNTICA.

emprego na indústria nascente, as escolas se multiplicaram, as influências estrangeiras eram cada vez maiores com o desenvolvimento dos meios de comunicação, inclusive o cinema. A burguesia industrial liderava o setor dinâmico do capitalismo brasileiro e exercia alguma influência, apesar de os setores agrários e conservadores serem os mais fortes. O saldo das vendas de matérias-primas durante a guerra proporcionou o aumento significativo das importações, principalmente de máquinas para a indústria e o aparelhamento das forças militares, uma influência direta da Guerra Fria e do fortalecimento do novo setor militar, formado nas academias militares. O Brasil elegeu como seu principal parceiro os Estados Unidos, e disso derivou maior influência americana na vida nacional.

DUTRA

Convocado pelas Forças Armadas, em outubro de 1945 assumia **José Linhares**, então presidente do TSE (Tribunal Superior Eleitoral). Seu governo preparou o retorno à ordem democrática. Substituiu os interventores nos estados por membros do Poder Judiciário, concedeu ao novo parlamento poderes de elaboração constitucional, extinguiu o Tribunal de Segurança Nacional, suprimiu o estado de emergência, previsto na Constituição de 1937. Revogou a lei antitruste, um dos fatores que levaram à deposição de Vargas, e extinguiu o Conselho de Economia Popular. Concedeu autonomia à Universidade do Brasil e regulamentou diversos departamentos do Ministério da Viação e Obras Públicas. Em dezembro de 1945 ocorreram eleições para a Presidência da República e a Assembléia Nacional Constituinte. Governou até novembro de 1951, e tomou posse em janeiro de 1946 o homem que ficou conhecido por proibir o jogo: Dutra. O marechal mato-grossense sempre se orgulhou de ser um legalista. Mesmo tendo participado em 1904 do levante militar contra Rodrigues Alves e mesmo tendo sido um dos articuladores do golpe que resultou no Estado Novo.

O início do seu governo coincidiu com o da Guerra Fria, o que o levou ao alinhamento (que não pretendia) com os Estados Unidos. Em conseqüência, o Brasil rompeu relações com a União Soviética e fechou mais uma vez o Partido Comunista. Uma nova Constituição foi promulgada em setembro de 1946.

A Constituinte instalada em fevereiro de 1946 se baseou na Carta de 1934. Dos 320 parlamentares, 55% eram do PSD, 27% da UDN, 7,5% do PTB de Getúlio, 4,5% do PCB.

Uma das conseqüências da aproximação com os Estados Unidos foi a formação da Comissão Mista Brasil–Estados Unidos (conhecida como Missão Abbink), para diagnosticar os principais problemas da economia brasileira, focando a questão do emprego de recursos externos no setor petrolífero.

O Ministério do Trabalho interveio em diversos sindicatos, cerceando o direito de greve (com amparo legal). O pano de fundo era econômico, e não político: era preciso conter salários. A primeira fase da política econômica foi liberal, de rompimento com as formas anteriores de intervenção na economia. Mas a importação de bens levou a um rápido esgotamento das reservas de divisas do país, e em 1947, por orientação do FMI (Fundo Monetário Internacional),

---

FALTA TUDO
Revista *Careta*, 1946: uma charge ilustrava a falta de alimentos e bens de consumo, quando houve até racionamento. Nela, um homem explicava à velhinha que tinha perguntado a razão da fila: "Qualquer coisa que apareça é exatamente aquilo que nos falta".

DIÁRIO DA CORTE
O Índice de Preços ao Consumidor (IPC) da Fipe teve alta de 1,87% de julho do ano passado até junho – o menor índice de inflação em 12 meses, em São Paulo, desde outubro de 1949.
Estadão, 4.7.98

DIÁRIO DA CORTE
Começa a transição – Lula e FHC iniciam a troca de comando mais tranqüila da história do País, reanimam os mercados e injetam otimismo na economia
Isto É Dinheiro, 3.11.02

começava a nova fase, de retomada do controle cambial (cruzeiro alto). Essa política desestimulou as exportações e incentivou a importação de equipamentos, máquinas e outros insumos, excluindo-se os bens de consumo, favorecendo a expansão do setor industrial brasileiro.

Essa estratégia de desenvolvimento incluía o Plano Salte – Saúde, Alimentação, Transporte e Energia. Visava ao controle dos gastos públicos e o investimento nos setores essenciais. Mas o projeto só começou a fazer parte do planejamento orçamentário em 1949, e foi esquecido em 1951.

Nessa época também começou a ser calculado o crescimento econômico do país, através do PIB (Produto Interno Bruto).

Começaram a ser construídas a usina hidrelétrica de Paulo Afonso, na Bahia, e a rodovia Presidente Dutra, ligando o Rio de Janeiro a São Paulo (a via Dutra). Em maio de 1948, foi criada a SBPC (Sociedade Brasileira para o Progresso da Ciência) e em agosto de 1949, a Escola Superior de Guerra, com o apoio dos norte-americanos. Em janeiro de 1951, o CNPq (Conselho Nacional de Pesquisa).

Nascia a TV brasileira

Um equipamento muito estranho, todo encaixotado, chegou ao porto de Santos em 1950. Vinha dos Estados Unidos. Os brasileiros nunca tinham visto nada igual, e levaram meses para montá-lo e aprender a lidar com ele. Na noite de 18 de setembro daquele ano, o equipamento, instalado no bairro do Sumaré, funcionou pela primeira vez, e produziu, para alguns poucos privilegiados assistentes espalhados pela cidade de São Paulo, as primeiras imagens de televisão no Brasil. Estava inaugurada a TV Tupi, a primeira televisão brasileira, obra de Assis Chateaubriand.

O primeiro programa da TV Tupi: um amontoado de atrações improvisadas reunidas em um show dirigido por Cassiano Gabus Mendes. Teve de tudo: a Orquestra de Georges Henry e Willian Forneaud – famoso assobiador –, locução esportiva de Aurélio Campos, comentário político de Maurício Loureiro Gama, piadas de Mazzaropi e Lolita Rodrigues, chamada de La Salerosa, que cantou um hino à TV.

No dia seguinte, a Tupi começou sua programação normal, com filmes recolhidos em consulados estrangeiros, músicas cantadas por Ivon Cury, Hebe Camargo e a rumbeira Raito Del Sol; entrevistas em estúdio e o primeiro telejornal, Imagens do Dia. Alguns meses depois, a TV Tupi de São Paulo apresentou seu primeiro teleteatro. Era uma adaptação do filme A vida por um fio, com direção de Cassiano Gabus Mendes e interpretação de Lima Duarte, Dionísio Azevedo, Vara Uns e o galã Walter Foster. Foi um grande sucesso, que gerou o TV de vanguarda, um dos programas de maior audiência nos primeiros tempos da televisão brasileira.

PERSONALIDADES

O maior empreendimento da indústria cultural brasileira, a televisão, chegou até nós em setembro de 1950 : a Televisão Tupi de São Paulo foi a primeira emissora de televisão do Brasil e da América Latina, fundada por Assis Chateaubriand. Era parte integrante do Grupo Diários Associados. Com ela, o Brasil se tornava o 4º país do mundo a ter o então moderno meio de comunicação.

Depois da Tupi vieram a TV Paulista, a TV Record, a TV Cultura e, já ao final da década, a TV Excelsior, em São Paulo. No Rio de Janeiro, a Tupi foi ao ar em 1951; só anos mais tarde chegava a vez da TV Rio e a TV Continental.

Francisco de Assis Chateaubriand Bandeira de Melo, conhecido como Assis Chateaubriand ou por Chatô, foi político, mecenas e empreendedor. Criou um império: 34 jornais – dentre os quais o Diário de Pernambuco, o jornal diário mais antigo da América Latina, 36 emissoras de rádio, 18 estações de televisão, uma agência de notícias, várias revistas e uma editora.

Controverso, muitos o tinham como um amoral. Em todo caso, inimigos fez muitos. Apoiou o golpe de 1930, que levou Getúlio ao poder. Gostava de se gabar de ser "um provinciano que chegou ao centro do poder". Falava-se que a chantagem era um de seus métodos, e a mentira descarada outro deles. Dentre seus muitos desafetos, Matarazzo, Rui Barbosa, Rubem Braga.

Apesar de ter inovado com a colocação de anúncios em seus jornais, nos anos 1960 as dívidas submergiam os periódicos, e Chatô resolveu dar mais atenção à televisão e ao rádio. Mas ninguém pode negar suas virtudes : deu chance a desconhecidos que se tornariam famosos, como Millor Fernandes, Anita Malfati, Di Cavalcanti, Portinari.

Seu maior legado foi a construção do MASP (Museu de Arte de São Paulo). Um dos ícones da cidade, seu extraordinário acervo reunido desde sua fundação, em 1947, é considerado o mais importante da América Latina. A arquitetura arrojada é resultado do gênio de Lina Bo Bardi, que criou o famoso "vão livre do MASP" – o maior vão livre do mundo.

O dono da maior rede de comunicações de seu tempo pensou num primeiro momento em sediar o museu na Capital Federal, mas acabou optando por São Paulo, onde acreditava ser mais fácil angariar fundos para formar a coleção. E assim foi. Fez ainda uma escolha preciosa: pôs Pietro Maria Bardi à frente do museu. O italiano, que planejava ficar à frente do projeto por apenas um ano, dirigiu o MASP por quase 50 anos. Dedicou a ele todo o resto de sua vida e se tornou uma das figuras mais queridas da cidade e dos paulistanos. Trouxe da Itália seu acervo pessoal, além de uma coleção de 20 mil fotografias de obras de arte ocidentais, uma das maiores coleções didáticas do mundo.

Chatô queria o que chamou de "[...] uma casa de pintura e escultura, para formar o interesse de nossa gente pelas artes plásticas." Por isso idealizou um projeto inovador, centro de difusão de cultura que fosse o reflexo do dinamismo da economia do estado.

MASP – Museu de Arte de São Paulo

– Para que regra?
– Para ser mudada, ora!

O mandato presidencial também mudou à vontade. Em seis décadas, foram cinco alterações.

Durante a República Velha, os mandatos eram regulares, de quatro anos.

Mas a partir do Golpe de 1930, dado por Getúlio, virou uma confusão. Até porque ditadura não tem data marcada para acabar.

Com a volta da democracia, em 1946, o mandato presidencial passou a ser de cinco anos.

As eleições eram diretas e secretas, para presidente e para vice-presidente da República, separadamente (candidaturas solteiras), e na mesma data.

E assim foi até o final do governo Geisel (1979). Figueiredo governou um ano a mais.

As eleições em dois turnos foram introduzidas pela Constituição de 1988, para os cargos executivos. O mandato tambem foi alterado, voltando a quatro anos.

Mas Sarney conseguiu esticar seu mandato.

Ficou assim até 1997, quando passou a existir reeleição.

O fumo e a maria-fumaça

A Segunda Guerra Mundial tinha afetado a vida e a economia brasileira. A navegação era difícil e as boas rodovias ainda não haviam sido construídas. Mesmo assim, o fumo do Sul precisava continuar chegando às fábricas de São Paulo e do Rio de Janeiro. O único jeito era transportá-lo em vagões ferroviários, totalmente abertos, puxados pelas resfolegantes locomotivas a vapor da época. O risco era constante, pois a chuva de faíscas que a maria-fumaça despejava poderia, a qualquer momento, incendiar o produto. Mas os funcionários das usinas de Santa Cruz do Sul e Santo Ângelo arranjaram uma solução: viajavam sobre os fardos, armados com extintores de incêndio.

REDEMOCRATIZAÇÃO

A sociedade não era mais predominantemente agrária, embora os donos da terra ainda fossem o grupo mais forte. Nas cidades, a burguesia industrial, a classe média e o proletariado. Havia pluralidade, só faltava democracia.

Na verdade, o processo tinha começado antes da queda do ditador. A UDN (União Democrática Nacional) tinha sido fundada em abril de 1945, para lutar contra Getúlio, reunindo forças diversas. O PSD (Partido Social Democrático), organizado por Getúlio, para servir de ponto de apoio ao ditador; sua base eram os interventores estaduais. Quando Vargas caiu, esses foram os dois primeiros partidos políticos dos novos tempos. Mas nasceram 12 partidos: PTB (Trabalhista Brasileiro), PRD (Republicano Democrático), PL (Libertador), PR (Republicano), PCB (Comunista do Brasil), PPS (Popular Sindicalista), dois PRP (Republicano Progressista e de Representação Popular), PAN (Agrário Nacional) e PDC (Democrata Cristão). Eles seriam a base da política nacional nos 20 anos seguintes. Naquela democracia não podiam votar os analfabetos e os soldados do escalão inferior; os sargentos não eram elegíveis; a autonomia sindical e o direito de greve eram tratados de forma reticente; a propriedade da terra se manteve inalterada.

DIÁRIO DA CORTE
O atraso que a burrice impôs" – A burrice nacionalista atrelou o Brasil à dependência externa no suprimento de petróleo. A quebra do monopólio traz chances de negócios que podem aproximar o País da auto-suficiência em curto prazo.
Estadão, 11.8.97

DIÁRIO DA CORTE
BB vai incorporar o deficitário Banco Popular Experiência de bancarização de baixa renda acumula prejuízo de R$ 144 milhões desde 2004
Estadão, 16.5.08

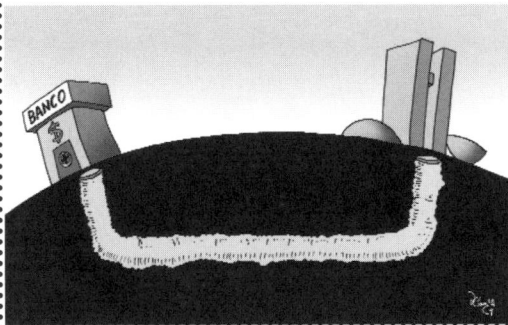

Nossa economia trocava a Europa pelos Estados Unidos

Muita coisa mudou com a guerra. As trocas comerciais com a Europa caíram significativamente, tanto nas importações como nas exportações. Ao mesmo tempo, nossas importações dos Estados Unidos cresciam de 34% (1939) para 60% (1941).

Com a Europa em economia de guerra, o Brasil começou a produzir máquinas e artigos que não mais podia comprar. Exportávamos manganês, cristal de rocha, mica, minério de ferro, borracha e antimônio, e artigos manufaturados, com destaque para os tecidos, que, em 1944, já representavam 12% do total das exportações brasileiras.

Durante os anos de guerra, foi grande o superávit da nossa balança comercial. Mas, como boa parte dos saldos brasileiros ficava no exterior, o governo de Vargas precisou fazer grandes emissões de dinheiro, que levaram ao aumento do custo de vida, à inflação e à desorganização da economia. Terminada a guerra, o governo aboliu o controle das importações. Resultado: em cinco anos estavam esgotadas as reservas externas do país (US$ 850 milhões), acumuladas durante a guerra. E o Brasil, com a inflação crescente, e um parque industrial sem a estrutura que já se fazia necessária, deixou escapar a chance de uma grande expansão econômica.

TUMULTO: MOÇAS DE BIQUÍNI!

Três argentinas causaram o maior furor, numa tarde de 1948, na praia de Copacabana.
Todo mundo parou para ver. As moças estavam lançando uma nova moda: era o maiô de duas peças! Duas peças muito bem-comportadas, que escondiam quase totalmente as formas e só deixavam (quando deixavam) aparecer o umbigo. Mesmo assim foi um escândalo. A parte de baixo era semelhante a um calção e a parte de cima era bem fechada; encorpada, deixando apenas entrever o início da curvatura dos seios. Aos poucos ele foi sendo adotado pelas cariocas, depois de muita polêmica, e logo se transformou em moda. Na verdade, as argentinas estavam lançando o precursor do biquíni.

MUNDO

1946
Londres, 1ª Assembléia da ONU.
Perón assume o governo na Argentina.
O Tribunal de Nuremberg condena 22 líderes nazistas.

1948
Os russos isolam Berlim, obrigando os aliados ocidentais a criarem uma ponte aérea para abastecer a cidade.
É criado o Estado de Israel.

1949
Mao Tsé-tung, líder comunista, assume o poder na China, depois de prolongada guerra civil.
Estados Unidos, Canadá e países da Europa Ocidental criam a Otan, organismo de defesa mútua. A Alemanha é dividida em duas.

1950
Começa a Guerra da Coréia (o Norte invade o Sul).

Façam seu jogo!

Luxo e sofisticação: champanhe francês, comidas finas, uísque escocês, charutos cubanos. Tudo ao som de Maurice Chevalier ou Bing Crosby. Ao vivo e de graça.
Era preciso jogar, é claro, comprar e arriscar certo número de fichas. Mas valia a pena. A partir de 1932, o Cassino da Urca, o Copacabana e o Atlântico tinham se tornado pontos de encontro da vida noturna do Rio de Janeiro.
Mistinguette exibindo as pernas, Josephine Baker exibindo quase tudo. Pedro Vargas, Agustín Lara, Gregório Barrios. Depois vieram Francisco Alves, Carmen Miranda, Aurora Miranda, Linda Batista, o Bando da Lua.
A Igreja Católica protestava. A população adorava. Até 30 de abril de 1946: Dutra promulgou o Decreto-Lei que fechava os 69 cassinos de todo o Brasil, da noite para o dia. Era o fim do jogo – e de uma época de sonho.

O MUNDO TEM CONSERTO?

Faixa Cronológica período Getúlio

1930

NOVEMBRO – depois do golpe, Getúlio assume a chefia do "governo provisório"; é criada a OAB (Ordem dos Advogados do Brasil); são criados os ministérios do Trabalho e da Educação; é revogada a Constituição e instaurada a ditadura getulista: é o fim da chamada República Velha e da regularidade do período de mandato presidencial.

1931

MARÇO – é decretada a Lei de Sindicalização.

JULHO – o interventor de São Paulo se demite.

SETEMBRO – a dívida externa é suspensa; é obrigatória a adição de álcool à gasolina.

OUTUBRO – é inaugurada a estátua do Cristo Redentor, no Rio de Janeiro.

1932

JANEIRO – na praça da Sé, em São Paulo, acontece um comício pró-Constituinte, do qual participam ao menos 100 mil pessoas.

"São Paulo é diferente. A mim me pareceu do Primeiro Mundo. Ruas limpas. Fui a 5 restaurantes diferentes, de uma oferta de centenas, todos o.k., fui a um dos meus lugares favoritos, o Ca`Doro. Dizem que é obra do doido de pedra na prefeitura (Jânio). Se for, como parte das minhas palavras sobre ele, mas espero que não seja candidato a presidente, porque se for, troco de nacionalidade. As pessoas falam diferente. Parecem ter o que fazer. Ainda se pode viver sem o governo federal em São Paulo. Este é o segredo da cidade, do Estado. Mas de que adianta falar disso? (...)"

Paulo Francis

"O Lula foi eleito a mãe do ano. Na Bolívia! O Brasil fica independente do FMI e dependente da Bolívia?!"

Simão, na Folha.

A LEI, ORA A LEI!!!

GETÚLIO VARGAS
1930–1945

Arroubos como este são comuns na boca de alguns presidentes do Brasil. Tudo gira em torno deles e cada um atribui a si mesmo a missão de salvador da pátria, mesmo sem o ser. Alguns poderiam tomar tranqüilamente o lugar de Pedro Álvares Cabral, não como descobridores da nova terra, mas como seus inventores. Getúlio Vargas foi um deles. Sua missão era acabar com o domínio das oligarquias, o poder dos coronéis e fundar um novo país. Ou refundar. Ele mesmo, um oligarca que se juntou às oligarquias dissidentes, buscou o apoio dos militares salvacionistas e derrubou a República Velha. Vargas oferecia a mudança do sistema que privilegiava os grandes proprietários de terras e que daria oportunidade para outras camadas da população que nada tinham – a maioria vivia abaixo da linha da pobreza no campo e nas cidades. Deveria ter ficado no poder por quatro, talvez oito anos, afinal, foi promulgada uma nova Constituição em 1934, mas deu um golpe de Estado no mais puro estilo latino-americano e ficou no poder 15 anos. Foi derrubado quando a Força Expedicionária voltou da luta na Europa, onde tinha se juntado para combater as ditaduras fascista e nazista. A queda de Vargas em 1945 foi uma junção de civis, militares, camadas médias e populares que queriam a instalação de um regime que iniciasse um processo verdadeiramente democrático e que pudesse ser aperfeiçoado ao longo da história.

FEVEREIRO – nasce a FUP (Frente Única Paulista), aliança entre o PD (Partido Democrático) e o PRP (Partido Republicano Paulista), de oposição ao "governo provisório" de Getúlio; Vargas cria por decreto o Código Eleitoral, que institui o voto secreto e o direito de voto à mulher.

MARÇO – Pedro de Toledo é nomeado interventor em São Paulo.

ABRIL – a Companhia Petróleo Nacional, de Monteiro Lobato, é autorizada a funcionar.

MAIO – os ferroviários paulistas entram em greve; a greve ganha outras categorias, atinge 200 mil trabalhadores, que são violentamente reprimidos pelo governo de Getúlio Vargas; é estabelecida a jornada de 8 horas nas indústrias, a licença-maternidade de 12 semanas; manifestação contra Getúlio em São Paulo, pela volta da autonomia estadual: 14 manifestantes constitucionalistas são mortos.

JULHO – tem início a Revolução Constitucionalista em São Paulo.

AGOSTO – Getúlio decreta a Lei Marcial.

SETEMBRO – é preso o ex-presidente Artur Bernardes.

OUTUBRO – depois da morte de 633 paulistas, é assinado o armistício entre as forças paulistas e o governo de Vargas, pondo fim à Revolução Constitucionalista; Plínio Salgado lança a Ação Integralista Brasileira.

1933

JANEIRO – é criada a Desps (Delegacia Especial de Segurança Política e Social), transformada em Departamento Federal de Segurança Pública em 1944.

FEVEREIRO – o Conselho Nacional do Café é transformado por decreto em Departamento Nacional do Café

MAIO – eleições para a Assembléia Nacional Constituinte.

JULHO – Armando de Salles Oliveira é nomeado interventor em São Paulo.

NOVEMBRO – têm início os trabalhos da Constituinte, com a presença de uma única mulher, Carlota Pereira de Queirós, eleita por São Paulo.

1934

JANEIRO – é criado o programa a Hora do Brasil (futuro Voz do Brasil), conhecido como "O fala sozinho"; por decreto do governador Armando de Sales Oliveira, é criada a Universidade de São Paulo (USP).

Mais de um presidente comparou-se a Getúlio Vargas (mesmo que pela negação). Fernando Henrique anunciou em 2000 o fim do varguismo. Já Lula atribui ao seu governo méritos semelhantes ao de Vargas. Ele foi o fundador do novo estado brasileiro, que impôs através da ditadura e do personalismo. Centralizou todas as decisões no âmbito do governo federal, e dele mesmo, e quebrou as pernas dos oligarcas. O federalismo brasileiro, inspirado no americano, foi substituído por um centralismo, que, de certa forma, perdura até hoje. Veja-se, por exemplo, a concentração da arrecadação dos impostos, acumulada em Brasília e depois distribuída na forma de conta-gotas para os estados. Vargas mudou tudo. Iniciou o processo de industrialização do Brasil, aplaudiu o avanço de Hitler sobre a França e barganhou com os Estados Unidos a entrada na Segunda Guerra. Trocou matérias-primas, cessão de bases e envio de tropas por uma siderúrgica e apoio técnico para o processo industrial. O governo de Vargas foi um divisor de águas na história do Brasil, com ou sem ditadura, paternalismo, repressão política e favoritismos. Mas que mudou, mudou.

JÚLIO PRESTES, ou o fim da República Velha

Nas eleições de 1º de março de 1930, Prestes recebeu mais de um milhão de votos; Getúlio, então governador do Rio Grande do Sul, pouco mais de 700 mil.
Nada mais restava à Aliança, a não ser conspirar. O plano: atacar as eleições, denunciar fraudes, criar clima de revolta e descontentamento.
Não foi muito difícil, porque o povo sofria os problemas da grande depressão mundial, que em 1929 tinha liquidado o café brasileiro. Para completar o quadro, João Pessoa era assassinado. Justamente ele, candidato a vice na chapa derrotada. Foi por motivos pessoais, mas veio bem a calhar.
Era o que faltava: a data foi marcada para 3 de outubro. O golpe estava em marcha. As armas já encomendadas à Tchecoslováquia.
Foi assim que Júlio Prestes se tornou capa da revista norte-americana Time, em junho de 1930: nem tomou posse. Começava o governo "provisório" de Getúlio: que durou até 1945, quando ele foi deposto.

Revoltas: do Tenentismo e da Coluna Prestes ao Golpe de 1930

Em 1922 as oligarquias de outros estados resolveram se insurgir contra esse revezamento e um movimento que alcançou os meios militares, em especial os jovens tenentes, provocou alguns levantes batizados de "tenentismo".

O ponto culminante da rebelião foi a insurgência dos tenentes no Rio de Janeiro em 1922, quando o país teve o estado de sítio decretado, depois da prisão do marechal Hermes da Fonseca.

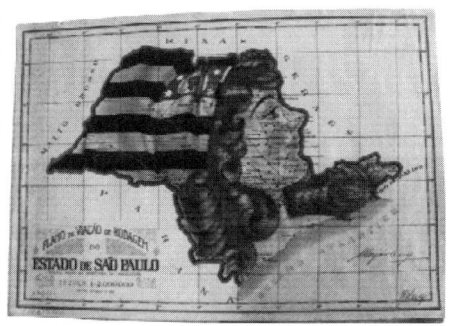

Dois anos depois, nova onda: em São Paulo, estourava outro levante militar, pelo voto secreto, pela moralização e independência do Legislativo, pela descentralização do poder, pela obrigatoriedade do ensino primário e profissional. O saldo dos bombardeios contra a cidade foi pesado: mais de 500 mortos, quase 5 mil feridos, 10 mil presos, 1800 prédios destruídos.

Os revoltosos foram vencidos e fugiram para o interior, sem saber que tinham produzido um eco do movimento em todo o país. Outro importante foco de revolta aconteceu no Rio Grande do Sul, sob o comando do capitão Luís Carlos Prestes. Paulistas e gaúchos reunidos formariam aquela que ficou conhecida como Coluna Prestes.

Em 1928 aconteceu o primeiro racha na política do café-com-leite, quando os mineiros não aceitaram a indicação do paulista Júlio Prestes, feita por Washington Luís.

Em 1929, nascia a Aliança Liberal: o futuro ditador Getúlio Vargas entrava em cena. Então presidente do RGS, buscou sem sucesso o apoio de Washington Luis (de quem fora ministro da Fazenda). O Rio Grande se aliou então secretamente a Minas e sugeriu uma candidatura gaúcha, a do próprio Vargas. Ofereceram como moeda de troca a vice-presidência e tentaram aliciar o Rio de Janeiro, a Bahia e Pernambuco. Quem aceitou foi a Paraíba, indicando João Pessoa.

Mas Getúlio foi derrotado.

Recomeçaram os entendimentos entre e os políticos os "tenentes", que estavam sem lideranças, inclusive a de Prestes, exilado na Argentina.

O providencial assassinato de João Pessoa, em julho de 1930, deu novo alento ao golpe, que em outubro tirou Washington Luís da presidência, onde instalou uma junta composta de dois generais e um almirante.

Em 31 daquele mês Getúlio Vargas, o líder do golpe, desembarcava no Rio de Janeiro: em 3 de novembro de 1930 chegava finalmente ao poder, apesar de ter perdido nas urnas.

JULHO – é promulgada a nova Constituição; Getúlio é formalmente eleito presidente pela Constituinte; é criado o INE (Instituto Nacional de Estatística), célula do futuro IBGE.

AGOSTO – mesmo exilado na Rússia, Prestes se filia ao PCB (Partido Comunista do Brasil).

OUTUBRO – integralistas e comunistas se enfrentam na praça da Sé, em São Paulo.

1935

MARÇO – é lançada no Rio de Janeiro a ANL (Aliança Nacional Libertadora).

ABRIL – a Lei de Segurança Nacional é aprovada pelo Congresso; Pedro Ernesto, o primeiro prefeito eleito do Rio de Janeiro, toma posse; Olga Benário e Prestes chegam ao Brasil; é criada a Universidade do Distrito Federal (UDF), futura Federal.

JULHO – Getúlio decreta ilegal a ANL (Aliança Nacional Libertadora).

NOVEMBRO – é decretado estado de sítio; fracassa a intentona comunista contra Getúlio.

1936

MARÇO – Olga Benário e Prestes são presos no Rio de Janeiro; o Congresso aprova o estado de guerra.

SETEMBRO – é criado o TSN (Tribunal de Segurança Nacional), para julgamento de subversivos; ocorre a primeira emissão da Rádio Nacional, ainda privada, antes de ser encampada pelo governo de Vargas.

OUTUBRO – grávida de oito meses, Olga Benário é deportada para a Alemanha.

DEZEMBRO – Dutra é nomeado ministro da Guerra.

1937

MARÇO – intervenção federal no Rio de Janeiro.

MAIO – Prestes é condenado a 35 anos de prisão.

JUNHO – é criada a UDN (União Democrática Nacional), frente de apoio à candidatura de Armando de Sales Oliveira.

AGOSTO – é fundada a UNE.

SETEMBRO – é divulgado o Plano Cohen por Vargas e pelo general Dutra, de suposta trama comunista contra ele.

NOVEMBRO – o Congresso Nacional é cercado por tropas da Polícia Militar e fechado; Getúlio extingue os partidos políticos, anuncia uma nova Constituição (a Polaca) e decreta a ditadura do Estado Novo.

"ANAUÊ!" — Outubro de 1937

NO DIA DA RAÇA

A 5 de Setembro desfilaram, perante S. Exa. o Sr. Presidente da Republica e altas autoridades federaes, todos os collegios do Rio de Janeiro. Ao alto o Collegio São José, que se destacou pelo garbo de seus alumnos. Ao centro, a vanguarda do Externato Santo Ignacio, o grande e afamado educadario dirigido pelos R. R. P. P. da Companhia de Jesus. Em baixo, o Instituto de Educação. No medalhão, S. Excia. o Sr. Presidente Getulio Vargas.

GV

No Livro de Posse não está assentada a posse de Getúlio Vargas como chefe de governo, em 1930. A instabilidade política, gerada pelo caráter excepcional do poder atingido por força de um golpe, pode explicar a omissão.

Deputado estadual e federal pelo Rio Grande do Sul, com a posse do presidente Washington Luís, em novembro de 1926, assumiu a pasta da Fazenda, onde ficou até dezembro de 1927. Eleito presidente de seu estado, tomou posse em janeiro de 1928.

Mais tarde, derrotado nas urnas pelo candidato paulista Júlio Prestes, Vargas reassumiu o governo do Rio Grande do Sul, e articulou o movimento de deposição do presidente, que encerrava a República Velha e a democracia instalada com a República.

Deposto em 1945, não se conformou: elegeu-se senador pelo PSD (Partido Social Democrático) e concorreu às eleições presidenciais de 1950 pelo PTB (Partido Trabalhista Brasileiro), que ele mesmo tinha fundado em 1945. Governou de janeiro de 1951 até agosto de 1954, quando se suicidou.

Depois do primeiro golpe, Vargas iniciou o governo de um país com aproximadamente 37 milhões de habitantes, dos quais 70% na área rural. Nos seus 15 anos de governo, o Brasil teve duas Constituições. A de 1934, com características liberais, e a de 1937, nem um pouco: batizada de *Polaca*, por sua inspiração polonesa (fascista).

Criou os ministérios da Educação e Saúde Pública, da Agricultura e do Trabalho, da Indústria e Comércio. E outros órgãos: o IAA (Instituto do Açúcar e do Álcool), o SPHAN (Serviço do Patrimônio Histórico e Artístico Nacional) e, sobretudo, o DIP (Departamento de Imprensa e Propaganda). A era Vargas foi de reforma da administração pública.

Como todo ditador, gostava de manifestações nacionalistas na área educacional e cultural; promovia desfiles monumentais nas datas cívicas, com corais de estudantes, tudo para exaltar a grandeza de sua ditadura, batizada de Estado Novo.

1938

JANEIRO – é criado o IBGE (Instituto Brasileiro de Geografia e Estatística).

ABRIL – regulamentação do salário mínimo; é criado o CNP (Conselho Nacional do Petróleo).

MAIO – Quinze mortos e 15.600 presos: este é o saldo da segunda tentativa fracassada da Ação Integralista contra o Estado Novo.

JULHO – morre o cangaceiro Lampião.

AGOSTO – é criado o Museu Nacional de Belas-Artes, no Rio de Janeiro.

1939

MARÇO – é criado o CNAEE (Conselho Nacional de Águas e Energia Elétrica).

SETEMBRO – Getúlio declara a neutralidade do Brasil, um dia depois de Hitler ter invadido a Polônia (é deflagrada a Segunda Guerra Mundial).

DEZEMBRO – um jornalista é posto no comando do órgão de censura criado por Getúlio, o DIP (Departamento de Imprensa e Propaganda).

1940

MARÇO – Getúlio encampa a Rádio Nacional.

ABRIL – Juscelino é nomeado prefeito de Belo Horizonte; o futebol ganha seu primeiro grande palco oficial: é inaugurado o estádio do Pacaembu, em São Paulo.

MAIO – é criado o salário mínimo.

JUNHO – Vargas faz discurso pró-fascista.

1941

JANEIRO – é criado o Ministério da Aeronáutica; é assinado acordo com os Estados Unidos para a instalação de duas missões militares na capital federal; Getúlio manda abrir processo contra Monteiro Lobato, que é preso.

MARÇO – início dos cursos das Faculdades Católicas (futura PUC).

ABRIL – é fundada a CSN (Companhia Siderúrgica Nacional).

MAIO – é criada a Justiça do Trabalho.

JUNHO – Lobato é solto, mas a imprensa (sob censura) é proibida de divulgar o fato.

AGOSTO – início do jornal radiofônico *Repórter Esso*.

a família integralista homenageia

Enfrentou a Revolução Constitucionalista, movimento deflagrado em São Paulo em 1932; a ANL (Aliança Nacional Libertadora), liderada por Prestes, e o movimento comunista de 1935. Foi promulgada a Lei de Segurança Nacional. Em 1938, enfrentou o levante integralista, movimento de direita liderado por Plínio Salgado.

De qualquer modo, o Estado Novo recuperou a economia por meio do acelerado crescimento da indústria e com substituição de importações forçada pela guerra. Em agosto de 1942, pressionado pela opinião pública e pelos Estados Unidos, declarou guerra aos países do Eixo. Em 1944 enviou a FEB (Força Expedicionária Brasileira) à Itália para combater junto às forças norte-americanas. Mas rendeu: a participação teve a contrapartida de um empréstimo financeiro americano para investimento nas forças armadas brasileiras.

O "pai dos pobres", como gostava de ser chamado, instituiu medidas simpáticas à população: fixou o salário mínimo (1940) e a legislação do trabalho (instituição da carteira profissional, jornada diária de oito horas de trabalho na indústria e no comércio, salário mínimo, regulamentação do trabalho feminino e de menores nos estabelecimentos comerciais e industriais). A época tinha sido de ditadores: os anos 1930 viram a ascensão de nazistas, do franquismo e do salazarismo. A ditadura getulista agüentou até 1945, ano de fim da guerra e pressão pela volta à democracia. Vargas até que tentou ficar, anistiando os condenados pelo Tribunal de Segurança, e tentou adiar mais uma vez a eleição para presidente, convocando a Assembléia Nacional Constituinte. Conseguiu o apoio dos sindicatos, da classe operária e dos comunistas (movimento *queremista*), mas em outubro acabava seu reinado: no novo contexto mundial, não havia mais lugar para ditadores nem para Estados autoritários.

> **DIÁRIO DA CORTE**
> Mercadante desafia Palocci a segurar queda do dólar.
> Correio Braziliense, 25.4.03

1942

JANEIRO – é criado o Senai (Serviço Nacional da Indústria).

FEVEREIRO – é criada a UNE (União Nacional dos Estudantes); morre Epitácio Pessoa.

JUNHO – é fundada a Companhia Vale do Rio Doce.

AGOSTO – Brasil entra na Segunda Guerra.

SETEMBRO – blecaute de três dias em Copacabana.

NOVEMBRO – o cruzeiro substitui o real (contos de réis) como moeda; é fundada a Associação Brasileira de Escritores.

1943

MAIO – aprovação da CLT (Consolidação das Leis do Trabalho); criação do imposto sindical (e da expressão pelego).

JULHO – na seqüência do projeto Marcha para o Oeste, de 1937, os irmãos Villas-Boas se destacam na Expedição Roncador-Xingu, para desbravar o Oeste e instalar ali a nova capital federal.

1944

ABRIL – começa a funcionar o HC (Hospital das Clínicas) de São Paulo.

1945

JANEIRO – o I Congresso Brasileiro de Escritores pede eleições diretas para presidente.

FEVEREIRO – Getúlio anuncia eleições (para presidente, governadores, Constituinte e Assembléias estaduais).

ABRIL – é criada a UDN (União Democrática Nacional); Luís Carlos Prestes é anistiado e libertado.

MAIO – Vargas funda o PTB (Partido Trabalhista Brasileiro); Prestes reúne 100 mil pessoas em comício no Rio de Janeiro; Getúlio decreta o novo Código Eleitoral Brasileiro.

JUNHO – criação da ONU (Organização das Nações Unidas).

JULHO – é criado o PSD (Partido Social Democrático).

AGOSTO – Getúlio nomeia seu irmão Benjamim Vargas chefe de Polícia do Distrito Federal; terminam os oito anos de ditadura de Getúlio, que é apeado do poder; termina a Segunda Grande Guerra.

OUTUBRO – eleições para a Assembléia Nacional Constituinte; José Linhares governa até janeiro

DEZEMBRO – Eurico Gaspar Dutra é eleito presidente; o mandato passa a ser de cinco anos.

A mulher na política nacional

O direito de votar foi "concedido" às mulheres pelo Código Eleitoral promulgado em fevereiro de 1932. Mas já em 1928 uma mulher tinha sido eleita no Rio Grande do Norte a primeira prefeita da América do Sul, Alzira Soriano. A primeira deputada a se eleger para a Assembléia Constituinte foi Carlota Pereira Queirós, por São Paulo, apesar de outras também terem se candidatado. Sua vitória foi possível apenas depois de um recurso judicial. Ela convidou Bertha Lutz, autora de uma obra sobre os direitos jurídicos da mulher, para trabalhar com ela em um projeto para a Constituinte de 1934. O projeto defendia mudanças de adequação à nova sociedade, que tinha passado de rural a industrial e urbana.

Efetivamente, a Constituição de 1934 trouxe vários artigos que beneficiariam a mulher, como os que regulamentavam o trabalho feminino, a igualdade salarial e a proibição de demissão por gravidez. Mas nem todos eram a favor: grupos de ideologia católica consideravam a emancipação feminina um perigo à estabilidade da família. A mulher emancipada se tornou alvo de chacotas e piadas de mau gosto, publicadas a granel na forma de charges nas revistas humorísticas da época.

E não só na política...

A·MASCULINIZAÇÃO·DA·MULHER, ANNO 1999

PERSONALIDADES

A INIMIGA DOS PRIVILÉGIOS MASCULINOS

Se os homens brasileiros soubessem o que Bertha Lutz trazia para o país ao voltar da Europa, em 1918, talvez não a deixassem desembarcar do navio.

Se revistassem suas malas, nada encontrariam. O grande perigo veio, protegido e bem acomodado, em sua cabeça: a ideologia do voto feminino, lançada na Europa pelas chamadas sufragistas.

Ainda 1918, ela publicou um artigo em resposta ao colunista de um jornal carioca que afirmava terem pouca influência no Brasil os últimos progressos na luta pela condição feminina no exterior. Esse colunista mexeu com fogo. A resposta de Bertha foi a convocação das mulheres brasileiras para a fundação de uma liga.

Bertha Lutz tinha autoridade pessoal suficiente para isso. Paulista muito respeitada, formada pela Sorbonne, filha do pioneiro da medicina tropical no Brasil, Adolfo Lutz. A liga não teve muito sucesso, mas ela não desistiu. Foi a fundadora da Federação Brasileira para o Progresso Feminino, em 1922, depois de representar o Brasil na assembléia geral da Liga das Mulheres Eleitoras, nos Estados Unidos, onde foi eleita vice-presidente da Sociedade Pan-Americana.

Em 1923, participou da Aliança Internacional pelo Sufrágio Feminino, em Roma. (Na Noruega, as mulheres tinham conquistado o direito ao voto, pela primeira vez no mundo, em 21 de dezembro de 1901.)

Foi eleita suplente para deputado federal em 1934. Em 1936 assumiu o mandato. Suas principais bandeiras de luta foram mudanças na legislação trabalhista com relação ao trabalho feminino e infantil e a igualdade salarial. Em 1937, com o golpe do Estado Novo, perdeu o mandato.

CURIOSIDADES

Você sabia que o programa de rádio Hora do Brasil foi rapidamente apelidado pela população de "O fala sozinho"?

NA DÉCADA DE 1930, GETÚLIO SUBSTITUIU O DEPARTAMENTO OFICIAL DE PUBLICIDADE PELO DE PROPAGANDA E DIFUSÃO CULTURAL, NUM CLARO PROJETO DE INSTALAÇÃO DE CONTROLE DA INFORMAÇÃO. NA SEQÜÊNCIA, ENTRE OUTRAS MEDIDAS, FOI CRIADO O PROGRAMA *HORA DO BRASIL*, DE TRANSMISSÃO DIÁRIA OBRIGATÓRIA POR TODAS AS ESTAÇÕES DE RÁDIO. PARA TENTAR REVERTER A IMAGEM DO "FALA SOZINHO", O GOVERNO FAZIA PESQUISAS DE OPINIÃO PELAS RUAS.

VAI PASSAR 2 ½ ANOS SE VESTINDO

O aniversario do Dr. Getulio Vargas

Comemora-se em toda a nação, no dia 19 de Abril, o aniversario do Chefe do Governo. Realizam-se nesse dia, em todos os Estados da União, festas, às quais se associam todas as classes sociais.

O Dr. Getulio Vargas em traje esportivo examina displicentemente uma fotografia.

S. Ex. em companhia de seu pai, General Vargas, e do seu filho, Dr. Lutero Vargas.

Ao descer do automovel, o Chefe do Governo cumprimenta o Dr. Lourival Fontes, diretor do Dip.

O Dr. Getulio Vargas, a cavalo — um dos seus esportes favoritos — contempla a planicie.

Fotos da Agencia Nacional

DENÚNCIAS E ESCÂNDALOS

Maria Lúcia Pedroso, conta-se, teria sido uma das amantes de Juscelino, dona do estatuto de primeira concubina por 18 anos.

Mas quem seria a "bem-amada", "luz balsâmica", "encanto da minha vida" (expressões usadas por Vargas em seu diário) de Getúlio: Virgínia Lane ou a elegante Aimée Sotto Mayor Sá?

Já nos tempos do Império, a marquesa de Santos dava mais Ibope do que a rainha. Casos mais recentes costumam terminar nas capas de revistas masculinas, ou em CPIs.

Mas um caso não tão conhecido, e de desfecho menos pecuniário, merece ser lembrado. Anayde Beiriz, "a pantera dos olhos dormentes", foi, involuntariamente, o pivô de um crime que precipitou a Revolução de 1930. As cartas íntimas que João Dantas escreveu a ela foram publicadas pelo adversário político do jornalista, o governador da Paraíba, João Pessoa. Ora, o governador era candidato a vice na chapa de Getúlio. O assassinato foi o estopim do golpe liderado pelo perdedor das eleições, justamente Getúlio. No decurso da querela paraibana, a polícia do estado invadiu o escritório de João Dantas e se apoderou da correspondência trocada com a professora, que foi publicada no jornal estatal – para grande escândalo, pois os tempos eram outros.

A anistia incompleta

Em 18 de abril de 1945, o Correio da Manhã *trazia uma relação de 600 nomes a quem "a anistia, se for ampla, beneficiará". Durante o dia, Getúlio assinou o Decreto-Lei 7474. À noite, os presos políticos começaram a ser soltos. Era a anistia ampla, geral – mas não irrestrita.*

PERSONALIDADES

LUÍS CARLOS PRESTES

Outro alvo da mão forte de Vargas foram os comunistas, acusados em 1935 de tentativa do golpe apelidado de Intentona. A Aliança Libertadora Nacional, criada em março de 1935, foi rapidamente decretada ilegal. Calcada no modelo europeu de resistência ao nazi-fascismo, a ALN defendia o nacionalismo e a reforma agrária. Em pouco tempo conseguiu a simpatia de vários setores da população, inclusive católicos, liberais e militares, todos desiludidos com os rumos de um governo que tomou o poder pela força.

Seu líder máximo, Luís Carlos Prestes, seria alternadamente preso, exilado, anistiado. Radical, poucos anos antes de morrer declarou em entrevista ao jornal *Folha de S.Paulo* que no Brasil não existem partidos de esquerda, já que o PCB e o PCdoB apoiavam a transição do governo Sarney, e o PT e o PDT seriam, segundo ele, partidos burgueses, que professavam o que chamou de "uma ideologia de classe dominante".

Prestes foi importante desde os anos 1920, quando das revoltas que levaram à formação da famosa Coluna.

DIÁRIO DA CORTE
O Índice de Preços ao Consumidor (IPC) da Fipe teve alta de 1,87% de julho do ano passado até junho – o menor índice de inflação em 12 meses, em São Paulo, desde outubro de 1949.
Estadão, 4.7.98

DIÁRIO DA CORTE
Começa a transição – Lula e FHC iniciam a troca de comando mais tranqüila da história do País, reanimam os mercados e injetam otimismo na economia
Isto É Dinheiro, 3.11.02

DIÁRIO DA CORTE
Lula não frita, cozinha ministros.
Dora Kramer, no Estadão de 18.11.03

DENÚNCIAS E ESCÂNDALOS

Denúncias e escândalos, cabeças rolando... ou deveríamos falar em ligações perigosas? Ah, nem isso é recente...

Em 1933, Virgílio de Melo Franco era candidato à sucessão, em Minas. Seu pai, Afrânio, ocupava o comando das Relações Exteriores.

Ora, o jornal carioca Correio da Manhã *publicou dois artigos bombásticos, em setembro daquele ano. O título já dizia a que vinham: "Ratos, ratinhos e ratices". Neles, recuperava-se a suposição de que a família Melo Franco teria se beneficiado da desapropriação de uma determinada estrada de ferro (em 1919), quando o ilustre cavalheiro Afrânio era ministro da Viação.*

Não adiantou Getúlio dizer que não sabia de nada: Afrânio se demitiu, convencido de que a publicação tinha sua anuência.

Quando não se vê o fim nem com binóculos

Foram 15 anos de poder absoluto. Anos de agitações fascistas, comunistas. Tempo de guerra, de falta de liberdade.
O eufemismo getulista, de governo providencialmente rotulado de Provisório, era defendido pelos "tenentes" e pelas oligarquias que não gostavam da política do café-com-leite. Mas esses dois campos logo se dividiram depois do Golpe de 1930. Os "tenentes" foram nomeados interventores nos estados. Defendiam que o chamado Governo Provisório não fosse tão provisório assim, e que a volta da legalidade constitucional fosse, por assim dizer, adiada.
A Revolução Constitucionalista de São Paulo interrompeu essa onda disfarçada de nacionalismo, que assim que pôde voltou à carga.

PERSONALIDADES

O querido escritor Monteiro Lobato protagonizou famosos conflitos com a ditadura getulista e com o CNP (Conselho Nacional de Petróleo).
Breve histórico:
– Em abril de 1932, a Companhia Petróleo Nacional, incorporada por Lobato, Lino Moreira e Edson de Carvalho, entre outros, é autorizada a funcionar. Ela seria responsável pelas prospecções em Riacho Doce, Alagoas.
– Em agosto de 1936 é lançado seu livro *O escândalo do petróleo*. Em 1 mês, esgotaram-se 2 edições. Nos meses seguintes, mais 3. em 4 meses, foram 20 mil exemplares vendidos (naquela época!).
– Em abril de 1938 era criado por decreto o CNP; nomeado por Getúlio, seu presidente, o general Horta Barbosa, tratou de dificultar a operação de companhias privadas – começava ali o planejamento da estatização das jazidas e da refinaria.
– Maio de 1940: "sou obrigado a continuar na campanha [do petróleo], não mais pelo livro ou pelos jornais, porque já não temos a palavra livre, e sim por meio de cartas aos homens do poder".
– Janeiro de 1941: abertura de inquérito policial contra Lobato. Sua casa e escritório são invadidos. Ele é preso. Solto. Preso de novo, e apesar de absolvido logo no primeiro julgamento só é libertado 3 meses depois. A imprensa, sob censura, é proibida de noticiar o fato.

No início do século XX criou a personagem do Jeca Tatu, o simpático caipira que Lobato transformou em educador sanitário.

9 DE JULHO DE 1932

Qualquer um que conheça São Paulo sabe que dois são os símbolos do estado e da própria Capital: a figura do Bandeirante e o 9 de julho. Eles são nomes de emissora, de estrada, de avenidas, e até feriado.

A Revolução Constitucionalista de 1932 ganhou esse nome porque os paulistas pegaram em armas pela volta à legalidade constitucional e pela autonomia administrativa. Ela eclodiu em 9 de julho.

O golpe de 1930 tinha ficado atravessado nas gargantas. E todos sabiam que São Paulo simbolizava tudo aquilo que o golpe queria mudar, por ter sido a principal base política da República Velha.

Derrubado o presidente Washington Luís, veio a instabilidade e uma sucessão de nomeações e interventores. Situação que levou à formação da FUP (Frente Única Paulista), que decidiu lutar pela volta da legalidade da Constituição simbolicamente rasgada.

Em fevereiro de 1932, tentando contornar a situação, Getúlio nomeou Pedro de Toledo como interventor, apresentou um novo Código Eleitoral e marcou eleições para maio de 1933. Mas era tarde. O estopim da revolta foi a morte de 14 estudantes, em um confronto com as forças do governo federal.

MMDC são as iniciais dos nomes dos únicos quatro que puderam ser identificados: Miragaia, Martins, Dráusio e Camargo, e passaram a brilhar nas quatro estrelas da bandeira, representando a resistência paulista à ditadura getulista. Em 9 de julho de 1932 explodia a Revolução Constitucionalista, que teve o apoio dos mais diversos segmentos da classe média paulista. A mobilização foi geral: toda a população se uniu na chamada Campanha do Ouro para o Bem de São Paulo, a indústria se mobilizou para suprir as necessidades de armamentos. Getúlio chegou a decretar a Lei Marcial.

O combinado apoio de outros estados não se cumpriu. Minas e o Rio Grande também lutavam pela constitucionalização, mas permaneceram fiéis a Vargas – o que determinou a derrota dos paulistas. Os líderes foram deportados, tiveram os direitos políticos cassados e o tio da mulher de Getúlio foi nomeado interventor no estado. Mas a derrota foi só militar, já que política e economicamente São Paulo continuou a ser a locomotiva do país. O café era responsável pela mais importante fatia de divisas. Ao mesmo tempo, o projeto constitucionalista saiu fortalecido, o que obrigou Vargas a reativar a comissão encarregada de elaborar o anteprojeto de Constituição, criando novos partidos para concorrer às eleições para a Assembléia Nacional Constituinte. Que foram vencidas pela Chapa Única por São Paulo Unido.

Em 1933, São Paulo via finalmente um civil ocupar o poder: Armando de Salles Oliveira era eleito governador constitucional de São Paulo.

Velozes baratinhas na Gávea

O trecho mais perigoso ficava na avenida Niemeyer e nas curvas difíceis, sinuosas, da Rocinha. E, mesmo assim, por ali passavam as "baratinhas" da década de 1930, rugindo a velocidades incríveis numa corrida heróica: todos enfrentavam o Circuito da Gávea, o Trampolim do Diabo, no Rio de Janeiro. E todos gostavam de enfrentar.

Foi o Circuito da Gávea, inaugurado em 8 de outubro de 1933, que trouxe os grandes ases do automobilismo mundial para o Brasil. Na primeira corrida, uma homenagem ao presidente Justo, da Argentina, aplaudido por milhares de pessoas. E, para felicidade geral, Manoel de Teffé, um brasileiro, venceu a corrida: 20 voltas em 3 horas, 19 minutos, 31 segundos e 1 décimo.

Depois, os estrangeiros tomaram conta. O Brasil só voltou a vibrar com Chico Landi, tricampeão (1941, 1947 e 1948) do Trampolim do Diabo. Em 1954, o automobilismo deixou a Gávea, por ser um circuito de rua e, portanto, perigoso.

As guerras no sertão

Para reduzir o poder dos "coronéis", os líderes da República Velha abriram ao povo o direito de voto. Mas quem estava na área de influência sempre podia ser conquistado pelo clientelismo. Quem não se enquadrava era inimigo: podia ser perseguido, aterrorizado, morto. Em geral, recorriam a jagunços (assalariados) e cangaceiros (protegidos).

Durante toda a década de 1920 e boa parte da de 1930, essas figuras fizeram parte do cenário político brasileiro. Garantiam o poder dos coronéis não só em relação ao governo central, mas entre os próprios coronéis. Era uma guerra e eles formavam exércitos particulares.

Um exemplo era o exército de Floro Bartolomeu, meio jagunço, meio coronel, que garantia o Padre Cícero. Foi Bartolomeu quem organizou o levante armado contra a indicação de Marcos Franco Rabelo para o governo do Ceará (1912). Ele se autonomeou "presidente temporário do Sul do Ceará" (1913) para cumprir o plano de dividir o Estado e forçar uma intervenção – que afinal devolveu o Estado ao oligarca Nogueira Acciolly. Ninguém podia com eles. O presidente Hermes da Fonseca, com sua política de "salvações nacionais", tentou acabar com as oligarquias e com a estrutura de poder dos coronéis, mas as tropas do Exército sofreram perdas pesadas na luta contra os jagunços e tiveram de se retirar.

Sem poder combatê-los, o governo resolveu cooptá-los. Em 1926, Lampião visitou o Padre Cícero, em Juazeiro: recebeu a missão de perseguir a Coluna Prestes. Esperava-se que os coronéis organizassem batalhões. E, assim, o bando de Lampião recebeu fuzis Mauser e munição. Além de um documento que obrigou Pedro de Albuquerque Uchoa – inspetor do ministério da Agricultura em Juazeiro, "a mais alta autoridade federal" da cidade – assinar. Nele, Lampião era nomeado capitão; e saiu de Juazeiro com fardas semelhantes às do Exército. Mas evitou a Coluna Prestes. Temporariamente disperso devido à perseguição policial, o bando de Lampião só voltou a se juntar em 1930. Com a revolução, as perseguições diminuíram. Ele atacou Capela, no Sergipe, e voltou à Bahia, incendiando Várzea da Ema e a Fazenda Gangorra (do coronel Petronilho, seu protetor). Em 1932, os interventores da Bahia, Alagoas, Sergipe e Pernambuco, liderados pelo baiano Juracy Magalhães, lançaram a campanha Combate ao Banditismo. Lampião só foi apanhado em 1938; e com ele morreu uma fase de terror que durou quase 50 anos.

O FUTEBOL, ENFIM, PROFISSIONAL

Arthur Friedenreich, grande astro do futebol amador, ganhava um ótimo salário. Era por fora, não-oficial, disfarçado. Mas existia e criava problemas. Assim, em 1933, os grandes clubes brasileiros decidiram liquidar com a hipocrisia: desligaram-se das associações que se recusavam a ter qualquer outro futebol que não fosse amador e iniciaram a era do profissionalismo.

Uma atitude de revolta. No futebol amador, as transferências de atletas eram permitidas depois de um estágio de apenas dois meses: os clubes, que pagavam salários e luvas, não tinham a menor garantia de seu investimento. E os melhores jogadores da época, como Leônidas da Silva, Ministrinho, Filó e Fausto, estavam se transferindo para outros países.

No Rio de Janeiro, em janeiro de 1933, Vasco, América, Fluminense, Bangu e Bonsucesso abandonaram a Associação Metropolitana de Esportes Atléticos e fundaram a Liga Carioca de Futebol. Em São Paulo, Corinthians, São Paulo, Santos, Palestra (depois, Palmeiras), Portuguesa, Ipiranga e São Bento (da Capital) obrigaram a Associação Paulista de Esportes Atléticos a aceitar os novos tempos. A primeira partida oficial de profissionais foi no dia 12 de março: São Paulo 5, Santos 1.

O primeiro gol foi de Friedenreich.

DIÁRIO DA CORTE
Governo abre cofre para unir base
A promessa de liberação de R$ 2,5 bilhões, até o fim de junho, para pedidos de parlamentares temperou o jantar de quarta-feira entre cinco ministros e integrantes da base governista. A mesa farta teve como objetivo aproximar o Planalto dos supostos parceiros no congresso. [cortar] A abertura do cofre foi acertada na presença dos ministros José Dirceu e Antonio Palocci.
Jornal do Brasil, 26.3.04

PACAEMBU: O FUTEBOL GANHA UM GRANDE PALCO

"É uma obra de São Paulo. Erguida por São Paulo para servir ao Brasil."
Aplausos calorosos de quase 50 mil espectadores. O presidente-ditador Getúlio Vargas pára de falar e oferece a grande obra dos paulistas a todos os brasileiros: o mais completo centro de esportes da América do Sul – o Estádio Municipal do Pacaembu. Data: 27 de abril de 1940.
Vargas sai no Rolls Royce do governo do Estado, ao lado do interventor Adhemar de Barros e do prefeito Prestes Maia.
Futebol, só no dia seguinte, rodada dupla: Corinthians 4, Atlético Mineiro 1 e Palestra 6, Curitiba 2.
O estádio do Pacaembu não era só futebol. Tinha uma pista olímpica, uma de atletismo, piscina, duas quadras de tênis ao ar livre e um ginásio coberto com 3.600 lugares. Era considerado, na época, o maior e mais moderno estádio da América do Sul, com capacidade para acolher 70 mil pessoas.
Na década de 1950, foi ele que viu nascer a magia do "rei do futebol", Pelé, que ali jogaria por mais de 20 anos seu futebol inigualável.
Também em 1950 foi inaugurado o Maracanã, no Rio de Janeiro. Mas o primeiro estádio, apesar de menos imponente, tinha sido inaugurado em 1875: foi o Velódromo de São Paulo, palco de competições ciclísticas. Com o surgimento do Clube Atlético Paulistano, em 1900, o Velódromo ganhou arquibancadas, financiadas pela tradicional família Almeida Prado, se transformando no primeiro estádio de futebol do país. A inauguração oficial do Velódromo como estádio de futebol aconteceu no dia 8 de maio de 1902.

CURIOSIDADES: CARRO A ÁLCOOL: BOM ENQUANTO O ÁLCOOL DUROU

Em 1933 já se pensava em alternativas para a gasolina. O engenheiro Eduardo Sabino de Oliveira, do Instituto Nacional de Tecnologia, depois de transformar 34 motores, promoveu o primeiro circuito nacional com veículos a álcool. O próprio Sabino venceu a prova, com o surpreendente consumo de 7 km por litro, em seu Ford 31. Getúlio se entusiasmou e decidiu fazer do Rio a primeira cidade a álcool do Brasil. Quase 20 mil carros foram transformados, e durante três meses tudo correu às mil maravilhas. Mas o álcool acabou – e as filas do Instituto Nacional de Tecnologia aumentaram. Os irritados motoristas aguardavam impacientemente a nova conversão de seus motores: para gasolina...

O monumento de Christo no Corcovado

Em 1931 era inaugurado o principal cartão-postal do Rio de Janeiro, a estátua do Cristo Redentor, 38 metros de altura e pesando 1.145 quilos. A pedra fundamental tinha sido lançada em abril de 1922, mas as obras foram iniciadas só em 1926. O autor do projeto foi o engenheiro Heitor da Silva Costa, o autor do desenho final foi Carlos Oswald e o executor da escultura, o francês Paul Landowski.

Zeppelin, o charuto batuta

Foi assim que o povo de Recife apelidou o gigantesco navio voador alemão. Ele media mais de 200 metros de comprimento, e veio ao Brasil pela primeira vez em 1930, ainda no governo de Washington Luís. Ao passar pelo Rio, em vez de um apelido, ganhou um samba, de autoria de Santos Dumont.
As viagens se sucederam e até Vargas voou do Recife ao Rio. Em 1937 o Brasil viu um dirigível alemão pela última vez: o Hindenburg. Meses depois, ele bateria contra a torre de atracação de Filadélfia, incendiando-se e encerrando tragicamente a era dos dirigíveis.

O golpe integralista

A AIB (Ação Integralista Brasileira) tinha sido uma das grandes aliadas de Getúlio. As freqüentes marchas de seus elementos (em camisas verdes, com o Sigma na braçadeira) eram feitas em homenagem ao presidente. Plínio Salgado, chefe da AIB, tinha até se reunido secretamente com Vargas garantindo-lhe apoio para o golpe do Estado Novo em 1937. Na preparação do golpe, o governo usava os integralistas para amedrontar a burguesia e perseguir liberais e comunistas.
Mas depois que Getúlio tomou o poder e se tornou ditador, as coisas mudaram e Plínio Salgado não foi indicado para o Ministério da Educação, como esperava. A AIB não podia ser transformada em partido político, como desejava; ao contrário, seus dirigentes foram perseguidos e a entidade dissolvida.
O Estado Novo usou Plínio Salgado e depois se livrou dele, que foi para o exílio e nunca se esqueceu da traição.
Em Lisboa tramou a vingança. Um golpe, um ataque ao ditador. Assim, à meia-noite de 10 de maio de 1938, os integralistas invadiram o Palácio Guanabara. E encontraram pela frente o general Eurico Gaspar Dutra, ministro de Guerra.
O tiroteio que se seguiu não foi nada favorável aos golpistas: a maioria foi fuzilada ali mesmo, no palácio. Fournier foi preso e morreu na cadeia. Plínio Salgado foi apanhado em São Paulo e enviado de volta ao exílio, em Portugal. Em seguida, veio a Segunda Guerra Mundial. Os nazistas inspiradores do integralismo perderam para os aliados e a AIB começou a desaparecer. Plínio Salgado voltou em 1946 e sem fazer campanha, só graças a seu prestígio, conseguiu se eleger sucessivamente para o Congresso, até desistir de uma reeleição em 1974. Morreu, em 7 de dezembro de 1975, aos 80 anos de idade.

A DITADURA DO ESTADO NOVO

A mentira: o Plano Cohen nunca foi um plano pelo qual os comunistas tomariam o poder no Brasil. Era apenas uma "hipótese de trabalho", formulada pelo capitão Olímpio Mourão Filho para a Ação Integralista Brasileira. Plano não era, mas bom pretexto, sim: com base nele, Getúlio Vargas conseguiu decretar o estado de guerra e mandou cercar o Congresso, editou uma nova Constituição (1937) e criou o Estado Novo.

O resultado: estava instalada a ditadura.

É importante observar que a exemplo do que fizera em 1930, quando deu o segundo golpe, também em 1937 Vargas não assinou nenhum termo. Dissolvido o Congresso, era como se seu mandato ficasse automaticamente prorrogado, já que a eleição presidencial não aconteceu.

Getúlio vinha ensaiando esse golpe desde que se tinha tornado presidente constitucional, em 1934. Criou o Departamento. Oficial de Propaganda, decretou sucessivos estados de sítio e instituiu a Lei e o Tribunal de Segurança Nacional, em 1936. Ele contava em dirigir a sucessão, marcada para 1938, sem maiores problemas: ou permanecia no governo ou fazia escolher alguém que seguisse sua linha de ação. Só não contava com o lançamento, em janeiro de 1937, da candidatura de Armando de Sales Oliveira, o paulista que o próprio Getúlio tinha nomeado interventor do Estado depois da Revolução de 1932. Essa candidatura desestabilizava tudo. Representava a cisão das cúpulas dominantes: parte do Exército estava com Getúlio, mas no RS, Bahia e Pernambuco o apoio era aos paulistas. As adesões cresceram. Vargas fez então um acordo com Plínio Salgado, de golpe.

No dia 10, os cavalarianos cercaram o Congresso, no Rio, e a imprensa recebeu cópias prontas da Polaca. À noite, pelo rádio, Getúlio condenou a democracia dos partidos – ameaça à unidade Pátria – e pregou um regime forte. Bem forte, sem dúvida. Forte nas ações do ministro da Guerra, Eurico Gaspar Dutra, no comando do Exército. Forte nas maquinações de Francisco Campos no Ministério da Justiça. E nas intervenções de Filinto Müller, como chefe de Polícia. Mas foi a nomeação de Osvaldo Aranha para o Ministério das Relações Exteriores que permitiu ao novo governo o reconhecimento internacional. Em 1934, ele tinha negociado a dívida externa brasileira, o que o tornou conhecido da comunidade financeira internacional. A ditadura de Vargas estava garantida.

Getúlio aparentava estar distante do fascismo; e decididamente não era comunista. Gostava de se fazer passar por garantidor da União Nacional.

A década de 1930 marcou a intervenção do Estado na economia. Com a ditadura do Estado Novo, a mão forte do Estado se fez sentir sobre as mais diversas atividades: era o intervencionismo. O Estado se afastava do liberalismo econômico, sob a máscara do nacionalismo ufanista. Mas na verdade obedecia a um planejamento estrito. O exemplo mais flagrante foi a necessidade de aparelhamento das Forças Armadas: para tanto, era preciso incrementar a siderurgia. Sem falar no programa de obras públicas. Urgia ter uma siderúrgica nacional.

Foi criada uma comissão preparatória, e negociava-se com os Estados Unidos uma instalação mista, mas a Segunda Guerra mudou esses planos. O governo decidiu então por um projeto inteiramente nacional, só recorrendo a empréstimos internacionais. Como os Estados Unidos não se decidiam, para pressioná-los Getúlio fez um discurso, em junho de 1940, de adesão ao Eixo. Três meses depois saía o empréstimo.

Quanto ao local, Volta Redonda foi escolhida, entre outros motivos porque o Estado do Rio era governado pelo genro de Getúlio, Ernani do Amaral Peixoto. Mas como o processo todo levou algum tempo, Vargas nem compareceu à inauguração da CSN, pois já tinha sido deposto.

Depois de 15 anos no governo, em 1945 o ditador finalmente foi apeado do poder.

Amaral Peixoto

DIÁRIO DA CORTE
A bancada do Partido Verde (PV, do ministro Gilberto Gil) deixou ontem a base parlamentar do presidente Lula fazendo críticas pesadas: "O governo representa um retrocesso na política ambiental brasileira".
Estadão, 20.5.05

ENQUANTO ISSO, NA AMAZÔNIA...
NUNCA ANTES NESTE PAÍS SE DESMATOU TANTO!

Primeiro-genro

A intentona comunista

Não se procure a marca da estratégia do tenente Luís Carlos Prestes no levante comunista de 1935. Porque não tem. A data escolhida foi 27 de novembro, discutida e decidida pela cúpula da Aliança Nacional Libertadora. Mas o levante estourou dia 23, em Natal (onde durou quatro dias), no dia 25, em Recife (onde não durou nem um dia) e no dia 27, no Rio (onde nem saiu dos quartéis). Tudo errado. A confusão foi provocada por um falso telegrama enviado a mando do governo (que conhecia o código dos revoltosos). Prestes, o brilhante estrategista da Coluna que dirigiu durante dois anos e meio, driblando as tropas legais, não contava com essa. Falou-se em 60 mortos só no Recife, centenas de feridos em todo o país e 28 baixas entre as tropas legais. Era o fim da intentona.

Uma revolução positiva: na arquitetura

Até Le Corbusier foi trazido ao Brasil para supervisionar a construção da nova sede do Ministério da Educação e Cultura, no Rio, atual Palácio da Cultura, projetado em 1935 por equipe dirigida por Lúcio Costa (que mais tarde projetaria Brasília).
Até então ninguém tinha visto um prédio como aquele, de linhas tão arrojadas. Falava-se da "mentalidade do governo, que quer uma educação voltada para o futuro".
Não faltaram críticas à estrutura, que vista do alto teria o aspecto de foice e martelo. Mas elas se tornaram sérias quando o prédio ficou pronto: ele não comportava as diversas repartições ministeriais, que acabaram espalhadas por prédios vizinhos. Não se sabe até hoje se por falta de espaço ou por excesso de funcionários.

Nossa economia abalada

A década de 1930 foi difícil: superprodução de café, esgotamento das reservas cambiais, crise nas finanças públicas. Em 1933 foi criado o Departamento Nacional do Café, centralizando toda a política cafeeira, principalmente impedindo a superprodução, queimando as sacas de café excedentes e destruindo cafezais.
Com a instalação e o desenvolvimento da indústria no país (resultado da intervenção positiva de Osvaldo Aranha, de renegociação da dívida), começava a recuperação econômica. Mesmo assim, o equilíbrio orçamentário das finanças públicas só foi conseguido entre 1935 e 1936.
Entre 1933 e 1939 a taxa de crescimento subiu para 11,2%: desenvolveram-se as indústrias básicas, metalurgia, mecânica, cimento e papel, e São Paulo se firmou como grande centro industrial do país. Setores ainda em formação tinham isenções na importação de equipamentos e máquinas, e foi adotada uma política agressiva de exportação. Tudo fazia acreditar que o país entraria em um período de grande progresso, e em 1938 foi criada a Comissão Executiva do Plano Siderúrgico, que deu origem, em 1942, à CSN. Mas com a Segunda Guerra Mundial as exportações caíram. Naquele ano, o governo autorizou o Banco do Brasil a emitir letras hipotecárias de empréstimos a agricultores endividados e limitou a produção do açúcar, já que não havia mercado comprador. Era uma nova crise...

Por outro lado, a industrialização trouxe maior movimentação dos operários em defesa do cumprimento de conquistas anteriores. Proibidas pelo Estado Novo, as greves eram violentamente reprimidas. Líderes foram expulsos, com um sem-número de denúncias de arbitrariedades da polícia política.

USP

A maior instituição de ensino superior e de pesquisa do país, a Universidade de São Paulo, foi criada em 25 de janeiro de 1934, por decisão do governador de São Paulo, Armando de Sales Oliveira, em contexto de significativas transformações sociais, políticas e culturais. Seu mentor intelectual foi Júlio Mesquita Filho, então diretor do jornal O Estado de S. Paulo, que se dedicava a publicar artigos sobre os problemas do ensino superior e universitário no Brasil, e a necessidade de criação de uma universidade em São Paulo. Na época, algumas escola já existentes foram incorporadas – a mais antiga, a Faculdade de Direito, que data de 1827.
Classificada entre as maiores do mundo, suas unidades de ensino se dividem em sete campi universitários: dois na capital, São Paulo, e cinco no interior do estado, Bauru, Piracicaba, Pirassununga, Ribeirão Preto e São Carlos.

Uso autorizado pela Escola Politécnica da USP, www.usp.br

VOLTAVA A ESTRELA

O cais da praça Mauá, no Rio de Janeiro, ficou pequeno no dia 10 de setembro de 1940. O policiamento foi reforçado e montou um enorme cordão de isolamento. Mas a multidão era muito grande. Repórteres e fotógrafos acompanharam toda a movimentação, e as rádios transmitiam aqueles momentos de expectativa.

De repente, o navio Argentina apontou na curva da ilha das Cobras. A multidão começou a delirar. As portas do Armazém de Bagagens foram fechadas porque o povo, que não cabia mais na praça Mauá, tentou alcançar o cais utilizando todos os portões possíveis.

O Argentina foi se aproximando lentamente, e a multidão pôde distinguir, a bordo do navio, a estrela. Carmen Miranda voltava ao Brasil! A gritaria foi infernal.

A bordo do navio, César Ladeira comandou a transmissão que era ouvida pelo povo. Deu o microfone a Carmen, que, muito emocionada, conseguiu dizer poucas palavras: "Povo carioca... estou muito satisfeita. Mais ainda pela manifestação que vocês estão fazendo". Não conseguiu continuar. O povo transformou a chegada em festa, em carnaval.

Carmen foi arrastada até uma "baratinha" da polícia, e acabou desfilando pelas ruas da cidade, entre confetes, flores e serpentinas.

Era a resposta do povo às criticas que se faziam a Carmen Miranda por ter ido morar nos Estados Unidos e fazer sucesso em Hollywood. Diziam que Carmen tinha se "americanizado". Mas ela estava acostumada a ser criticada. Antes, era a cantora de repertório ruim, interpretando "sambas negróides de mau estilo".

Sua primeira apresentação depois da volta foi no Cassino da Urca, onde foram repetidas as críticas à americanização que ela fazia dos ritmos brasileiros. Aplaudida friamente, chorou. E decidiu ir embora, decepcionada. Antes de ir, gravou "Disseram que voltei americanizada", uma resposta às críticas que recebera. Em um trecho da música afirmava que sempre continuaria dizendo "eu te amo, e nunca I love you".

O novo dinheiro: Cr$

Desde 1926, na presidência de Washington Luís, tinha ficado provado que o real – e seu múltiplo, o mil-réis – só dificultava a circulação do dinheiro. Isso porque o real não admitia submúltiplos necessários para avaliar grandezas inferiores à própria unidade, ou seja, se fosse preciso comprar uma mercadoria no valor de ½ real, não havia como efetuar a operação.

Em 1941, foi sugerida a adoção do cruzeiro, mas com a guerra a medida não pôde ser efetivada, pelas dificuldades de comunicação e pelos constantes torpedeamentos dos navios que vinham dos Estados Unidos trazendo as novas cédulas impressas.

Finalmente, em 1942, com o cruzeiro, acabava a confusão. Ele valia 1.000 réis. Com novas divisões e novas moedas, os centavos.

Enquanto isso...

Na Espanha, começava em 1936 a Guerra Civil Espanhola, a partir da revolta de líderes do Exército contra o crescimento das tendências anti-Igreja do governo, considerado simpatizante socialista.

Dois campos se definiram: os republicanos, que defendiam o governo legalmente constituído, e os monarquistas-católicos-fascistas, que apoiavam o general Franco e seu golpe. Em três anos de sangrentas lutas, morreram mais de um milhão de pessoas. O chamado "Generalíssimo" se impôs e ficou no poder de 1939 a 1975, quando morreu.

No ar, a emoção das radionovelas

Em uma manhã de 1941, os ouvintes da Rádio Nacional do Rio de Janeiro começaram a sentir as emoções da primeira radionovela brasileira. Antes, só havia o radioteatro, peças de um ato traduzidas do espanhol, lançado no final da década de 1930, também pela Rádio Nacional.

Um grande sucesso. Durante dois anos e meio a radionovela foi ouvida todas as manhãs. Só no primeiro mês de apresentação, 48 mil ouvintes enviaram cartas à rádio pedindo um álbum com fotos dos atores e um resumo da história.

Outras radionovelas foram feitas em seguida, entre elas O direito de nascer, outro sucesso. Até 1955, a Rádio Nacional apresentou 861 novelas, ou seja, 11.756 horas de transmissão.

CURIOSIDADES

Nossa faculdade mais antiga é a do largo São Francisco (incorporada à USP em 1934) – lá foi ministrada a primeira aula, a aula inaugural dos cursos jurídicos no país, no dia 1° de março de 1828, às 4h00 da tarde. Nela está a Biblioteca Central, a maior da América Latina na área jurídica.

A segunda faculdade foi sediada em Olinda, no convento de São Bento. Hoje, a Faculdade de Olinda está no Recife e pertence à Universidade Federal de Pernambuco...

Faixa Cronológica período Washington Luís

1926

NOVEMBRO – Washington Luís é empossado presidente da República; Vargas toma posse na pasta da Fazenda.

1927

JANEIRO – o PCB (Partido Comunista do Brasil) obtém reconhecimento.

FEVEREIRO – os revoltosos da Coluna Prestes fogem para a Bolívia, perseguidos pelas tropas do Exército por mais de 20 mil km; acontece a primeira viagem comercial de avião, no Brasil.

ABRIL – é fundada a CGT (Confederação Geral do Trabalho).

JULHO – Júlio Prestes é empossado governador de São Paulo.

AGOSTO – o PCB é declarado ilegal.

NOVEMBRO – é criado o Conselho de Defesa Nacional.

1928

JANEIRO – Getúlio assume o governo do Rio Grande do Sul.

NOVEMBRO – Minas Gerais recusa a indicação do paulista Júlio Prestes para a presidência, rompendo a política do café-com-leite.

"Morrer, se for preciso. Matar, jamais."
Marechal Rondon, sobre sua relação com os índios.

"Lembro-me do dia da matrícula: recebi panfletos, jornais e afins: do PSTU, do PSOL, um anti-Bush, dois contra a repressão... Acho que um papel pequenininho para inscrição na biblioteca."
Trecho da carta de um estudante do primeiro ano de Ciências Sociais da USP.

"Quem mijou fora do pinico, tchau e benção!" (Pres. Lula)

Depois do mar de lama, parece um rio de urina.

"O presidente demonstrou total despreparo, uma desqualificação absurda na condução da crise. E ele se viu cada vez mais envolvido por ela, chegando ao ponto de ser lembrado esse instituto amargo que é o *impeachment*."
Roberto Antonio Busato, presidente da OAB, sobre Lula e o tsunami de 2006.

PRA PÔR PRA TRABALHAR GENTE QUE NUNCA TRABALHOU

WASHINGTON LUÍS
1926–1930

O secretário de Segurança era um durão, e para ele preso tinha que trabalhar. Nada de ficar cumprindo pena de papo para o ar. Mandou que todos os presos de São Paulo acusados de vadiagem fossem alistados para trabalhos forçados na reparação da estrada que ligava a capital paulista ao porto de Santos. Com essa medida, ganhava simpatia popular e o apoio dos exportadores de café, que precisavam da estrada para acompanhar o embarque e os negócios do café no porto. O secretário Washington Luís foi guindado à Presidência da República pela via da política do café-com-leite e acumulou contra ele todas as forças que ansiavam pelo poder. Um leque que ia das oligarquias dissidentes nordestinas e gaúcha até os jovens "tenentes" e outros descontentes. A nascente burguesia ligada à indústria também se enfileirava ao lado dos modernizantes. Chega de imobilismo, era preciso dar um basta no encarquilhado sistema republicano.

Durante muito tempo, a população foi ludibriada com a propaganda de que era preciso manter a hegemonia mundial de exportação de café. A maior do mundo. Para isso era preciso "salvar os nossos produtores", ou seja, dividir com eles as perdas quando a cotação do café caía no mercado mundial. Mesmo que eles continuassem plantando sem parar, sem mercado para tanto grão. O custo de tudo isso era a

1929

JUNHO – acordo entre Minas e o Rio Grande dá origem à Aliança Liberal.

JULHO – Vargas é nomeado candidato à Presidência da República pela Aliança Liberal.

OUTUBRO – Júlio Prestes é indicado candidato à Presidência da República pela Convenção; dá-se a quebra da Bolsa de Nova York, auge da crise econômica mundial que atinge em especial o comércio de café e gera grande insatisfação popular.

NOVEMBRO – é eleita a primeira prefeita da América do Sul, Alzira Soriano, no Rio Grande do Norte.

1930

MARÇO – Júlio Prestes derrota Getúlio Vargas nas eleições.

MAIO – morre Siqueira Campos, líder tenentista; Prestes oficializa adesão ao comunismo.

JULHO – João Pessoa é assassinado.

OUTUBRO – um golpe depõe Washington Luís e impede o presidente eleito de assumir.

A nova arquitetura, sem adereços nem enfeites

Abaixo as decorações absurdas, e viva a construção lógica! Assim, o arquiteto russo radicado em São Paulo, Gregori Warchavchik, iniciava em 1925 o movimento de modernização da arquitetura brasileira. Naquele tempo, a prefeitura de São Paulo ainda exigia certos detalhes decorativos nas obras. Warchavchik driblava as exigências: incluía os rococós nas plantas, mas os preteria na construção, alegando falta de dinheiro. Em 1930 construiu a Casa Modernista, na rua Itápolis. E com Lúcio Costa fundou um escritório, de onde nasceu uma nova geração de arquitetos, entre eles, Oscar Niemeyer.

socialização das perdas, isto é, os pobres impediam os ricos de quebrar em nome de sei lá o quê. Quando os preços subiam, os lucros eram apropriados apenas pelos cafeicultores, comerciantes, despachantes, corretores, e para a população nada. Enfim, uma espécie de Robin Wood às avessas. Para agravar a situação, o capitalismo mundial entrava em nova crise, desta vez com o epicentro nos Estados Unidos, a jovem e pujante potência econômica. Especulação aguda, concentração de renda, crescimento dos monopólios acirraram as contradições do sistema e provocaram a crise, e a conseqüência emblemática foi a quebra da Bolsa de Valores de Nova York. Estava instalado no mundo o salve-se quem puder. Washington, o brasileiro, não se salvou. Foi apeado do poder pelas forças militares comandadas pelo oligarca gaúcho Getúlio Vargas.

W L

O carioca Washington Luís Pereira de Souza, foi o último presidente da República Velha. O "paulista de Macaé" (que fica no RJ), como era chamado, foi deposto pelo golpe de Vargas, ficou longos anos no exílio, e na volta se instalou em São Paulo, onde tinha feito toda sua longa carreira política (intendente, vereador, deputado, prefeito, governador, presidente do PRP, senador, secretário de Justiça e Segurança).

Grande administrador, conciliador (chegou a ir pessoalmente ao Quartel da Luz convencer os soldados a dar fim à greve), modernizou a Força Pública, atual Polícia Militar, instalou a então recém-criada Polícia Civil de São Paulo, nomeando apenas funcionários públicos de carreira; para o cargo de delegado de polícia, só aceitava formados em direito, recusando nomeações de políticos – o que reduziu o poder dos coronéis. Criou as feiras-livres de alimentos, reformou o Museu do Ipiranga, construiu e inaugurou o Monumento da Independência.

O "estradeiro" foi autor do lema "Governar é abrir estradas", assimilado pelos seus sucessores no governo de São Paulo. Restabeleceu a imigração européia, interrompida pela Primeira Guerra, para as lavouras de café. Criou um tribunal rural para dirimir conflitos entre colonos e fazendeiros. Criou colônias agrícolas, especialmente de japoneses, e procurou não enviar imigrantes diretamente para terras devolutas do interior do estado, por entender que não estavam adaptados ainda ao novo clima e solo. Providenciou o reconhecimento do Oeste paulista ainda composto de terras virgens, visando ao seu povoamento.

Culto e requintado, apoiou a Semana de Arte Moderna de 1922. Para aulas de leitura das escolas estaduais, pediu a Monteiro Lobato que escrevesse o livro que o lançaria na literatura infanto-juvenil: *A menina do nariz arrebitado*. Criou ainda várias faculdades de farmácia e odontologia no interior do estado. Modernizou o Arquivo do Estado de São Paulo (aos quais a edição deste volume tanto deve), editando e publicando documentos históricos valiosos. Nunca houve nenhum registro de abuso de autoridade seu, nos vários cargos que ocupou.

CURIOSIDADES

Você sabia que Júlio Prestes foi alijado por Getúlio antes de assumir a presidência para a qual tinha sido democraticamente eleito, em 1930? Esse advogado paulista, que tinha sido presidente de São Paulo, na seqüência de longa e sólida trajetória política, não conseguiu nem tomar posse – o golpe armado getulista o obrigou a entregar o poder ao ditador, em 3 de novembro de 1930.

COITADO – de presidente eleito virou nome de estação de trem e de (magnífica) sala de espetáculos!

Eleito presidente, mandou libertar todos os presos políticos e muitos cidadãos presos injustamente. Não prorrogou o estado de sítio que tinha sido norma na gestão anterior. Em 1927, criou o Conselho de Defesa Nacional, constituído pelo presidente da República e pelos ministros de Estado, com a tarefa de "coordenar a produção de conhecimentos sobre questões de ordem financeira, econômica, bélica e moral referentes à defesa da Pátria". Esse Conselho foi o embrião dos órgãos de inteligência e de segurança nacional do Brasil.

Enfrentou a crise internacional do café e a crise financeira internacional de 1929, mas mesmo assim, com grandes dificuldades, tentou estabilizar o câmbio e equilibrar o orçamento nacional.

Fez a Rio–Petrópolis, que mais tarde receberia seu nome e seria a primeira rodovia asfaltada do Brasil. Terminou a rodovia São Paulo–Rio, iniciada no seu mandato como governador de São Paulo.

Seu "erro": fazer a indicação do candidato que venceria Getúlio nas urnas. Dezessete estados apoiaram a candidatura de Júlio Prestes; três não (a chamada Aliança Liberal). Em 24 de outubro, os ministros militares depunham Washington Luís, que foi preso. Uma junta militar assumia a presidência, entregando-a a Vargas, que inaugurou nossa ditadura.

O voto feminino, enfim, permitido

Até 1927 as mulheres eram proibidas de votar. Nesse ano, o governador do Rio Grande do Norte, Juvenal de Faria, apresentou uma emenda à Constituição estadual permitindo o voto "sem distinção de sexos". A emenda foi aprovada e na eleição do ano seguinte as mulheres votaram. Mas era uma eleição para o Senado Federal, e os votos femininos acabaram anulados, pois, segundo a interpretação dos juristas, só seriam válidos em eleições estaduais. De qualquer forma, o episódio serviu para que o assunto fosse discutido e divulgado. E para que a luta das sufragistas criasse mais força. No ano seguinte, os juízes eleitorais de vários estados começaram a alistar mulheres eleitoras. Em 1929, era eleita a primeira prefeita da América do Sul: Alzira Soriano, na cidade de Lages, Rio Grande do Norte. Mas a discriminação só acabou totalmente em 1932 com a promulgação do Código Eleitoral, permitindo o voto feminino. Como não houve nenhuma eleição geral no período 1930–1945, só com a queda da ditadura do Estado Novo é que as mulheres realmente puderam votar.

Agricultor sofre

No início dos anos 1920, continuava a crise. E os cafeicultores paulistas, responsáveis por metade da produção nacional, pressionavam o governo pela implantação de uma política de valorização do maior produto de exportação nacional. A resposta foi a transferência da responsabilidade para o estado.

Nascia o Instituto Paulista de Defesa Permanente do Café, que pretendia regular os estoques, a fim de manter preços altos no mercado internacional. Mas com a superprodução das safras nos anos seguintes, o problema aumentou. O café excedente tinha de ser comprado dos agricultores, para não criar um excesso de oferta.

Com a quebra da bolsa americana, os preços despencaram. Vieram as falências e concordatas. Empréstimos, endividamento. E os cafeicultores sempre plantando, colhendo. Em 1931 o excedente foi de cerca de 30 milhões de sacas de café, o dobro de todas as nossas exportações no ano anterior. Novos empréstimos...

Criou-se o Conselho Nacional do Café, para arrecadar impostos sobre as exportações. Também, para comprar e destruir estoques. Só naquele ano o CNC queimou 14,4 milhões de sacas.

Um ano depois, um decreto proibia que se plantassem novas mudas de café, durante os três anos seguintes.

Se a moda pega...

O presidente estradeiro, quando ainda era secretário de Segurança de São Paulo, mandou os presos da Delegacia de Vadiagem reconstruir a estrada São Paulo–Santos.

Habitantes: 37 milhões

Em dez anos, o aumento da população brasileira foi de 7 milhões de pessoas. Assim, em 1930, o Brasil passava a ter 37 milhões de habitantes. Só cerca de 11 milhões viviam nos aglomerados urbanos, mas os congestionamentos já eram alvo dos chargistas.

Faixa Cronológica período Artur Bernardes

1922

NOVEMBRO – Artur Bernardes toma posse como presidente da República.

1923

JANEIRO – Artur Bernardes decreta intervenção no Rio de Janeiro.

MARÇO – morre Rui Barbosa, escritor, jurista e político.

AGOSTO – é inaugurado Hotel Copacabana Palace, no Rio de Janeiro.

SETEMBRO – morre Hermes da Fonseca.

NOVEMBRO – é aprovada a Lei Adolfo Gordo, de censura à imprensa.

1924

MAIO – morre Nilo Peçanha.

JULHO – tem início um levante militar em São Paulo (a cidade é cercada e bombardeada pelas tropas federais, que fazem centenas de mortos, milhares de prisioneiros e feridos); tem início outro levante em Mato Grosso, logo seguido de toda uma série, por todo o país.

"O artigo do futuro ministro da secretaria especial de Ações de Longo Prazo, Roberto Mangabeira Unger, escrito em 2005, desancando o governo Lula, já é a obra de alcance mais popular do filósofo. Mas nunca é demais repetir: 'Afirmo que o governo Lula é o mais corrupto de nossa história nacional. Afirmo ser obrigação do Congresso Nacional declarar prontamente o impedimento do presidente. Desde o primeiro dia de seu mandato o presidente desrespeitou as instituições republicanas', escreveu. Se Lula considera Mangabeira Unger um mentiroso que não merece fé, está sendo irresponsável ao nomeá-lo para cargo de confiança. Mas se dá a ele crédito bastante para atribuir-lhe a tarefa de pensar o Brasil do futuro é sinal de que aceitou como veraz a diatribe."

Dora Kramer, no *Estadão*.

"Isso é tirar o sofá da sala."
Miriam Leitão no *Bom Dia Brasil*, em 25.7.08, sobre a proibição e venda de passagens de Congonhas.

AS DORES DE COLUNA DO PRESIDENTE

ARTUR DA SILVA BERNARDES
1922-1926

Diz a sabedoria popular que é comum presidente da República ter dores na coluna. Um até chegou a ser carregado depois de dar uma entrevista em um estúdio de uma rádio, por ter ficado "travado". Ficou imóvel deitado no chão até que parentes e médicos vieram resgatá-lo. Outro tinha um fisioterapeuta oriental famoso, outro ainda fazia banhos diários no palácio em Brasília, enfim, como dizem as mães benzedeiras, "pra livrar de dor na cacunda é preciso fazer uns banhos de assento com água bem quente e ervas aromáticas". As colunas que assombravam Bernardes eram outras. Eram os movimentos militares. Estes se rebelavam contra o que consideravam um regime dominado por poucos e que impedia a ascensão social de outras camadas da população, inclusive a deles. Era preciso desobstruir os canais dessa elevação nacional, e por isso organizaram movimentos para tentar derrubar o governo federal dominado pelos senhores do café-com-leite. Eles se rebelavam nos quartéis e quando vinha a repressão das tropas leais ao governo se retiravam em colunas pelo interior do Brasil, onde achavam que podiam recompor as forças para derrubar o governo, como a Coluna Prestes.

OUTUBRO – no Rio Grande do Sul acontece uma rebelião de jovens oficiais liderados por Luís Carlos Prestes.

DEZEMBRO – a coluna gaúcha vai ao encontro da paulista (liderada por Juarez Távora), a fim de combater as tropas do governo.

É criado o Instituto Paulista de Defesa Permanente do Café.

1925

ABRIL – as duas colunas invadem o Paraguai e marcham em direção a Mato Grosso.

JUNHO – Prestes assume a chefia do Estado-Maior e torna-se o líder das forças rebeldes, conhecidas como Coluna Prestes.

DEZEMBRO – Juarez Távora é preso no Piauí.

1926

JANEIRO – a Coluna Prestes entra no Ceará.

FEVEREIRO – ela chega à Bahia.

SETEMBRO – é feita a reforma da Constituição de 1891.

OUTUBRO – a Coluna se separa.

A Revolução em São Paulo

"A cidade foi sacudida de surpresa desde a manhã de hontem com a notícia de haver irrompido em S. Paulo um movimento revolucionário. Nada fazia prever esses acontecimentos, que repercutiram desastrosamente em todos os círculos sociais, interessados na manutenção da paz, tão necessária ao nosso progresso e á nossa grandeza.
[...]

Os autores desses propósitos revolucionários foram escolher para centro de sua expansão, no momento em que se procura cuidar com afinco dos problemas ligados á reconstrução das finanças publicas, o culto, o progressista S. Paulo. O grande Estado, que foi sempre atalaia da legalidade, vê neste instante interrompido o trabalho persistente, que tem sido uma honra para a nossa cultura e elemento valioso para o nosso renome e a historia se repete [...].
Mais uma vez a vitalidade do povo paulista se há de afirmar. Já nos chegam as noticias de que a cada instante se formam batalhões patrióticos para rechaçar os revoltosos e impedir novos sacrifícios de vidas. Com o auxilio dos poderes federais, as autoridades de S. Paulo saberão defender a ordem publica, mantendo as suas tradições e fortalecendo o espírito da legalidade."

(Transcrito do Jornal do Brasil, edição de 6/7/1924)

O sistema do "toma lá, dá cá" na política brasileira é muito mais velho do que se pensa. Talvez só perca para São Francisco e sua máxima de "que é dando que se recebe". As trocas de benefícios se faziam verticalmente nas duas direções. Os presidentes, para serem eleitos, precisavam dos votos da população. Os governadores se encarregavam disso, e em troca o presidente degolava os candidatos da oposição, punha um da situação no lugar e todo mundo ficava com folgada maioria no Parlamento. Por sua vez, os governadores recebiam verbas federais e distribuíam benesses para os coronéis, encarregados de juntar o gado, ou melhor, os eleitores nos currais eleitorais e prover todos de votos. Sobrava para o eleitor se submeter pela dor ou pelo amor. Se resistisse, era assassinado, perseguido ou banido da sociedade local. Se concordasse em votar nos candidatos do coronel, recebia alguma ajudazinha na forma de um emprego, uma melhoria, enfim, dependia de quantos votos poderia juntar em sua família e amigos. Nada de disputas, debates, eleições concorridas, pesquisa de opinião, coisas que os coronéis julgavam perturbadoras da ordem e do bem-estar da família brasileira. A ordem era manter a boca fechada e obedecer.

CARDOSO — Com colla forte? Para que, "seu" doutor? Até com vinagre se apanham essas moscas...

ARTUR BERNARDES

Ao desembarcar no Rio para assumir a presidência, o mineiro Artur Bernardes foi vaiado e xingado ao longo do trajeto rumo ao Palácio do Catete. Tinha a antipatia do povo e, principalmente, a do Exército. A primeira crise que enfrentou foi a revolta de 1923, no Rio Grande do Sul, onde Borges de Medeiros se elegia pela quinta vez presidente do estado, em eleições fraudadas. Políticos e caudilhos que apoiavam seu opositor, Assis Brasil, pegaram em armas, num violento conflito que só terminaria a partir da intervenção pessoal do ministro da Guerra.

Em São Paulo, o levante foi muito mais sério. Em 1924, com o apoio da população, militares rebeldes, antibernardistas, sob o comando do general Isidoro Dias Lopes, depuseram o governador Carlos de Campos e tomaram o poder estadual, provocando uma reação completamente brutal do governo central. Durante quase um mês, forças legalistas bombardearam a cidade, inclusive com aviões, provocando morte e destruição. Para poupar a população civil, os revoltosos deixaram São Paulo. Foi esse o ponto de partida da Coluna Prestes, que durante três anos percorreria o país de alto a baixo.

DIÁRIO DA CORTE
Lula não frita, cozinha ministros.
Dora Kramer, no Estadão de 18.11.03

Uma Coluna contra o presidente

Eles comiam quando dava, conseguiam armas e munições com a população. Seu grande trunfo, a mobilidade. Entre 1924 e 1926, andaram cerca de 25 mil quilômetros, escapando sempre graças a Luis Carlos Prestes, especializado em engenharia militar e um dos líderes do tenentismo surgido anos antes.

No governo de Artur Bernardes, o estado de sítio era constante. Restrições dos direitos individuais, limitação do habeas-corpus, censura à imprensa, crimes políticos que não prescreviam. Houve intervenção nos Estados e, é claro, oposição. O grande articulador foi o general Isidoro Dias Lopes, líder da revolução em São Paulo em 1924.

Um grupo foi para o Mato Grosso e depois para o Paraná. Prestes saiu com outro grupo rumo a São Paulo. No Paraná, a Coluna se uniu e seguiu, em campanha: no caminho, queimou livros e listas de cobranças de impostos, soltou presos políticos, destruiu instrumentos de tortura (incluídas aí as palmatórias escolares). Passou por vários estados, terminando por entrar na Bolívia. Foram 53 combates. Sem condições de continuar, a Coluna se desfez, até porque em 1926 Washington Luís foi eleito: Bernardes, o grande inimigo, estava fora do governo.

A copa

Mas nem tudo foram problemas: em agosto de 1923 era finalmente inaugurado o Hotel Copacabana Palace, na Capital Federal. As obras iniciadas em 1919 demoraram muito mais do que previsto, dadas as dificuldades de importação de mármores e cristais, de falta de tecnologia e experiência no país para fazer as fundações de 14 metros de profundidade, conforme exigido pelo projeto do arquiteto francês Joseph Gire; sem falar na ressaca que destruiu a avenida Atlântica em 1922, causando danos aos pavimentos inferiores do hotel.

Por causa do atraso na execução do projeto, o presidente tentou cassar a licença de funcionamento do cassino, mas depois de uma disputa de dez anos a família Guinle (responsável pela construção) obteve ganho de causa. Não por muito tempo, já que em abril de 1946 Eurico Gaspar Dutra proibiria o jogo no país. Para gáudio dos contraventores.

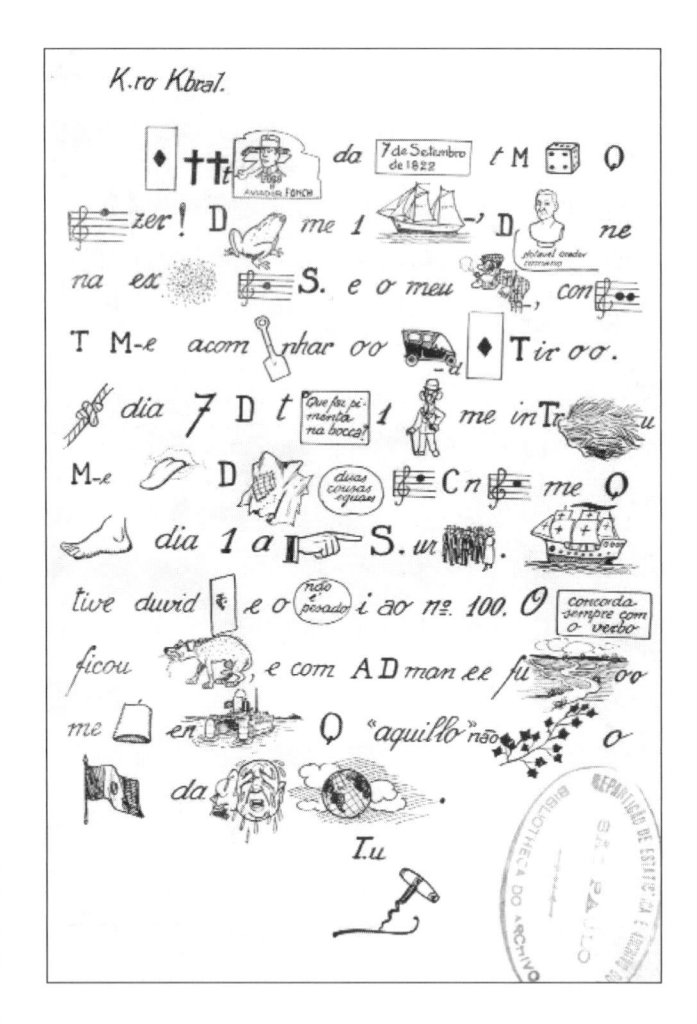

Buracos e desastres

Os buracos e os desastres de trem faziam muitas vítimas. Na charge publicada na revista Careta, *em 1926, São Pedro dá uma bronca em recém-chegados ao céu: "Vocês estavam escriturados para falecerem daqui a dez, vinte, trinta anos".*
Na charge de 1923, publicada em O Malho, *um sujeito de bengala pergunta se o outro está vendendo ferro-velho. A resposta: "Não. Comprei um automóvel de manhã, dei umas voltas e agora vou pra casa".*

Papel-alumínio: uma idéia brilhante

A marca Odalisca, lançada em 1915, voltou ao mercado na década de 1920 com a grande inovação: a embalagem de cigarros com papel aluminizado, um sistema lançado no Brasil pela Souza Cruz, e que persiste até hoje. Foi um sucesso, logo seguido por outras marcas da companhia e também dos fabricantes concorrentes.

A lei do inquilinato

UMA NOVA PASTA?

— Tu já foste convidado p'ra ministro?
— Fui, mas só tomo conta no fim do anno...
— ?!?...
— Sim. Sou ministro dos Despejos e Protestos...

DIÁRIO DA CORTE
Privatização agora será feita no pregão das bolsas.
Jornal do Brasil, 24.2.00

DIÁRIO DA CORTE
Partidos da oposição criticam o suposto "Aparelhamento" da máquina pelos petistas, com o conseqüente aumento na arrecadação partidária.
O PT nega a intenção política.
Folha, 16.5.08

DIÁRIO DA CORTE
No poder, arrecadação do PT cresce

o Malho

PANICO

Vão arrecadar as rendas publicas!....

Faixa Cronológica período Epitácio Pessoa

1919

JULHO – depois de novas eleições, Epitácio Pessoa é eleito presidente.

1920

JULHO – morre Delfim Moreira.

1921

JANEIRO – os restos mortais de d. Pedro II chegam ao Rio de Janeiro.

1922

FEVEREIRO – é inaugurada no Teatro Municipal de São Paulo a Semana de Arte Moderna.

MARÇO – Artur Bernardes é eleito presidente; é fundado o PCB (Partido Comunista Brasileiro).

JULHO – é decretado o estado sítio no país, depois da rebelião do Forte de Copacabana.

SETEMBRO – o presidente Epitácio Pessoa abre a Exposição Internacional do Rio, em comemoração do Centenário da Independência.

"Não é preciso ser politicamente correto para ter compaixão pela miséria. Mas há o sentimento paralelo, negado pelos politicamente corretos, de que a vida é inviável para nós, que temos condição de produzir na cerceada economia brasileira, com essa gente no nosso cangote, nos assaltando, matando, estuprando, e com sua simples presença suja. O conformismo e resignação com que se aceita isso pode até ser considerado cristão, mas é, para mim, inaceitável intelectualmente, porque estou seguro de que se fossem liberadas as forças da produção, como dizem os marxistas (mas não os nossos pseudomarxistas), a miséria desapareceria ou ficaria em níveis toleráveis numa geração. Para isso, é necessário entregar o País a gente que queira e saiba ganhar dinheiro, à iniciativa privada, cuja cobiça é essencial à criação de riquezas, mas que trouxe a prosperidade – e o decorrente, porque economicamente possível, amparo social, welfare, aos destituídos – onde quer que exista prosperidade, como na França, em que estou, e nos EUA, onde eu moro."

Paulo Francis

"Aqui [no PSDB] há acadêmicos, e não temos vergonha disso. [...] Faremos o possível e o impossível para que saibam [os brasileiros] falar bem a nossa língua. .....
Queremos brasileiros bem-educados, e não liderados por gente que despreza a educação, a começar pela própria."

FHC

QUEIMEM OS SUTIÃS!!!

EPITÁCIO PESSOA
1919–1922

Finalmente as mulheres deram o ar da graça e iniciaram um movimento para deixar de ser apenas o complemento do macho brasileiro. É verdade que não foi nada além de um primeiro despontar na República Velha, oligárquica e cheia de modelos e preconceitos importados da velha Inglaterra vitoriana, que já haviam caído de velho no Velho Continente, mas que no Novo Mundo brasileiro ainda era o que ditava as normas da sociedade. Não se chegou a queimar os sutiãs em praça pública, mas um movimento consistente começou a desabrochar, os primeiro passos para a inserção da mulher na sociedade brasileira. Um feito que não se via desde os tempos coloniais, quando os pais e maridos tratavam suas mulheres e filhas como objetos, nada mais.

Os militares também queriam a participação na vida política da nação e eram saudosistas da república da espada, quando os cidadãos fardados Deodoro e Floriano expulsaram os casacas e proclamaram a República, um regime que deveria ser o responsável pelo desenvolvimento nacional, mas que tinha sido apossado pela oligarquia do café. Nada escapava do controle dos novos donos do país, fazendeiros, latifundiários e elitistas dispostos a tudo para impedir que qualquer outro extrato social chegasse ao poder. Epitácio passou maus pedaços com os militares e teve que ser ora conciliador, ora um implacável vingador para se manter no poder até a sua morte. No ventre da República era gestado o germe do descontentamento, que nem mesmo as promessas e promoções eram capazes de aplacar.

Fraternidade sul-americana

O que alguns fazem com as mãos, outros desmancham com os pés!

Brasil distraído

Uma amiga, paulistana apaixonada por sua cidade, conta que cresceu passando todas as semanas pela Galeria Prestes Maia. E que aquela era a parte do passeio da qual mais gostava. Sempre pedia para subir pela escadaria, para poder olhar com vagar as estátuas que tanto encantaram sua infância.

Elas estão lá até hoje, além de tantas outras espalhadas pela metrópole: são as Graças, de Victor Brecheret.

Passou a persegui-las por toda a cidade. Adulta, continua seduzida por elas e pela magnífica obra de Brecheret. Que, como tantos outros, não tem do país distraído de si mesmo o carinho que merece.

Menotti Del Picchia

EPITÁCIO PESSOA

O paraibano Epitácio Pessoa disputou com um concorrente de peso as eleições presidenciais: Rui Barbosa. Com o propósito assumido de afastar os militares da política, nomeou ministros civis para as pastas militares. A reação viria mais tarde – e violenta. O estopim foi a divulgação de uma carta falsa, de autoria atribuída ao então presidente de Minas, Artur Bernardes, candidato à sucessão de Epitácio, e por ele apoiado. A carta qualificava o marechal Hermes de "sargentão sem compostura". O desenvolvimento de uma conspiração militar, descoberta pelo governo, fez com que Epitácio mandasse fechar o Clube Militar e prender o marechal Hermes, já num cenário de estado de sítio. Jovens oficiais solidários a Hermes enfrentaram as forças legalistas na avenida Atlântica, em Copacabana, num episódio que ficou conhecido como "Os 18 do Forte" – embora eles não passassem de 11.

Os revoltosos que ocuparam o Forte Copacabana atiraram contra a cidade, atingindo prédios próximos ao antigo Quartel-General do Exército, fazendo vítimas. Sua intenção era acertar exatamente a mesa na qual o ministro civil da Guerra tinha assinado o ato de prisão do marechal Hermes. A rebelião foi dominada, mas marcou o início do *tenentismo*, semente do Golpe de 1930, que instalaria a ditadura de Vargas.

Epitácio Pessoa governou o país numa época de transformações. Em 1922, acontecia a incomparável Semana de Arte Moderna, em São Paulo. Surgiam as sufragistas, reivindicando ousadamente o direito ao voto feminino – que só seria conseguido em 1932. Os chargistas trabalhavam como nunca.

Os novos ministerios

— Madama, peço-lhe um emprego em um dos novos ministerios.
— Quaes são as suas habilitações?
— Nenhumas...
— Pois então, serve!

A MAIS IMPORTANTE

Semana de 22

A Semana de Arte Moderna de São Paulo reuniu um punhado privilegiado de escritores, artistas, pensadores. Gente do quilate de Mário de Andrade, Oswald de Andrade, Tarsila do Amaral, Victor Brecheret, Anita Malfatti, Villa-Lobos, Manuel Bandeira, Graça Aranha, Di Cavalcanti, Menotti Del Picchia.

Em manifesto, Oswald de Andrade declarava em 1924 ao jornal Correio da Manhã: "A língua sem arcaísmos, sem erudição. A contribuição milionária de todos os erros. Como falamos. Como somos".

Oswald de Andrade

Seu Manifesto antropofágico demonstrava o ambiente de mudança que se preparava na década de 1920, do movimento tenentista, da transição de uma economia agroexportadora para outra, a industrial. Reivindicava uma cultura autóctone, que cortava laços com o estrangeirismo. Forjava uma identidade. Visionário, pregava a acomodação das idéias internacionais mais avançadas à especificidade brasileira. Não por acaso, a Tropicália recuperaria sua bandeira, nos anos 1960, aquela que vaticinara 40 anos antes "berne nas costas e calosidades portinarescas nos pés descalços".

"Foi assim que, logo após a Revolução de 24, fundamos uma sociedade com o objetivo de esclarecer a população sobre o voto de cabresto e as maquinações do Partido Republicano. Dessa sociedade, da qual participavam 12 pessoas – inclusive o Mário e o Oswald –, nasceu o embrião do Partido Democrático, o início de um esforço conjunto para se repensar o Brasil a fundo." Folha de São Paulo, 17.2.82.

Os jovens neófitos da política tupiniquim tomaram, posteriormente, parte na Revolução de 1930, "como conspiradores", explica Rubens de Moraes, "Eu, pessoalmente, cheguei a ir até Buenos Aires para convencer o Luís Carlos Prestes a chefiar a Revolução. Ele me disse que iríamos servir de comida para os políticos e rejeitou o convite".

Não demorou duas semanas após Getúlio tomar o poder, e os modernistas de 22 reconhecerem que "não era bem aquilo que desejávamos" (anos depois, ainda para a Klaxon, verdadeiro porta-voz dos modernistas).

A Semana que pregava a ruptura de todo e qualquer valor artístico conhecido, e propunha uma abordagem totalmente nova, escolheu um palco privilegiado: o Teatro Municipal de São Paulo, a soberba construção iniciada em 1903.

Pagu

"Uma sensação inédita"

"À noite, do recinto da exposição, [...] por meio de telefone-alto-falante, a multidão teve uma sensação inédita. A ópera O Guarani, de Carlos Gomes, que estava sendo cantada no Teatro Municipal, foi ali distintamente ouvida, bem como os aplausos aos artistas."

A "sensação inédita", descrita pela notícia do jornal A Noite, de 8 de setembro de 1922, era ouvir a transmissão. Um grande esforço do governo, que importou um "possante" transmissor de 500 watts e 80 aparelhos receptores. Tudo isso para dar brilho especial à exposição internacional, que comemorava o I Centenário da Independência.

A prisão de 7 corôas

O REPORTER — Então como foi isso, você se deixou prender tão facilmente?
O ASSASSINO — Ora seu moço, o cambio está tão ruim que logo conprehendi que ninguem daria mais nada por «sete corôas...»

Proprietarios e inquilinos...

— Então V. S. além de me estragar a casa vae-se embora sem pagar a ninguem?
— Ora, você de-se por muito feliz, porque pelo que dizem, o novo inquilino é peor do que eu!...

No tiro, a primeira medalha Olímpica

As Olimpíadas de 1920 quase não aconteceram. Mas afinal, 20 meses depois do fim da Primeira Guerra, elas começavam na Bélgica, onde Guilherme Paraense conseguiu a primeira medalha brasileira (na prova de pistola / tiro rápido): e foi de ouro.

No plano internacional, nova crise resultaria em queda de quase 50% no preço do café. Pressionado pelos cafeicultores paulistas e mineiros, Epitácio Pessoa interveio no mercado, emitiu papel-moeda, implementando, pela terceira vez, nova política de defesa do café. Empréstimos foram contraídos na Inglaterra. Os preços do café se recuperaram, graças à recuperação da própria economia mundial, à diminuição das safras dos anos de 1922 e 1923 e à proibição do consumo de bebidas alcoólicas nos Estados Unidos da América.

Aqueles anos ficariam marcados pelo descontentamento do Exército, pela insatisfação da população urbana e pelas tensões regionais das elites dominantes, com o Rio Grande do Sul despontando como centro de oposição ao núcleo agrário-exportador.

Em 1922, o ambiente político esquentou: a disputa para a sucessão presidencial que opunha Artur Bernardes e Nilo Peçanha foi considerada como uma das mais exacerbadas da República Velha. O primeiro, indicado por Minas (prenúncio do rompimento do acordo com São Paulo), e o segundo lançado pela Reação Republicana, reunião das oligarquias do Rio de Janeiro, Rio Grande do Sul, Bahia e Pernambuco. Venceu Artur Bernardes.

Enquanto isso...

Em 1922, para hospedar os turistas esperados para as comemorações do Centenário da Independência, o presidente quis a construção de um grande hotel de turismo na então Capital. Com a devida contrapartida de incentivos fiscais e a licença de funcionamento de um cassino, a pedido do empresário que se encarregou da obra, Octávio Guinle, seria construído o Hotel Copacabana Palace.

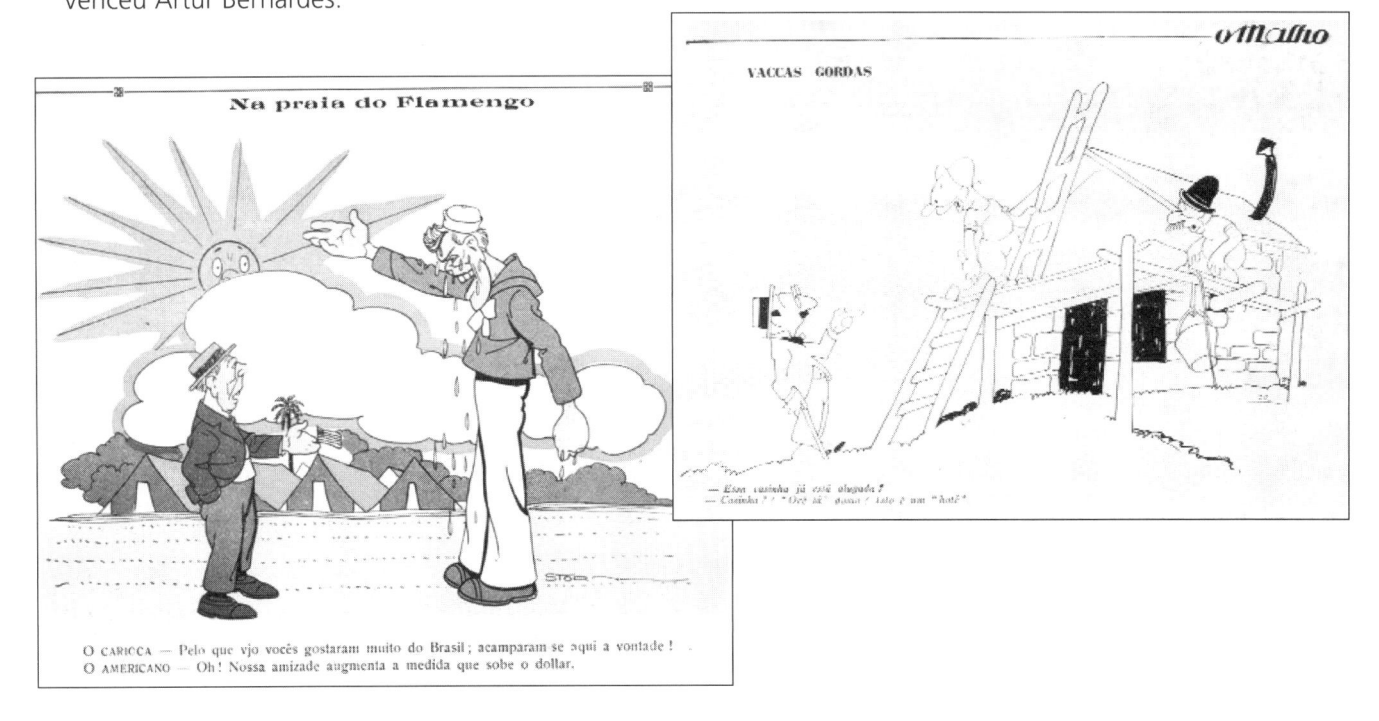

Na praia do Flamengo

O CARIOCA — Pelo que vjo vocês gostaram muito do Brasil; acampam-se aqui à vontade!
O AMERICANO — Oh! Nossa amizade augmenta à medida que sobe o dollar.

VACCAS GORDAS

— Essa casinha já está alugada!
— Casinha?! "Ocê tá" gozan'! Isto é um "hotel"!

Faixa Cronológica período Delfim Moreira

1918

NOVEMBRO – o vice Delfim Moreira assume a presidência (o presidente eleito Rodrigues Alves está gravemente doente); termina a Primeira Guerra Mundial.

1919

JANEIRO – morre Rodrigues Alves.

ABRIL – é feita a primeira transmissão de rádio do Brasil pela Rádio Clube de Pernambuco.

Sobre o "noço lider"...

"Alguns me perguntam se Lula, ex-inimigo de Jader e Quércia, hoje aliado e apologista, vai elogiar também FHC algum dia. É claro que não. Faltam ao ex-presidente tucano aquelas qualidades que tornaram os outros dois personagens notáveis da nossa história. Não sei se percebem. Mesmo a esquerdopatia delirante, o petralhismo mais ordinário, ainda que acuse o ex-presidente de "neoliberal" ou coisa parecida, não se atreve a chamá-lo de ladrão. Nem que seja de pipoca. E isso significa o seguinte: FHC não depende de Lula para lavar a sua reputação. No governo FHC, Jader apareceu algemado no Jornal Nacional. No governo Lula, ele aparece no Palácio do Planalto decidindo os destinos da nação. De fato, são perspectivas históricas inconciliáveis."

Reinaldo Azevedo

Um patriota

OPERÁRIO UNIDO JAMAIS SERÁ VENCIDO

DELFIM **M**OREIRA DA **C**OSTA **R**IBEIRO
1918-1919

O Brasil vivia de soluções de industrialização, a primeira ainda na época do Segundo Reinado, capitaneada pelo visconde de Mauá. O segundo maior soluço foi provocado pela Primeira Guerra Mundial, que impôs dificuldades para o comércio internacional, principalmente para a importação de produtos de tecnologia com valor agregado. As potências não conseguiram fechar os mares, mas precisavam produzir para o esforço de guerra, e com isso a produção para a exportação caiu vertiginosamente. Restava aos importadores, entre eles o Brasil, produzir o que pudessem, com a tecnologia disponível, e darem-se por satisfeitos. Só com a recuperação da Europa e o crescimento dos Estados Unidos é que a oferta de produtos no mercado mundial aumentou e a indústria brasileira, mais uma vez, se contraía e ficava esperando por uma nova solução.

Com ou sem um processo de industrialização, a classe operária foi se formando aos poucos, principalmente em São Paulo e no Rio de Janeiro, e com ela a politização e ideologização das lutas trabalhistas. Era inevitável que os operários brasileiros lutassem pelas conquistas de seus colegas europeus, como limitação de horas de trabalho diário, férias e outras garantias. E o instrumento universalmente utilizado era a greve, a paralisação da produção, com os protestos nas ruas reprimidos a pata de cavalo. Industrialização mesmo só com Getúlio Vargas, que esperou o soluço provocado pela Segunda Guerra Mundial e instalou de vez o parque industrial brasileiro, com forte presença do Estado na economia.

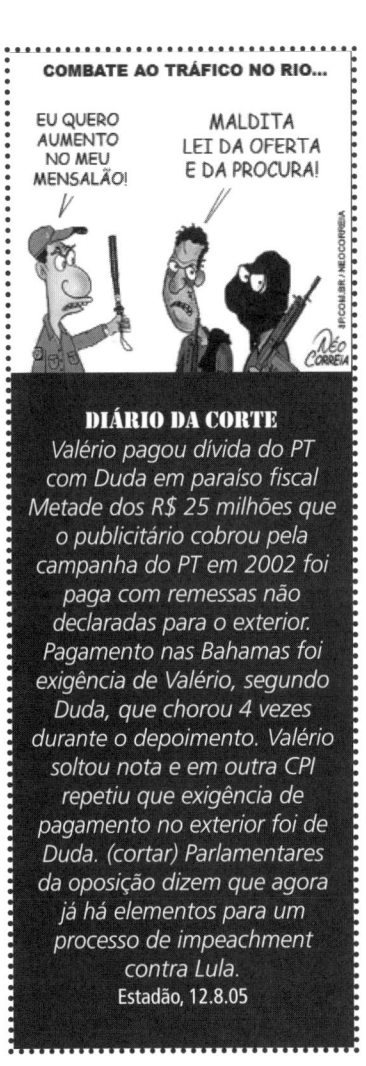

COMBATE AO TRÁFICO NO RIO...

EU QUERO AUMENTO NO MEU MENSALÃO!

MALDITA LEI DA OFERTA E DA PROCURA!

DIÁRIO DA CORTE
Valério pagou dívida do PT com Duda em paraíso fiscal Metade dos R$ 25 milhões que o publicitário cobrou pela campanha do PT em 2002 foi paga com remessas não declaradas para o exterior. Pagamento nas Bahamas foi exigência de Valério, segundo Duda, que chorou 4 vezes durante o depoimento. Valério soltou nota e em outra CPI repetiu que exigência de pagamento no exterior foi de Duda. (cortar) Parlamentares da oposição dizem que agora já há elementos para um processo de impeachment contra Lula.
Estadão, 12.8.05

E também morria Olavo Bilac, em 1918.

Jornalista e orador, o "Príncipe dos Poetas Brasileiros" (título ganho num concurso da revista Fon-Fon).

Também foi o letrista do Hino à Bandeira, o fundador da Liga de Defesa Nacional, o líder da campanha pelo serviço militar obrigatório.

Entrou para os cursos de medicina e direito, não terminou nenhum.

Parnasiano, pregava a ourivesaria de estilo e o culto à palavra. Compunha sonetos perfeitos, sonoros, elegantes, de métrica rigorosa, como o nome que trazia de batismo (Olavo Braz Martins dos Guimarães Bilac, um verso alexandrino perfeito, 12 sílabas que podem ser divididas em 2 versos de 6 sílabas cada um).

Ufanista por vezes, um de seus versos mais conhecidos diz: "Criança, não verás país nenhum como este..."

DELFIM MOREIRA

O mineiro Delfim Moreira teve um mandato curto, só de oito meses, que ficou conhecido como *regência republicana*.

Vice-presidente de um Rodrigues Alves eleito pela segunda vez, assumiu no lugar do presidente eleito, que morreria pouco depois, de gripe espanhola. Como ainda não se tinha chegado à metade do quadriênio que caberia a Rodrigues Alves, convocaram-se novas eleições presidenciais. Delfim Moreira, na verdade, não estava em condições de governar. Embora só tivesse 50 anos, sofria de um tipo de arteriosclerose precoce, que o levava a crises de ausência e a atitudes pouco sensatas. Durante o período da *regência*, quem governou de fato foi seu ministro da Viação, Afrânio de Melo Franco.

Na época, as más línguas diziam que as eleições tinham sido fraudadas. Leia-se, por exemplo, um gracioso artigo publicado em 2.3.1918 no *Jornal do Brasil*:

"Você achou muito? Eu nunca peguei uma bolada como o João Alves."

Neide Polos Plaza, empresária que declarou ter ganhado R$ 623,28 mil em prêmios de loterias federais entre julho de 1999 e dezembro de 2001, citando o ex-deputado João Alves, um dos "anões do orçamento".

- Oi, Zé, finalmente vou conhecê-lo: eu sou um dos anões do Orçamento...

A MERCANCIA DO VOTO

Nunca o commercio do voto se fez tão ás escancaras, tão descaradamente como hontem, em vários pontos do 1º districto.

Em uma casa de pasto fronteira ao edifício do Conselho Municipal, portanto nas proximidades de dous collegios eleitoraes, estavam sendo ultimadas varias trasacções.

Por curiosidade dirigimo-nos ao comprador que aliás é conhecido capanga eleitoral. É homem que já possuiu algumas dezenas de contos de réis e hoje vive... de expedientes.

Dirigimos-lhe a palavra:

– Então, estás comprando votos?

– Pois então, meu irmão...

– Mas onde está o arame?

– Não, não é assim... Eu ajusto o negocio e mando ao caixa: o caixa passa o dinheiro e faz acompanhar o pessoal de um vigia até elle sapecar o voto dentro do trophéo.

– Dentro do trophéo?

– Sim, trophéo é a urna.

– E vocês não têm medo de comprar votos?

– Medo? Ué!... É um negócio tão licito. Que tem a policia com isso? Por ventura nos Estados Unidos o voto não é comprado? O senhor já assistiu a uma eleição nos Estados Unidos da América do Norte?

– Não. E você já?

– Eu também não, mas me contaram. O voto é do eleitor e elle pode da-lo ou vende-lo.

Dirigimo-nos então a um eleitor que ia vender o voto.

– Vae vender o seu voto?

– Logo cedo...

– E não tem receio de ser preso?

– Preso? Eu?!... Cidadão brasileiro em uso e gozo dos seus direitos civis e politicos?! O senhor pensa que eu sou arara? Olhe que não estamos em estado de sitio, não. Então pensa que eu não sei que 30 dias antes e 30 dias depois da eleição o eleitor não pôde ser preso? E depois eu já ouvi dizer que não há lei que puna a gente por vender ou comprar votos. Antes vender o voto que votar como phosphoro, como antigamente: antes comprar votos que fabricar actas falsas, assaltar secções, carregar urnas, ferir e matar gente. E porque não vender o voto, se elles, uma vez eleitos, não se lembram mais da gente? Dá licença, moço, deixa eu fazer o meu negocio.

Fonte: Jornal do Brasil, 2.3.1918

OU AINDA UM COMENTÁRIO SOBRE AS CONDIÇÕES DE VOTAÇÃO, DA MESMA EDIÇÃO DO JORNAL:

O INTERIOR DE UMA SECÇÃO ELEITORAL

Não há eleitor que resista ficar um dia, uma noite e mais outro dia e outra noite aguardando a vez de ser chamado para votar. Muito melhor seria que as secções se desdobrassem, de modo que o processo eleitoral não fosse tão enfadonho nem para os mesários, nem para os eleitores.
Que aspecto degradante apresenta um collegio eleitoral á dês horas, quando o cansaço domina toda a gente!
Que cousa horrorosa ver-se aqui o cidadão eleitor estirado num banco a roncar, a resomnar: alli um soldado com a carabina para um lado e o sabre para o outro porque afinal não há organismo humano que resista a semelhante sacrifício. Parece haver o firme propósito de massacrar o eleitorado, obrigando-o á abstenção como sucedia ao tempo em que o phosphoro e a acta falsa nomeavam de presidente da República até intendentes municipaes.

Fonte: Jornal do Brasil, 2.3.1918

Enquanto isso...

Em 1919 entrava no ar a primeira estação de rádio brasileira, a Rádio Clube de Pernambuco – até hoje no ar, e que chegou a ser propriedade de Assis Chateaubriand, a exemplo da Super Rádio Tupi, de Recife. Três anos depois, a Rádio Sociedade do Rio de Janeiro (que só seria inaugurada em 1923) transmitia em caráter experimental o discurso do presidente da República, na comemoração dos 100 anos da Independência do Brasil. Essa rádio foi criação de Roquete Pinto e hoje é a rádio MEC.

NO SERTÃO DE MATTO GROSSO

tambem se ouve um tango da Argentina
— RADIO GUARANY —

NOVAS GREVES EM 1919-1920

E novas conquistas: aumento para várias categorias, seguro social em caso de acidente e até o compromisso de férias anuais para os trabalhadores. Operários em greve em frente a uma fábrica no Brás, em São Paulo.

Marcas da época

A primeira marca da Souza Cruz lançada em 1903 reaparece em 1915, confirmando a predileção de Albino Souza Cruz pelos nomes femininos.

Em 1918, na esteira do sucesso da bailarina Ana Pavlova em sua temporada no Brasil, a Souza Cruz lançou os elegantes cigarros La Pavlova, que permaneceram no mercado quase dez anos.

Uma novidade da época eram os cigarros de ponta de cortiça. Riviera foi um deles. Na embalagem, a sugestiva conotação com um dos locais mais elegantes e comentados do período.

A guerra havia interrompido as costumeiras viagens de muitos brasileiros à Europa. Com o lançamento do High Life, o antigo hábito podia ser relembrado: sua caixa estampava a conhecida silhueta do Cassino de Monte Carlo, roteiro obrigatório dos viajantes de então.

1918
Termina a Primeira Guerra Mundial. Surto de "gripe espanhola" faz milhares de mortos em todo o mundo, inclusive o presidente eleito, Rodrigues Alves.

DIÁRIO DA CORTE

PT fará a maior troca de cargos desde o fim do regime militar – O PT está se preparando para promover, a partir de 1º de janeiro, a maior troca de cargos da administração federal desde o fim do regime militar. Pela primeira vez, em 18 anos, a máquina do Governo mudará efetivamente de mãos e o partido terá 22.401 cargos para preencher: serão escolhidos 26 ministros, 1.875 técnicos de segundo escalão e 20.500 de terceiro. "A estrutura administrativa terá a face de Lula", avisa o coordenador parlamentar da transição, o líder do PT no Senado, Tião Viana
O Globo, 3.11.02

DIÁRIO DA CORTE

Liminar garante matrículas sem reserva de vagas na UFSC. "A ciência contemporânea aponta de forma unânime que o ser humano não é dividido em raças, não havendo critério preciso para identificar alguém como negro ou branco", afirmou o juiz substituto Gustavo Dias de Barcellos da 4ª Vara Federal de Florianópolis
Revista jurídica Última Instância, 18.1.08

1919
É firmado o Tratado de Paz de Versalhes, impondo duras sanções econômicas à Alemanha.

Faixa Cronológica período Venceslau Brás

1914

NOVEMBRO – Venceslau Brás toma posse.

1915

Pinheiro Machado é assassinado, no Rio de Janeiro.

1916

JANEIRO – é aprovado o Código Civil.

1918

SETEMBRO – a pandemia da gripe espanhola atinge duramente o Brasil.

"A eleição do Severino [Cavalcanti para a presidência da Câmara] foi tentativa de golpe. Era para ele receber o pedido do impeachment [de Lula]. O Aécio Neves [governador de Minas Gerais] foi um dos que ajudou a impedir o Golpe. Mas, antes disso, Severino aderiu ao Lula".

Ciro Gomes

O CHEFE DA POLÍCIA PELO TELEFONE MANDA ME AVISAR

VENCESLAU **B**RÁS **P**EREIRA **G**OMES
1914-1918

S. PAULO E A CANDIDATURA DE VENCESLAU

O primeiro samba foi gravado no Rio de Janeiro e se tornou um marco na história da música popular brasileira e a cidade, o mais importante centro musical do país. Os gramofones gritavam que o jogo corria solto na cidade, e naquela época a polícia estava combinada com a bandidagem. Um estigma que o Rio arrastou por anos e anos, até se tornar o principal centro do tráfico de drogas. Na época do Venceslau havia ingenuidade e apenas uma leve transgressão penal. Nem bala perdida havia e era possível transitar de um lado para o outro sem um arrastão. A maior ameaça era a doença, agravada com o precário sistema de esgotos, e a gripe espanhola, que fez mais estragos no mundo do que a peste negra.

A jovem República não teve nenhum papel de destaque no cenário mundial, mesmo com a hecatombe que se abateu sobre a humanidade: a Primeira Guerra Mundial, que fez mais de dez milhões de mortos e a destruição do continente europeu. O Brasil não tinha nem tradição nem poderio para influenciar os destinos do mundo, ao contrário dos Estados Unidos, que entraram na guerra e foram decisivos para a vitória dos Aliados. O teatro da política mundial era muito distante, e navios brasileiros só foram afundados porque navegavam em águas próximas do conflito. Aos poucos as potências construíram um eixo de dominação no Atlântico Norte e de lá ditariam como deveria funcionar o comércio internacional.

Em 1910...

Em 1914...

TRAGÉDIA

Um dos muitos episódios dramáticos do governo Venceslau Brás foi o assassinato do líder do Partido Republicano Conservador e figura das mais proeminentes da República Velha, Pinheiro Machado.

Homem de muitos inimigos, de morte mais do que anunciada, o senador foi apunhalado em 8 de setembro de 1915, no saguão do Hotel dos Estrangeiros, no Rio de Janeiro.

E nunca se descobriu quem foram os mandantes do crime.

VENCESLAU BRÁS

O governo do mineiro Venceslau Brás coincidiu com a Primeira Guerra Mundial.

Antes de ser eleito presidente, o advogado foi secretário do Interior, Justiça e Segurança Pública de Minas Gerais, deputado federal pelo PRM (Partido Republicano Mineiro), presidente do Estado de Minas, vice-presidente da República na chapa de Hermes da Fonseca.

"O presidente governa fora e acima dos partidos" – essa foi sua plataforma, insinuação dirigida à figura de Pinheiro Machado, que puxava os cordelinhos de toda a política brasileira. Venceslau Brás adotou uma política financeira de austeridade diante da crise das importações: as importações mundiais diminuíam e as nossas só aumentavam. Como resultado da Primeira Guerra Mundial, nosso fazedor de divisas, o café, teve as exportações reduzidas a cifras desesperadoras. Além disso, o mercado internacional, que era nosso, passou a ser disputado por outros dois ávidos fornecedores: a Colômbia e a África.

Para evitar a queda dos preços, três milhões de sacas foram queimadas. Entre 1917 e 1920, essa situação determinou a valorização do café.

Greves pipocavam nas principais cidades do país, principalmente em São Paulo e Rio de Janeiro. Em 1917, a greve geral dos operários de duas indústrias têxteis de São Paulo acabou por se alastrar por cerca de 50 mil trabalhadores da cidade. Resultado: como instrumento de intimidação, o governo mobilizou tropas e mandou dois navios de guerra para o porto de Santos.

Segundo o *Jornal do Brasil*, o momento exigia "uma soma enorme de energia, uma inquebrantável coragem cívica e um iludível bom senso".

Em seu governo foi aprovado o Código Civil (1916) e teve fim a luta do Contestado. Mas o verdadeiro flagelo do período foi a gripe espanhola. Naquela época, matou 20 milhões de pessoas mundo afora. No Brasil, mais de 600 mil – dentre elas Rodrigues Alves, quando foi eleito para um segundo mandato e nem chegou a tomar posse. A média mensal de enterros era de 340, e com a gripe ela subiu para 1.600. Só no Rio de Janeiro, a gripe fez mais de 14 mil mortes registradas. Em São Paulo, cerca de duas mil.

Voluntários e presidiários trabalhavam como coveiros, e grandes valas foram abertas para receber os cadáveres.

Uma campanha veiculada no *Jornal do Brasil* pedia aos leitores "meios que o habilitem a enxugar muito pranto e mitigar muita dor de que são causa os dois sinistros flagelos da humanidade – a fome e a peste". (transcrição da edição de 31.10.1918)

A CIGARRA

O ENSINO MODERNO

LINHA VERTICAL — CIRCUMFERENCIA
LINHA MIXTA — LINHA HORIZONTAL
TRIANGULO — ANGULO RECTO

Processo pratico para ensinar Geometria ás creanças

As cidades ficaram vazias: bancos, bares, teatros, repartições públicas e muitos outros estabelecimentos fecharam as portas ou por falta de funcionários ou de clientes. As pessoas tinham medo de sair à rua. Em São Paulo, principalmente, quem pôde foi para o interior, onde a gripe não tinha aparecido. Nos jornais, as receitas se multiplicavam: cartas de leitores recomendavam pitadas de tabaco e queima de alfazema ou incenso, para evitar o contágio e desinfetar o ar. O quinino, usado no tratamento da malária e muito popular na época, passou a ser distribuído à população, mesmo sem comprovação científica.

As autoridades não sabiam o que fazer, nem sequer conheciam medidas de cura ou para evitar o contágio. O único conselho dado à população: evitar aglomerações.

Pois a epidemia se alastrou justamente porque desde o início as pessoas não davam atenção às notícias vindas de Portugal, acreditando que a gripe não atravessaria o oceano. Mas ela veio com os soldados. E correu como um rastilho de pólvora.

Em 1918, Venceslau Brás convidou Carlos Chagas para dirigir o Instituto Osvaldo Cruz. A organização administrativa e de pesquisa foi reestruturada. Ele liderou a campanha de combate à gripe espanhola, criando cinco hospitais emergenciais e 27 postos de atendimento à população, em diferentes pontos do Rio de Janeiro.

No período oficialmente reconhecido como pandêmico, entre outubro e dezembro de 1918, 65% da população adoeceu. Só no Rio de Janeiro, foram registradas 14.348 mortes. Em São Paulo, outras duas mil pessoas morreram.

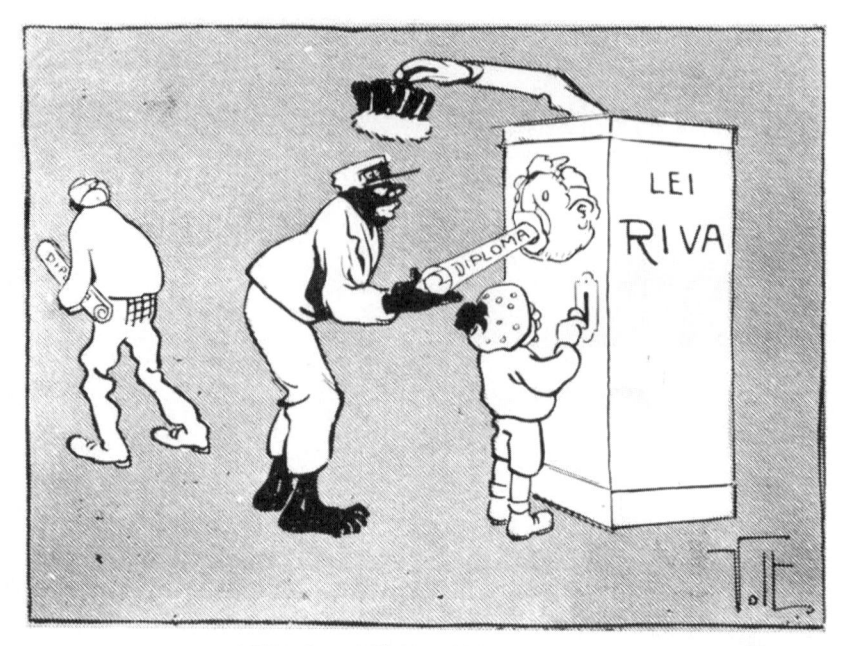

Brasil na guerra

No início da guerra, em 1914, o Brasil era neutro. Mas Rui Barbosa, inflamado e ardente defensor do serviço militar obrigatório, conseguiu convencer a população de que todas as nações deviam lutar contra a Alemanha, que teoricamente invocava patriotismo, mas que na verdade eram interesses econômicos. Em 1916, o Brasil continuava neutro, o povo brasileiro não mais.

No dia 3 de abril de 1917, o navio *Paraná* foi afundado em águas francesas. Represália brasileira (confisco dos navios alemães ancorados em portos brasileiros), represália alemã (mais navios afundados). Em outubro o Congresso acolhia a mensagem de Venceslau Brás decretando "estado de guerra" com a Alemanha. Demorou quase um ano para o Brasil tomar parte efetiva no conflito, e só partimos para a Europa em 18 de agosto de 1918. Chegamos um pouco atrasados, e a unidade médica seguiu para lutar contra a gripe espanhola que assolava a Europa. Nossas tropas nunca combateram.

Marchinha carnavalesca

Pelo telefone, a famosa música de Donga e Mauro de Almeida, foi gravada pela primeira vez por Pixinguinha. Um dos versos dizia "O chefe da polícia pelo telefone manda lhe avisar que na Carioca tem uma roleta para se jogar." Mas a versão cantada nas ruas, no carnaval de 1917, era ligeiramente diferente da original: *O chefe da polícia / Pelo telefone / Mandou avisar / Que na Carioca / Tem uma roleta / Para se jogar / Ai, ai, ai / O chefe gosta da roleta/ Ô maninha / Ai, ai, ai / Ninguém mais fica forreta / É maninha / Chefe Aureliano / Sinhô, Sinhô / É bom menino / Sinhô, Sinhô / Prá se jogar/ Sinhô, Sinhô / De todo o jeito /Sinhô, Sinhô / O bacará / Sinhô, Sinhô / O pinguelim, / Sinhô, Sinhô / Tudo é assim.*

É que meses antes, em outubro de 1916, o chefe de polícia do Distrito Federal, Aureliano Leal, determinou por escrito aos seus subordinados que informassem "antes pelo telefone" aos infratores a apreensão do material usado no jogo de azar.
Não foi poupado!

Faixa Cronológica período Hermes da Fonseca

1910

NOVEMBRO – Hermes da Fonseca assume a presidência; estoura a Revolta da Chibata.

1911

Estoura o Conflito de Juazeiro.

1912

DEZEMBRO – é criada a Faculdade de Medicina e Cirurgia de São Paulo.

1913

JUNHO – morre Campos Sales.

1914

AGOSTO – tem início a Primeira Guerra Mundial.

UM BAIANO ARRETADO E FALADOR

HERMES RODRIGUES DA FONSECA
1910-1914

Ele poderia ter entrado para a vida pela porta dos fundos, mas se recusou. Não tinha idade mínima para entrar no curso de direito e por isso não aceitou uma fraude maquinada pelo próprio pai, que queria ver o filho geniozinho se formar advogado. Rui Barbosa não aceitava o que estava fora da lei, e por isso entrou pela porta da frente, quando completou a idade mínima. Ele melhor do que ninguém conhecia os militares, afinal, tinha convivido com eles no período que antecedeu a queda da monarquia e a Proclamação da República, e tinha sido ministro da Fazenda do primeiro governo do marechal Deodoro da Fonseca. Peitou Floriano Peixoto, detentor de verdadeiro poder ditatorial, e acreditava que a lei era para todos. Rui dizia alto e bom som o que hoje todos sabem, que lugar de militar é na caserna.

A campanha civilista que antecedeu a eleição de Hermes da Fonseca foi um marco na história política de jovem República, ainda na minoridade, mas que apresentava convulsões próprias de um doente grave. Parecia personagem dos escritores realistas. Antepor civis a militares era tudo de que o Brasil não precisava, mas não houve outra saída. Os chefes políticos locais ora apoiavam um lado, ora o outro e mudavam sempre em função do atendimento de seus interesses ou de sua perpetuação no poder. Mesmo com o apoio dos militares do exército, Hermes não teve um governo tranqüilo, e os marinheiros se revoltaram e por pouco não bombardearam a capital do país. Pobre população do Rio de Janeiro, não era a primeira vez, nem seria a última em que era ameaçada por viver no Distrito Federal.

DIÁRIO DA CORTE
Juiz diz que cota para negro é ilegal e concede igualdade a branco em vestibular
Revista jurídica Última Instância, 29.11.07

DIÁRIO DA CORTE
Casos de febre amarela no DF superam registros dos últimos 18 anos
Correio Braziliense, 7.2.08

DIÁRIO DA CORTE
"Corrupção derruba Brasil no ranking de liberdade econômica".
Na matéria, os dados: em 2003, ocupávamos a 58ª posição, hoje a 101ª
Estadão, 16.1.08

HERMES DA FONSECA

Depois do duelo político entre os *civilistas*, que se congregaram em torno de Rui Barbosa, e os *hermistas*, o marechal conseguiu finalmente chegar ao poder. Hermes da Fonseca foi feito presidente. As eleições foram evidentemente fraudadas, garantia-se à boca pequena. A novidade é que pela primeira vez instalou-se um verdadeiro clima de campanha eleitoral, com Rui Barbosa defendendo sua histórica Campanha Civilista, a volta dos militares aos quartéis e o fortalecimento do poder civil.

Depois da ida às urnas, uma multidão se reunia diariamente em frente ao antigo prédio do *Jornal do Brasil*, no Rio de Janeiro, para acompanhar a apuração. E um militar assumiu mais uma vez a presidência.

O gaúcho era republicano, membro da maçonaria e sobrinho do primeiro presidente do país, Deodoro da Fonseca. Ministro da Guerra do governo de Afonso Pena, instituiu a Lei do Serviço Militar Obrigatório.

Hermes foi o primeiro militar eleito à presidência em pleito direto. Sua eleição foi resultado da falta de acordo entre as lideranças paulistas e mineiras, e da emergência no cenário político da aliança do Rio Grande do Sul com os militares, rompendo assim a "política do café-com-leite". Durante todo seu governo, o senador Pinheiro Machado teve grande ascendência sobre ele.

Os instantaneos d'"A Cigarra"- O sr. Pinotti Gamba e sua exma, familia

Problemas, só problemas

Logo no início da gestão de Hermes da Fonseca eclodiu a Revolta da Chibata, um levante de marinheiros que se opunham ao regime de castigos físicos em vigor na Marinha. João Cândido Felisberto, o Almirante Negro, foi seu líder. O governo não perdoou a ousadia e determinou a prisão dos revoltosos. Apesar de anistiados, muitos foram depois fuzilados ou deportados para a Amazônia. João Candido foi internado como louco.

Em setembro de 1912 estourava a Guerra do Contestado, rebelião de caráter messiânico, na região entre os atuais estados do Paraná e Santa Catarina. O beato José Maria, líder do movimento que pretendia fundar uma "monarquia celestial" na região, morreu logo no 1º confronto. A rebelião só foi liquidada em 1915, já no governo de Venceslau Brás. Nela, ocorreram cerca de 20 mil mortes.

Na Capital Federal, estado de sítio: manifestações e uma onda de greves contra a deportação de sindicalistas em cumprimento à nova lei que determinava a expulsão do país de estrangeiros grevistas.

Não bastasse tudo isso, ainda começou o chamado Conflito de Juazeiro, cuja figura central foi o padre Cícero, líder religioso venerado por camponeses do sertão do Cariri. Aliado dos coronéis cearenses, foi eleito prefeito de Juazeiro em 1911. Junto com a oligarquia local, organizou o chamado Pacto dos Coronéis, uma aliança visando a manutenção do poder estadual.

A Assembléia Legislativa elegeu para o governo ninguém menos do que o mentor político do padre Cícero, Floro Bartolomeu. Os dois armaram os sertanejos para garantir a decisão dos deputados, contra indicação do governo federal, que enviou um interventor e forçou a renúncia de Cícero. Considerado santo por muitos sertanejos até hoje, o padre excomungado na verdade foi eminência parda da política cearense por mais de dez anos.

O saldo de tantas atribulações foi negativo para a popularidade do presidente, que no início do mandato vivia uma lua-de-mel com a imprensa, quando o Jornal do Brasil chegou a publicar cupons que poderiam ser trocados por um retrato do marechal Hermes.

No final da vida, ainda protagonizou umas tantas atribulações. Foi preso, acusado de envolvimento na "reação republicana" (apoio à candidatura de Nilo Peçanha) e na "revolta do forte de Copacabana". Solto graças a um habeas corpus, morreu pouco tempo depois. Seu corpo estava sendo velado quando foi entregue a intimação para que se apresentasse à Justiça no dia seguinte, para depor.

Mas nem tudo foram nuvens e tempestades

A partir de 1913, o número de greves diminuiu. O período foi de grande crescimento industrial: para se ter uma idéia, enquanto a população brasileira crescia cerca de 30% em dez anos, o número de operários cresceu quase 100%. É bem verdade que se as greves diminuíram em número, elas cresceram em organização, e os reflexos veríamos a partir de 1917.

Outros acontecimentos

Em janeiro de 1912 acontecia o primeiro ato de censura a um filme brasileiro, A vida de João Cândido, *sobre a Revolta da Chibata, do diretor Alberto Botelho. Em outubro de 1912 era inaugurado o bondinho do Pão de Açúcar, no Rio de Janeiro. Em 1914 era necessária nova renegociação da dívida externa, com um segundo* funding loan *(o primeiro tinha sido negociado por Campos Sales), pois a situação financeira do Brasil não era nada boa.*

Em julho de 1914, o arquiduque Francisco Ferdinando, herdeiro do trono austríaco, era assassinado em Sarajevo. Em represália, o Império Austro-Húngaro declarou guerra à Sérvia, dando inicio à Primeira Guerra Mundial.

CURIOSIDADES
ACREDITE SE QUISER

Já houve época em que político terminava a vida pobre: após o mandato presidencial, Campos Sales foi senador por São Paulo, onde já havia sido governador; em seguida, foi diplomata na Argentina. Nas articulações para a eleição presidencial de 1914, seu nome chegou a ser novamente sugerido para a presidência, mas ele se recusou.

Morreu repentinamente em 1913, quando passava por dificuldades financeiras.

O sr. C. Borgognani, vencedor do circuito de Itapecerica, e a sua motocycleta F. N.

Nair de Tefé

Em 1913, o viúvo presidente da República (Hermes da Fonseca) se casou com Nair von Hoonholtz, conhecida como Nair de Tefé – nossa primeira caricaturista. Aquela que hoje seria classificada de feminista chegou a participar das primeiras comemorações do Ano Internacional da Mulher, foi cantora, pianista e pintora. A filha do barão de Tefé estudou na França, era apaixonada por música popular, promovia saraus no Palácio do Catete (então sede do governo), famosos porque introduziram o violão nos salões da sociedade. Seus trabalhos foram publicados em muitos periódicos: O Binóculo, A Careta, O Malho, *além do jornal* Gazeta de Notícias *e da* Gazeta de Petrópolis. *Seu primeiro trabalho saiu na* Fon-Fon, *mas sob o pseudônimo de Rian. Reunia amigos para recitais de modinhas. Mas não só: causou polêmica e críticas ao governo, pelos "escândalos" no palácio e pela "promoção e divulgação de músicas cujas origens estavam em danças lascivas e vulgares". Isso porque tinha organizado um recital de lançamento do "Corta Jaca", um maxixe composto por Chiquinha Gonzaga. Quando se casou, parou de fazer caricaturas, mas aos 73 anos voltou a elas. No fim dos anos 1970 ainda participou das comemorações do Dia Internacional da Mulher. Morreu no Rio de Janeiro, em 1981, aos 95 anos.*

CURIOSIDADES
ACREDITE SE QUISER

Em 119 anos de República, os excelentíssimos presidentes quase sempre foram senhores casados. Com raras exceções:

Hermes da Fonseca enviuvou e casou durante o mandato

Humberto de Alencar Castelo Branco era viúvo.

Itamar Franco era divorciado.

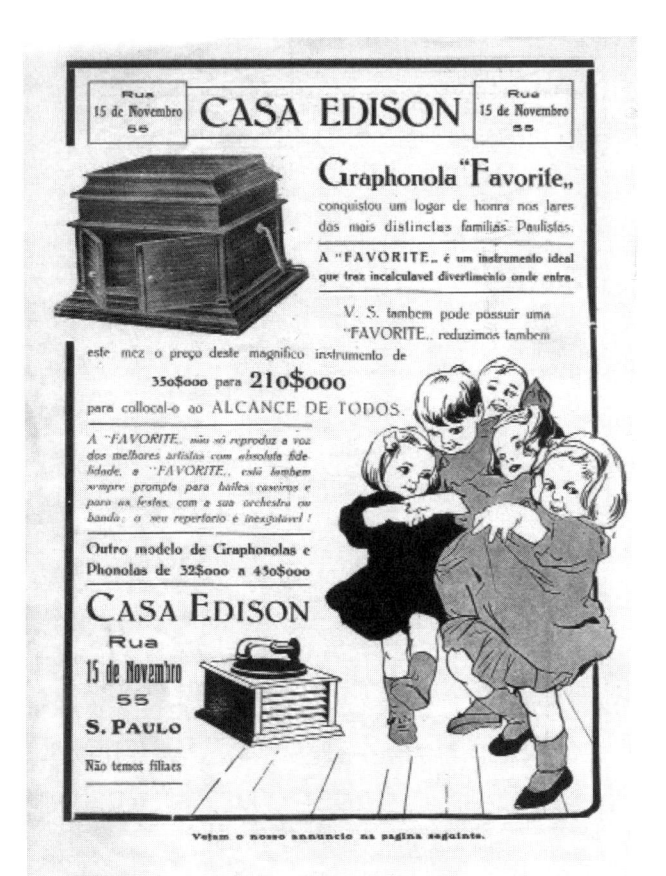

Faixa Cronológica período Nilo Peçanha

1909

JUNHO – morre o presidente Afonso Pena e assume seu vice, Nilo Peçanha.

JULHO – é inaugurado o Teatro Municipal do Rio de Janeiro.

AGOSTO – Euclides da Cunha é morto.

1910

SETEMBRO – estoura a Revolta do Contestado.

OUTUBRO – é inaugurada a nova sede da Biblioteca Nacional; Cândido Rondon é nomeado 1º diretor do Serviço de Proteção aos Índios; Rui Barbosa faz sua Campanha Civilista.

MORRER, SE PRECISO FOR; MATAR, JAMAIS

NILO **P**ROCÓPIO **P**EÇANHA
1909-1910

Será Gandhi desembarcando no Brasil? Madre Teresa? Sidarta Gautama? Ou o sertanista marechal Rondon? Pela primeira vez desde que os europeus chegaram à Terra de Santa Cruz tentou-se estabelecer uma política de proteção ao índio, o verdadeiro proprietário das terras e de todas as riquezas. Foi o primeiro passo liderado por um homem da estatura de um humanista, que certamente teria espaço no panteão dos heróis de outros povos do mundo, mas que na civilização brasileira é esquecido e levemente lembrado no dia 19 de abril, Dia do Índio. Ele comprovou com audácia e determinação as fronteiras que tinham sido demarcadas pelos bandeirantes no período colonial e interligou o país através de linhas telegráficas. Rondon foi o grande artífice e protagonista do Serviço de Proteção ao Índio, hoje Funai. Nem por isso deixou de ser perseguido por Getúlio, em 1930...

A sombra dos militares não deixava a República em paz. Eles se consideravam traídos pelos civis, uma vez que tinham constituído uma República para os casacas. Nilo se equilibrava ora na maioria conservadora, ora na oposição que também era conservadora, mas tinha na figura do marechal Hermes da Fonseca uma constante ameaça de golpe de estado contra a ordem constitucional. Nilo não vacilou, convidou o marechal para ser o seu ministro da Guerra e atenuou a fome dos militares de se apossar do poder. Seriam os homens de farda os únicos em condições de salvar o Brasil e colocá-lo nos trilhos da ordem e do progresso?

DIÁRIO DA CORTE
Um ano após chegar ao poder numa eleição que sepultou os partidos tradicionais da Venezuela, o presidente Hugo Chávez começa a sentir os efeitos do fim da lua-de-mel com a população.
O Globo, 24.2.00

DIÁRIO DA CORTE
Crise faz peso argentino afundar.
Jornal do Brasil, 13.7.01

DIÁRIO DA CORTE
"Em 2007, as despesas com cartão de crédito corporativo do governo somaram 75 milhões. Entre as despesas, bares, restaurantes, instrumentos musicais, joalheria e veterinário."
Folha 23.1.08

PERSONALIDADES

CÂNDIDO RONDON

Autor do famoso lema "Morrer, se for preciso; matar, jamais", abriu caminhos, desbravou terras, lançou linhas telegráficas, mapeou terrenos e, principalmente, estabeleceu relações cordiais com os índios. Pacificou um sem-número de tribos.
O mato-grossense que em 1910 foi o primeiro diretor do Serviço de Proteção ao Índio, futura Funai, e que chegou a ser indicado para o Nobel da Paz, foi perseguido por Getúlio, em 1930, ano em que abandonou a direção do órgão. Sem guardar rancor, em 1942 pronunciou seu apoio ao gesto de Getúlio Vargas "por este conduzir a Bandeira política e administrativa da Marcha para o Oeste, visando ao alargamento do povoamento do sertão e de seu aproveitamento agropecuário com fundamentos econômicos mais sólidos e eficientes. Homenagem pela sua expressão de simpatia para com os indígenas e disposição de ocupar o vazio do território que permanecia despovoado."

NILO PEÇANHA

Nilo Peçanha, o vice de Afonso Pena, era carioca e governou depois da morte do presidente.

Se não fosse um anacronismo, poderíamos dizer que o lema de sua gestão se fez sob o lema "paz e amor": tentou uma posição de equilíbrio, em clima de grande efervescência política. Por exemplo, convidou o marechal Hermes da Fonseca a reassumir a pasta da Guerra, por apoiá-lo discretamente. Mas oficialmente Nilo Peçanha tinha uma posição de neutralidade relativamente à campanha civilista, o que acabou por produzir uma situação delicada, pois ele passou a ser convocado pelos dois grupos rivais. Houve tumulto e derramamento de sangue durante comícios na Capital Federal.

Num cenário de acirramento de conflitos, em função da Campanha Civilista, Nilo Peçanha fez intervenções em alguns estados para garantir a posse dos presidentes aliados ao governo federal. Como seu antecessor, Nilo Peçanha deu ênfase à construção de ferrovias, mas investiu também em questões sociais, como a criação do SPI e da Escola de Aprendizes Artífices, no Rio de Janeiro. Concorreu novamente à Presidência da República, mas sem o sucesso.

Além do Serviço de Proteção aos Índios, criou também o Ministério da Agricultura, Comércio e Indústria.

Ainda durante sua gestão, uma tragédia abalou o país (agosto de 1909): a morte do escritor Euclides da Cunha, no subúrbio carioca da Piedade, numa troca de tiros com o aspirante do Exército Dilermando de Assis.

Elegantes amadoras do "foot-ball" sahindo do "ground".

Euclides da Cunha

O escritor, funcionário público, repórter de guerra, poeta, sociólogo, cronista, engenheiro e viajante foi contagiado pelo ardor republicano dos cadetes e de Benjamin Constant, professor da Escola Militar: durante revista às tropas, atirou sua arma aos pés do ministro da Guerra. Foi submetido ao Conselho de Disciplina e, em 1888, saiu do Exército. Participou ativamente da propaganda republicana no jornal O Estado de S.Paulo. Proclamada a República, foi reintegrado ao Exército com promoção. Ingressou na Escola Superior de Guerra e conseguiu ser primeiro-tenente e bacharel em matemática, ciências físicas e naturais.

Em 1891, deixou a Escola de Guerra e foi designado coadjuvante de ensino na Escola Militar. Na época da insurreição de Canudos, em 1897, escreveu dois artigos pioneiros intitulados "A nossa Vendéia", que lhe valeram o convite do Estado de S.Paulo para presenciar o final do conflito. Euclides não ficou até a derrubada de Canudos. Mas conseguiu reunir material para, durante cinco anos, elaborar Os Sertões.

Outros acontecimentos

Em 1910, o cientista Carlos Chagas, que tinha iniciado a carreira combatendo a malária, descobriu o micróbio que, em homenagem ao amigo Osvaldo Cruz, foi batizado de Trypanosoma cruzi, causador da doença que passou a se chamar mal de Chagas, ou doença de Chagas. Ela afetava as populações no meio rural, transmitida pela picada de um inseto sugador, o barbeiro.

Ainda naquele ano, os brasileiros puderam ver o rastro de luz do cometa Halley, que passou pela Terra.

Faixa Cronológica período Afonso Pena

1906

NOVEMBRO – assume Afonso Pena.

1907

O presidente disponibiliza recursos necessários, em 1907, para que Cândido Rondon realizasse a ligação por telégrafo do Rio de Janeiro à Amazônia.

1908

NOVEMBRO – chega ao porto de Santos, depois de 53 dias de viagem, o navio *KasatoMaru*, trazendo os 781 primeiros imigrantes japoneses.

Papae Grande na Paulicéa

CAFÉ-COM-LEITE COM CAFÉ

AFONSO AUGUSTO MOREIRA PENA
1906–1909

Imaginem um presidente da República eleito com 290 mil votos. Com essa avalanche de votos, o conselheiro Pena se tornou presidente da República dos Estados Unidos do Brasil. Obviamente que a maioria da população era alijada do processo eleitoral, e aqueles que participavam apenas davam o seu aval para que os políticos governassem em seu nome. Não havia a consciência cidadã de exigir comprometimento dos políticos, ou análise de programas partidários nem a cobrança durante o exercício do mandato. Era uma grande pantomima, e os políticos a cada quatro anos organizavam os seus cabos eleitorais para conseguir os votos e ficar mais quatro anos, e assim ia. Era a renovação de um cheque em branco assinado pelo eleitor e que dava ao representante o direito de fazer com o mandato o que bem entendesse. Não houve, portanto, avanço no processo democrático durante a República Velha, mas apenas a consolidação da oligarquia que assumiu o poder com a queda do Império e que só fez as reformas suficientes para se consolidar no poder.

Os grandes proprietários se concentravam regionalmente nos estados de São Paulo e Rio de Janeiro. Plantavam o ouro verde, o café, responsável pelas exportações nacionais e obtenção de moedas estrangeiras que bancavam a importação de produtos industrializados e arcavam com o pagamento da dívida externa com os grandes bancos internacionais. A Presidência da República era o centro do poder e por isso as oligarquias o disputavam. Contudo, entre os cafeicultores havia mais coincidências de interesses do que divergências, afinal a agrura de uns era a mesma de outros. Disso nasceu a política do café-com-leite ou a alternância de representantes das oligarquias mineira e paulista no poder. Assim se consolidou o sistema sob o domínio dos barões do café.

DIÁRIO DA CORTE
O que realmente importa para o PT" – A lembrança da gênese daquilo que foi conhecido como "sindicalismo autêntico" nos anos 70, origem do PT, faz crescer a perplexidade de quem assistiu ao tumulto armado na Câmara por deputados do PT e sindicalistas da CUT
Estadão, 29.11.01

DIÁRIO DA CORTE
O governo maquiou os resultados do PAC (Programa de Aceleração do Crescimento)
Folha 23.1.08

PERÍODO RICO DE ACONTECIMENTOS

Foram abertas no país 31 salas de cinema, e inaugurado o Cinematógrafo Pathé no Rio de Janeiro, que sempre tinha sessões lotadas.
Enquanto isso, novas invenções eram anunciadas: o francês Eugène Lauste patenteou o processo de filmes sonoros para cinema; o professor alemão Arthur Korn realizou a primeira transmissão de telefotos; e o canadense Reginald Aubrey Fessenden transmitiu a primeira emissão radiofônica.

AFONSO PENA

Nascido em Minas Gerais, cursou direito na Academia de São Paulo. Integrante do Partido Liberal, entrou para a política em 1874 e fez carreira, sendo sucessivamente reeleito, até 1889. Foi ministro da Guerra, da Agricultura, e do Interior e Justiça.

Integrou a comissão de organização do Código Civil brasileiro. Foi o fundador e o primeiro diretor da Faculdade de Direito de Minas Gerais e presidiu o Banco da República do Brasil (1895–1898), atual Banco do Brasil. Presidente de Minas, durante seu governo o Congresso Mineiro aprovou a mudança da capital para Belo Horizonte, inaugurada em 1897.

Teve uma gestão atribulada pela crise da disputa sucessória, por causa da rejeição ao nome que ele indicou para sua sucessão (David Campista, seu ministro da Fazenda). Uma discussão, na Câmara, sobre o direito de os militares participarem da vida política, abriu outra crise, ameaçando repetir, na República, a Questão Militar que abalou o Império. O marechal Hermes da Fonseca, ministro da Guerra, deixou o posto e se lançou candidato à sucessão presidencial. O episódio criou duas facções nos meios políticos; os *hermistas*, que apoiavam o ex-ministro da guerra, e os *civilistas*, que defendiam a candidatura de Rui Barbosa.

MORRIA NOSSO HOMEM DE LETRAS

Artur Azevedo

Artur Azevedo, já aos 15 anos escrevia sua primeira peça, *Amor por Anexins*. Em 1873, aos 18 anos, o maranhense se mudava para a Capital Federal, onde começou sua carreira como jornalista. Trabalhou em vários jornais, foi crítico teatral, fundou revistas. Suas atividades iniciais no teatro se deram, a princípio, na tradução livre e na adaptação de comédias francesas. Ao longo de sua carreira traduziu cerca de 40 peças para o teatro.

No final do século XIX, dominou o cenário teatral brasileiro. Deixou cerca de 25 comédias, 19 revistas de ano e 20 operetas e burletas. Além disso, foi um dos responsáveis pela construção do Teatro Municipal do Rio de Janeiro, inaugurado logo após a sua morte, em outubro de 1908. Artur Azevedo foi o consolidador da comédia de costumes iniciada por Martins Pena. Autor muito popular, retratou os costumes da sociedade brasileira do final da Monarquia e início da República.

O governo de Afonso Pena opôs resistência à continuidade da política de valorização do café. Por causa dessa resistência à concretização dos itens desse acordo, o governo do Estado de São Paulo obteve empréstimos com bancos e casas exportadoras estrangeiras, apostando na estratégia de valorização do café. Os produtores de Minas Gerais e Bahia não gostaram nada e Afonso Pena determinou que o Banco do Brasil adquirisse as safras dos cafeicultores – essa foi a primeira intervenção estatal em defesa de um produto. A implementação da política de valorização do café se revelou um enorme sucesso e ajudou a quitar os compromissos externos e ainda obter imenso lucro. Afonso Pena deu continuidade ao programa iniciado por seu antecessor, Rodrigues Alves, de reaparelhamento das ferrovias e dos portos, e implementou um programa de reorganização do Exército, sob a supervisão do ministro da Guerra, general Hermes da Fonseca. Disponibilizou os recursos necessários, em 1907, para que Cândido Rondon realizasse a ligação por telégrafo do Rio de Janeiro à Amazônia. Não conseguiu terminar seu mandato: morreu a 14 de junho de 1909 – ao que se disse, muito em conseqüência das pressões políticas. A partir daquela data, o vice exerceu a presidência.

Machado de Assis

Funcionário público, poeta, romancista, contista, dramaturgo, cronista e crítico literário, era filho do mulato Francisco José de Assis, pintor de paredes e descendente de escravos alforriados, e de uma portuguesa da ilha de São Miguel. De saúde frágil, epiléptico, gago, muito cedo ficou órfão de mãe, não freqüentou escola regular. Com a morte do pai, tornou-se vendedor de doces em uma escola, onde é provável que tenha assistido às aulas quando não estava trabalhando. Tornou-se um dos maiores intelectuais do país ainda muito jovem. Em São Cristóvão, conheceu a Madame Gallot, proprietária de uma padaria onde recebeu as primeiras lições de francês – língua que Machado acabou por falar fluentemente, além de se tornar tradutor, inclusive de Victor Hugo. Também aprendeu inglês e traduziu Edgar Allan Poe. Depois estudou alemão, sempre como autodidata.
Trabalhou como aprendiz de tipógrafo na Imprensa Oficial, cujo diretor era o romancista Manuel Antônio de Almeida. Aos 15 anos estreou na literatura, com a publicação do poema "Ela" na revista Marmota Fluminense. Em 1864 estreou na literatura com um livro de poemas.
Sua obra dispensa qualquer comentário. Sua vida é que merece nossa atenção, pois nunca se vangloriou de seu passado humilde e das muitas dificuldades que enfrentou. Simplesmente passou por cima de tudo. Corajoso e autêntico, nem nos últimos dias de vida (1908) aceitou a presença de um padre que lhe tomasse a confissão.
Foi o fundador e primeiro presidente da Academia Brasileira de Letras.

Rui Barbosa

Em 1907 foi nomeado Presidente de Honra da Primeira Comissão e incluído entre os Sete Sábios de Haia. Levou àquela assembléia a mensagem do Brasil por um mundo mais justo, equilibrado e pacífico.
A pertinência e propriedade das intervenções de Rui Barbosa atraíram a ira do representante do Kaiser alemão, que se recusava a aceitar "que um advogado de meia casta" influísse nos destinos do mundo.

Funeral de Rui Barbosa

EU LEVO OU DEIXO?

Diz a lenda que Rui Barbosa, um dia ao chegar em casa, ouviu um barulho estranho vindo do seu quintal. Chegando lá, constatou haver um ladrão tentando levar seus patos de criação. Aproximou-se vagarosamente do indivíduo e, surpreendendo-o ao tentar pular o muro com seus amados patos, disse-lhe: "Oh, bucéfalo anácrono! Não o interpelo pelo valor intrínseco dos bípedes palmípedes, mas sim pelo ato vil e sorrateiro de profanares o recôndito da minha habitação, levando meus ovíparos à sorrelfa e à socapa. Se fazes isso por necessidade, transijo; mas se é para zombares da minha elevada prosopopéia de cidadão digno e honrado, dar-te-ei com minha bengala fosfórica bem no alto da tua sinagoga, e o farei com tal ímpeto que te reduzirei à qüinquagésima potência que o vulgo denomina nada".

E o ladrão, completamente confuso, diz: "Dotô, eu levo ou deixo os pato?".

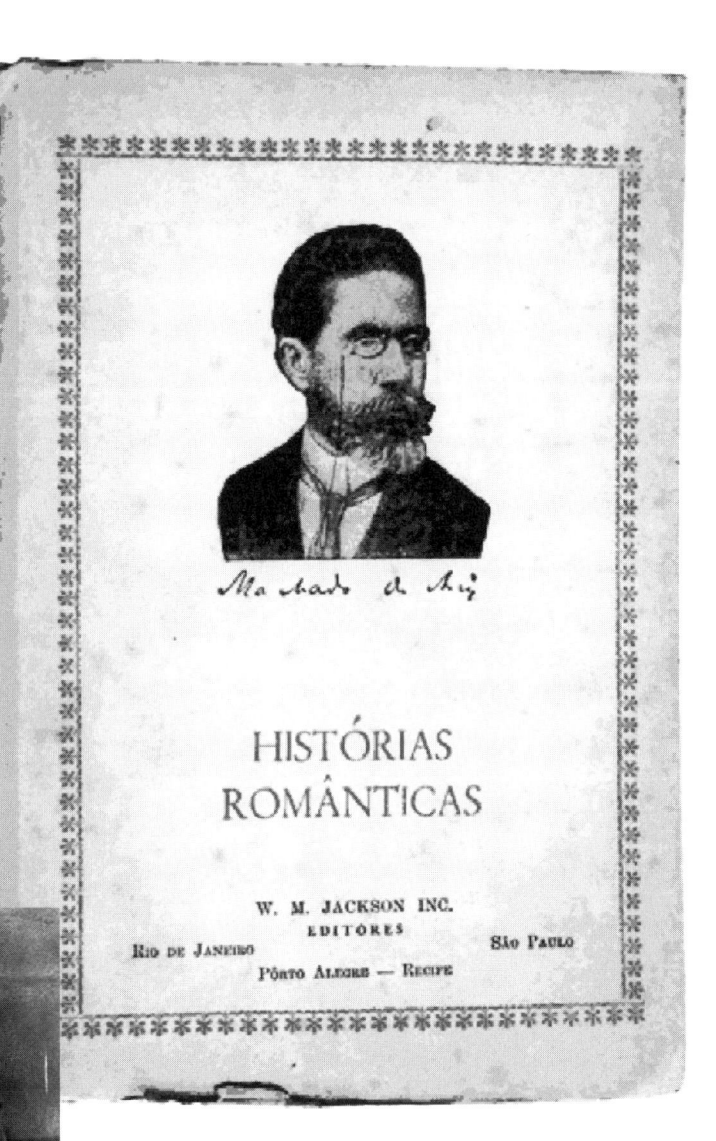

Faixa Cronológica período Rodrigues Alves

1902

NOVEMBRO – assume Rodrigues Alves.

DEZEMBRO – morre Prudente de Moraes.

1903

Início da construção do Teatro Municipal de São Paulo.

1904

MARÇO – início das obras de urbanização da Capital Federal.

NOVEMBRO – Revolta da Vacina, no Rio de Janeiro.

1905

Início da construção do Teatro Municipal do Rio de Janeiro e da Biblioteca Nacional.

1906

FEVEREIRO – acontece o Convênio de Taubaté (política de valorização do café).

OUTUBRO – Alberto Santos Dumont faz o primeiro vôo com um veículo a motor mais pesado do que o ar.

Machinas para beneficiar **ARROZ**
Batedeiras, Descascadores, Ventiladores, Separadores, Peneiras, Ferragens e Pertences

Machinas para fabricação de **MANTEIGA e QUEIJOS**
Desnatadeiras, Batedeiras, Emulsores e Amassadores

Grande sortimento de **ARADOS e CULTIVADORES**

Carpideira especial = 20$
Centenas destas carpideiras vendidas. Dão os melhores resultados; são leves porém fortes e effectivas.

Arados de Montanha N. o, custa 20$000
Cultivador Planet N. 4   42$000
Cortador de Capim ou canna 75$000

Rodas d'Agua, turbinas, moinhos, moendas de canna, alambiques, vapores fixos e semi-fixos, caldeiras, etc.

Descontos especiaes, mencionando este jornal na acta da encommenda.

LIDGERWOOD Mfg. Co. Ltd.
Rua do Commercio, 14

NÃO VERÁS NENHUM PAÍS COMO ESTE!!!

FRANCISCO DE **P**AULA **R**ODRIGUES **A**LVES
1902-1906

Café Paulista (Brasil), o melhor do mundo!!! Esta era a propaganda de uma empresa que vendia o produto em Buenos Aires, um rico mercado em expansão. A sede portenha foi visitada por Olavo Bilac, príncipe dos poetas segundo a revista Fon Fon, *que ao ver o prédio poetou: "Casa querida! Tu lembras aqui, no estrangeiro, todas as casas da minha vida". O Brasil já teve outros príncipes, como o príncipe dos sociólogos, dos operários e até príncipe regente... O conselheiro monarquista presidente da República se dispôs a tirar o pé dos cafeicultores da lama, afinal eles eram os esteios da república oligárquica consolidada no país. Nem que fosse preciso usar todos os recursos disponíveis do governo e se preciso fosse, e precisou, buscar empréstimos internacionais abalizados pela penhora de bens nacionais. Tudo aos terratenientes do café, e o povo que se exploda. A questão era garantir o preço mínimo do produto, estocar o excedente e em vez de deixar que o mercado decidisse quanto plantar, Rodrigues partiu para o "plante que o governo compra". Deu no que deu... Em pouco tempo havia excedente de produção. Com uma garantia como essa, até o mais bobo não teria perdido a oportunidade de mamar nas tetas do governo federal. Era de interesse nacional permitir que as grandes fortunas se fizessem na alta do preço da saca de café e impedir que houvesse falência na baixa.*

DIÁRIO DA CORTE
O crescimento do governador Garotinho nas pesquisas traz companhia para Duda Mendonça e Nizan Guanaes no banco dos marqueteiros e confirma o curso agudo da mercantilização dos candidatos.
O Globo, 10.2.02

DIÁRIO DA CORTE
A Polícia Federal vai pedir hoje a quebra de sigilo bancário e fiscal do presidente do Senado, Jader Barbalho (PMDB-PA), de sua ex-mulher, Elcione Barbalho, e de seu pai, Laércio Barbalho, para verificar se houve aumento do patrimônio da família entre 1988 e 1989, época da desapropriação da Fazenda Paraíso.
Estadão, 13.7.01

DIÁRIO DA CORTE
Da seção "Carrinho de compras" do site Contas Abertas: "A Presidência da República (PR), por exemplo, empenhou (reservou em orçamento) R$ 61,8 mil para a aquisição de 15 poltronas giratórias. Ou seja, cada "cadeirinha", obtida por meio de pregão, custou incríveis R$ 4,1 mil. Na descrição da nota de empenho, os detalhes do modelo da poltrona estão registrados em nada mais, nada menos, do que sete linhas. Haja luxo, senhoras e senhores...",
(30.12.07)

O Convênio de Taubaté foi uma reunião entre os governadores de São Paulo, Minas Gerais e Rio de Janeiro, em fevereiro de 1906, com o objetivo de estabelecer as bases de uma política conjunta de valorização do café, condicionada à aprovação do presidente da República.

Bilac viajou para Buenos Aires com as despesas pagas pelo governo. Em missão oficial, como milhares de outros diferenciados ao longo da história republicana. Urgia adaptar a capital do país para ser uma cidade moderna, e para isso foram convocados administradores e sanitarista capazes de dar ao Rio de Janeiro um aspecto melhor, mesmo que o povo resistisse bravamente à imposição de que todo mundo teria que tomar vacina contra a febre amarela. Uma afronta à dignidade da família brasileira. O conselheiro Rodrigues, com muita mobilidade de um lado, muita repressão do outro, impôs o que entendia ser civilização no país.

CURIOSIDADES
REVOLTA DA VACINA

"Tiros, gritaria, engarrafamento de trânsito, comércio fechado, transporte público assaltado e queimado, lampiões quebrados a pedradas, destruição de fachadas dos edifícios públicos e privados, árvores derrubadas: o povo do Rio de Janeiro se revolta contra o projeto de vacinação obrigatório proposto pelo sanitarista Oswaldo Cruz" (*Gazeta de Notícias*, 14 de novembro de 1904).
Quando presidente Rodrigues Alves decidiu sanear a capital do país, deu plenos poderes a Osvaldo Cruz e ao prefeito Pereira Passos, que promoveu uma ação de impacto logo apelidada de "o bota abaixo". Esse projeto foi na realidade uma grande reforma da cidade, que ganhou avenidas e jardins, e derrubou cortiços e prédios velhos. É que naquela época, na então Capital Federal, faltava água, a rede de esgoto era insuficiente, havia cortiços demais e coleta de lixo de menos. Claro que em tal ambiente a população era atacada por todo tipo de doença: febre amarela, peste bubônica, tifo, varíola, sarampo, tuberculose, hanseníase.
A população já não gostou de ser desalojada à força e obrigada a se mudar para os morros ou para a periferia. E gostou menos ainda de ser vacinada, também à força.
Osvaldo Cruz mandou as Brigadas Mata-Mosquitos desinfetarem as casas, para matar o mosquito da febre amarela. Ao mesmo tempo, foram atacados os ratos, que transmitiam a peste bubônica, e a população passou a ser obrigada a recolher o lixo que jogava nas ruas. Para completar, Osvaldo Cruz conseguiu que a Lei da Vacina Obrigatória fosse aprovada. Aí foi demais – em novembro estourou a confusão, que fez 30 mortos, 110 feridos, centenas de presos. A população quebrou lojas, arrancou trilhos, incendiou bondes, destruiu postes, atacou a polícia. A vacinação foi suspensa e o estado de sítio decretado. Com a situação controlada e a vacinação retomada, a varíola foi erradicada.

RODRIGUES ALVES

Rodrigues Alves teve a segunda maior votação da República Velha, só perdendo para Washington Luís, em 1926. Foi eleito presidente duas vezes. No início, houve restrições ao nome do antigo conselheiro do Império, por causa do seu passado monarquista. Homem de visão e empresário bem-sucedido no setor do café, fez um governo de grandes reformas.

Rodrigues Alves começou cedo na política, como vereador, depois como deputado provincial e presidente da Província de São Paulo, onde sua administração implementou consideravelmente o transporte ferroviário, a educação pública e a colonização. Ainda inaugurou a usina São Paulo Light.

Foi nomeado Conselheiro de Estado. Findo o governo estadual, voltou à Câmara, participou depois da 1ª Constituinte, ocupou a pasta da Fazenda nos governos Floriano e Prudente de Moraes. Eleito mais uma vez presidente do Estado de São Paulo, prestou grandes serviços na área da higiene e da saúde pública, reestruturando o Instituto Butantã.

Essa experiência lhe seria de grande valia para enfrentar o maior problema de seu governo na Presidência da República: a onda de epidemias e doenças na Capital Federal. Mas Rodrigues Alves sempre soube escolher bem seus assessores: cercou-se de nomes como Osvaldo Cruz, Rio Branco, Paulo Frontin.

Teatro Municipal de São Paulo em 1903

Enquanto isso...

ALBERTO SANTOS DUMONT
voou pela primeira vez em Paris, como se sabe. Mas hoje talvez seja difícil imaginar o que significava, em outubro de 1906, um sujeito se apresentar na Europa com um veículo mais pesado do que o ar e se aventurar a ganhar os céus de Paris. É verdade que o mundo ainda estava sob o charme e o impacto da Exposição Universal de 1900, quando a cidade mais linda do mundo ganhou o cintilante apelido de Cidade Luz. Mas ainda assim! A engenhoca tinha 10 metros de comprimento, 12 metros de envergadura, uma superfície total de 80 metros quadrados. Pesava 160 quilos, a serem suspensos por um motor de 24HP. A multidão duvidava.

Mas, surpresa, a máquina começou a se erguer, dois metros ou três acima das cabeças. E percorreu heróicos 60 metros no campo de Bagatelle. Aplausos, chapéus, lenços jogados ao ar. Santos Dumont recebeu naquele momento o título de Pai da Aviação. Digam os americanos o que quiserem. On s'en fiche!

(Em 1903 os irmãos Wright tinham conseguido que um aeroplano movido a gasolina voasse – com o auxílio de uma catapulta. Enquanto nosso Santos Dumont fez seu 14-Bis decolar com o exclusivo impulso de um motor.)

"O Rio civiliza-se", era o *slogan* da moda. Boa parte do centro da cidade da Capital Federal ainda conservava uma aparência herdada dos tempos coloniais, cheia de pardieiros e becos malcheirosos. Em março de 1904 foi celebrada a missa que marcou o início das obras da abertura da avenida, realizada ao lado dos escombros de velhas casas demolidas. Rodrigues Alves remodelou, embelezou e saneou o Rio de Janeiro. O porto foi ampliado, os velhos quarteirões de cortiços demolidos e os moradores transferidos para a periferia, para se poder abrir ruas e construir novas avenidas, entre elas a avenida Central, atual avenida Rio Branco. Mas a modernização da capital também incluía a regulamentação de novas posturas públicas, como a proibição do comércio ambulante, a venda de bilhetes de loterias pelas ruas e dentro dos bondes, dos fogos de artifício, dos balões e das fogueiras. Sem falar da vacina obrigatória. Por causa dela, em novembro de 1904 enfrentou a Revolta da Vacina, insuflada pelo senador general Lauro Sodré.

A vacinação obrigatória gerou não apenas sérias manifestações populares, mas também uma rebelião militar, com ramificações em outros estados. Populares incendiaram bondes, quebraram lampiões e promoveram tiroteios, deixando mortos e feridos. O sanitarista Osvaldo Cruz promovia verdadeira revolução no setor. Charges e versos satíricos criticavam os batalhões de mata-mosquitos.

Rodrigues Alves, porém, havia conseguido conquistar prestígio entre os militares, aos quais também prestigiou, e superou a crise: um dos chefes da rebelião, general Silvestre Travassos, foi morto em conseqüência de um confronto com as forças legalistas, no Rio, e enterrado sem honras militares.

Os trabalhadores conquistam alguns direitos

Naquela época, os operários trabalhavam 14 horas por dia.
O intervalo de almoço era de meia hora e olhe lá...
O comércio fechava lá pelas 9 ou 10 horas da noite.
A semana tinha seis dias de trabalho, descanso só aos domingos.
Em 1906, greves pipocavam aqui, ali. Estivadores, ferroviários, motorneiros, tecelões, sapateiros, pedreiros, todos começavam a lutar pelos seus direitos e os sindicatos, a se organizar.

Revolta da Vacina

Foi na gestão de Rodrigues Alves que o barão de Rio Branco (José Maria da Silva Paranhos) se tornou uma das figuras mais populares e admiradas da República Velha, graças a seu sucesso na questão dos limites, como ministro das Relações Exteriores. Terminado o governo presidencial, voltou para sua terra natal e seis anos depois foi alçado pela terceira vez ao governo de São Paulo. Senador, construiu a estrada do Caminho do Mar e a ponte sobre o rio Tietê, em Barra Bonita, que existem até hoje. Teve o nome novamente lançado à Presidência da República, para o quatriênio 1918–1922. Foi eleito pela segunda vez, mas não assumiu por motivos de saúde, e faleceu pouco depois. O vice-presidente Delfim Moreira o substituiu já na cerimônia de posse, e novas eleições foram convocadas. Foi considerado o presidente da República Velha que mais se preocupou com a população.

O CHAPÉU CÔCO FAZ CEM ANOS

A INVENÇÃO FUNCIONAL DE WILLIAM COKE COMPLETA SEU 1.º CENTENÁRIO JÁ QUASE QUE ESQUECIDA, COBRINDO APENAS MEIA DÚZIA DE C A B E Ç A S.

Na verdade o chapéu Côco não se usa mais, pelo menos no Brasil. Na Inglaterra a tradição ainda conserva aqui e ali êsse chapéu que foi a elegância maior dos meados do Século XIX até o início do Século XX. Lá êle é o emblema dos **book-makers**, agentes de câmbio e dos militares à paisana. O que é apenas normal, pois foi Londres que lançou essa obra-prima hoje fora de moda. Assim sendo, a Inglaterra dedicou ao chapéu Côco, em janeiro último, uma semana que se destinava de um lado a celebrar a idéia genial de seu inventor, e de outro à tentativa de reviver êsse chapéu que, apesar de tudo, ainda tem inúmeros cultores célebres, entre os quais os que aparecem nesta página.

A história do chapéu é simples e curiosa: — William Coke, membro da família do conde de Leicester, quando ia caçar, tinha grande dificuldade em manter na cabeça o chapéu alto, que sempre era arrancado pelos galhos das árvores. Consultando seu chapeleiro em Londres, Mr. Bowler, êste lhe apresentou, depois de vários estudos, um chapéu mais baixo e com maior sustentação já que suas bordas eram arredondadas. Os ingleses aceitaram a moda e passaram a chamar o chapéu de **Coke** ou **Bowler**, homenageando o lançador e o fabricante. Nos Estados Unidos o chapéu adquiriu o nome de **Derby**, em homenagem ao conde de Derby, que o popularisou lá. Na França se chamou **melon**, devido a seu formato e, no Brasil, também pelo seu formato ligado a uma natural corruptela da palavra inglesa original, êle virou Côco.

Charlie Chaplin

Stan Laurel

Jorge VI, da Inglaterra

Winston Churchill

Oliver Hardy

Sacha Guitry

Eduardo VIII

Faixa Cronológica período Campos Sales

1898

NOVEMBRO – assume Campos Sales; é feita nossa primeira negociação da dívida externa.

1900

O governo assume o controle direto do Banco da República do Brasil (que em 1905 passaria a ser o Banco do Brasil).

1902

MAIO – o Velódromo de São Paulo é transformado no primeiro estádio de futebol do país.

Não é fácil governar o Brasil. Mas difícil mesmo é manter toda essa elegância de 1º mundo, num país que continua fora de moda, com esse estilo "neo-miserável"!

EI, VOCÊ AÍ, ME DÁ UM DINHEIRO AÍ!

MANOEL **F**ERRAZ DE **C**AMPOS **S**ALES
1898-1902

Ninguém consegue governar sem a burra cheia de dinheiro. Nem mesmo o comércio internacional se desenvolve sem estoque de moeda estrangeira, na época a libra inglesa, a mais valiosa do mundo. Os oligarcas precisavam de agilidade no câmbio, crédito internacional e estabilidade política para ganhar a confiança dos grupos internacionais de financiamento, uma história muito mais antiga do que as notas de risco que as assessorias dão hoje ao Brasil e são publicadas como verdadeiros indicadores de como vai a saúde financeira do Brasil. Até os partidos atuais (ditos) de esquerda torcem para que logo seja anunciado o investment grade, o nihil obstat do capitalismo contemporâneo, para que os investidores globais cobrem juros menores e recomendem empreendimentos capazes de consolidar o Brasil como potência emergente. O "Fora, FMI" e o capitalismo opressor da exploração do homem pelo homem é démodé até mesmo entre os mais radicais políticos brasileiros. Salvo as exceções de praxe. A missão de Campos Sales foi buscar esses empréstimos e pagar os juros altos provocados pelo domínio que os grupos internacionais tinham dos bancos e do risco de emprestar para um regime que ninguém no exterior considerava consolidado.

O Estado brasileiro não tinha a fome de impostos que tem hoje, tanto para bancar os seus gastos como para controlar a arrecadação e usá-la como fator de dominação política sobre os estados – como atualmente. Precisava de um mínimo de organização e arrecadação para bancar as despesas, e a

---

DIÁRIO DA CORTE

Presidência reserva R$ 1,1 milhão para computadores e Itamaraty vai adquirir 600 garrafas de uísque, licor e outros, (23.12.07)

Câmara, Senado, STF e Presidência reservam mais de R$ 1,5 milhão com compra de carros de luxo e utilitários, (16.12.07)

Presidência reserva R$ 330 mil com compra de material de escritório e STJ R$ 425 mil com aquisição de três veículos, (9.12.07)

Presidência compra 50 colchões de solteiro e STJ mais de 750 computadores, (2.12.07)

Presidência compra cadeira oftalmológica e serra elétrica para remover gesso, (25.11.07)

STJ empenha R$ 69 mil para compras agendas, calendários e protetores de pé, (18.11.07)

STF reserva R$ 679,8 mil para instalação de sistema de ar condicionado e Câmara R$ 19 mil por 28 aquecedores de água, (3.11.07)

Aeronáutica compra 150 caixas de bombom e Câmara reserva R$ 650 mil para carros luxuosos, (28.10.07)

reação de grande parte da população foi ser refratária ao pagamento de impostos, como se nada tivesse com a manutenção dos serviços públicos, a segurança, as Forças Armadas, enfim, com o custo do Estado. Ser contribuinte era um castigo, uma praga, e isso se consolidou, de um lado, com a precariedade do retorno de políticas públicas e, de outro, com a falta de participação popular na gestão e nas decisões de como os impostos iam ser arrecadados. A máquina arrecadatória primitiva, baseada principalmente na obrigação de comprar selos, facilitava muito mais a evasão fiscal. A maioria do país, quer no campo quer nas cidades, vivia abaixo da linha da pobreza e tinha muito pouco com que contribuir para o cofre da viúva.

Estação da Luz, em São Paulo

Rua São João, em São Paulo

Futuro Centro econômico da República

CAMPOS SALES

Advogado paulista, Campos Salles governou regularmente por quatro anos. É preciso lembrar que desde os primeiros dias da República o país tinha uma situação econômica precária. Aliás, desde o primeiro dia depois da Independência.

Campos Sales assumiu a presidência de um país falido. O excesso de gastos por causa das despesas militares (Revolta da Armada, a Revolução Federalista e a campanha de Canudos) tinha esvaziado os cofres. Mesmo antes de assumir o governo, Campos Sales foi à Europa pedir empréstimo. Sabia que a questão da dívida externa era crucial. Fez excelentes acordos: suspendeu-se por três anos o pagamento dos juros da dívida; suspendeu-se por 13 anos o pagamento da dívida externa existente; o valor dos juros e das prestações não pagas se somaria à existente; a dívida só começaria a ser paga em 1911, com um prazo de 63 anos e juros de 5% ao ano; como garantia, as rendas da alfândega do Rio de Janeiro e Santos ficariam hipotecadas aos banqueiros ingleses.

Sua política dos estados fortaleceu as oligarquias regionais, o que lhe permitiu a aprovação pelo Congresso do seu projeto de saneamento das finanças públicas. Foi apelidado na época de "Campos Selos", tamanho o foco no setor administrativo.

Conseguiu acabar com a inflação, arrumou as despesas do governo – mas a população se queixava de estar empobrecendo. Em 1898, Joaquim Murtinho, seu ministro da Fazenda, renegociou a dívida com os credores internacionais (o chamado *funding loan*) e instituiu uma política deflacionária, que, entretanto, deteve o crescimento econômico: os senhores de engenho do Nordeste deixavam de ganhar dinheiro, assim como os plantadores de café.

Livre do pagamento das prestações, pôde aplicar o plano de saneamento econômico.

Campos Sales em cédula de 10 mil réis, 1925

Futuro Centro econômico da República

SIM; HÁ UMA SEMELHANÇA

JUSCELINO KUBITSCHEK
"PRESIDENTE BOSSA NOVA"

LULA DA SILVA
"PRESIMENTE BOLSA NOVA"

Sponholz
sponholz.arq.br

Em 1900, o governo assumiu o controle direto do Banco da República do Brasil que, em fins de 1905, passaria por nova fase jurídica, recuperando o nome de Banco do Brasil. Um ano depois foi criada a Caixa de Conversão, visando à estabilidade cambial e ao controle da crise do mercado do café. Autorizada a emitir bilhetes conversíveis, garantidos por lastro em moedas de ouro nacionais e estrangeiras, como a libra e o dólar, acabou encerrando sua atividade emissora em 1913, sendo extinta em 1920 e incorporada à Caixa de Amortização.

Seu governo foi de grandes realizações: devemos a ele a instituição do casamento civil, a promulgação dos Códigos Penal e Comercial, e a abolição da exigência de passaporte em tempo de paz. Campos Sales criou o Instituto de Manguinhos, voltado, entre outras atribuições, para a fabricação de vacinas contra a peste bubônica. Em 1900 o Brasil tinha 17.318.554 habitantes, dos quais 64% viviam no campo.

No plano da política externa, resolveram-se as questões de limites com as Guianas Francesa e Holandesa, e deu-se a confraternização sul-americana, consolidada com a visita do presidente Júlio Roca.

Mas sua política de ajuste financeiro foi mal compreendida. Vaiado pela população carioca, o trem que o levou a São Paulo foi apedrejado.

Já naquela época...

Campos Sales era dono de um pequeno sítio próximo de São Paulo. Quase toda numa pirambeira árida, sem condições de ser plantada, não valia nada. Logo no início do mandato foi procurado por um esperto. O sujeito perguntou se o presidente não estava disposto a vender o sítio, oferecendo uma quantia dez vezes superior ao seu valor. Para alegria do malandro, Campos Sales respondeu que sim, que concordava com a transação e com o preço. Indagado se poderiam providenciar a escritura para a semana seguinte, respondeu marcando a data para um dia depois do término de seu mandato. O interlocutor entendeu, nem sequer chegou a propor a negociata e deixou o palácio do Catete para nunca mais voltar.

AS CHARGES E CARICATURAS

Em entrevista a um repórter do Jornal do Brasil, antes de embarcar para a Europa em busca de empréstimos, Campos Sales disse que não estava preocupado com a "questão política". A situação econômica do país era muito ruim nessa época. Os chargistas pintam um presidente exultante ao terminar o mandato, em contraste com a fisionomia constrangida do sucessor, Rodrigues Alves, que chega ao Catete com uma bagagem de problemas. Foi em 1898 que o Jornal do Brasil começou a publicar charges. A partir daí, os presidentes tornaram-se alvo predileto dos caricaturistas.

...NÃO SE PREOCUPE, MÁ-GESTÃO, DIGO, MAJESTADE. POR MAIS QUE NÃO ACREDITE NOS DEPUTADOS, SENADORES E MAGISTRADOS, O POVO AINDA ACHA QUE VIVEMOS NUMA REPÚBLICA.

SPONHOLZ
sponholz.arq.br

Faixa Cronológica período Prudente de Moraes

1894

NOVEMBRO – toma posse Prudente de Moraes; começa a chamada República do Café-com-Leite.

1895

JUNHO – morre Floriano Peixoto.

NOVEMBRO – é assinado o Tratado de Amizade, Comércio e Navegação com o Japão.

1897

FEVEREIRO – o Palácio do Catete passa a ser a sede do governo federal.

OUTUBRO – morre Antônio Conselheiro, na dizimação de Canudos.

O SERTÃO VAI VIRAR MAR, O MAR VAI VIRAR SERTÃO

PRUDENTE JOSÉ DE MORAES E BARROS
1894-1898

Os miseráveis tinham uma idéia muito vaga do que tinha acontecido ao Império. Longe dos centros de decisão, do poder e das informações, a maioria vivia de repetir o que as oligarquias de proprietários de terras lhes permitiam saber. Elas divulgavam para a população a face angelical ou demoníaca do novo regime e a imagem do imperador deposto ora como um malfeitor a ser expulso do país, ora como um pai amoroso e paciente com os filhos brasileiros. Os militares republicanos, em sua maioria, precisavam de um fato bombástico, uma cruzada contra o mal, uma expedição salvadora e purificadora para consolidar a República e uma oportunidade para imolar no altar republicano os acusados de serem monarquistas. A este figurino ajustou-se a revolta do sertão da Bahia, liderada pelo Conselheiro, que garantia na sua semidemência que El Rey Don Sebastião transformaria o sertão em mar e o reino da esperança se espalharia por toda a terra. Nem tudo saiu como se esperava, e o que se seguiu foi um massacre do qual não escaparam nem as mulheres, nem as crianças, prisioneiras e degoladas pelo Exército guardião da República.

DIÁRIO DA CORTE
Rio cobra verbas para segurança
Em vez de ação conjunta, o Rio quer verbas para aparelhar a polícia. A governadora Benedita da Silva reafirmou que é desnecessário a formação de força-tarefa federal para atuar no Rio, como chegou a anunciar o ministro da Justiça, Miguel Reale Júnior. "Cabe ao estado combater o crime organizado. E o estado vai cumprir seu papel", afirmou, taxativa. O secretário de Segurança Pública, Roberto Aguiar, foi enérgico: "Ninguém manda no Rio. O Rio é um estado da federação, autônomo".
Jornal do Brasil, 18.5.02

Ninguém tinha base social no Brasil. Nem os militares, nem os fazendeiros do café. Venceu o grupo mais organizado politicamente e que tinha sustentação econômica na monocultura das grandes plantations, com produção voltada para o exterior. Foram eles que se acertaram para impedir que novas convulsões políticas atrapalhassem o projeto de garantir o poder e manter uma vida confortável com os produtos de consumo importados e pagos com as libras oriundas da venda de café. Iniciava-se mais uma etapa que tinha origem no período colonial, quando da distribuição das capitanias hereditárias, ou seja, o poder nas mãos de quem tem terras. E os militares não tinham, por isso foram descartados na República Velha, ainda que vez por outra tentassem monopolizar o poder através de figuras como Hermes da Fonseca. Eles não tinham nem apoio popular, nem dinheiro, por isso ficaram à margem das decisões mais importantes da República.

PRUDENTE DE MORAES

Com fama de ser o primeiro representante da elite cafeeira, Prudente de Moraes perdeu o pai muito cedo, assassinado por um escravo, estudou com dificuldade, trabalhou para pagar os estudos. Foi deputado provincial, depois entrou para a Câmara temporária, com mais dois republicanos, um dos quais Campos Sales, que seria o próximo presidente. Presidiu a Junta Governativa de três membros, que assumiu o poder na Província, já Estado da Federação. Foi escolhido governador de São Paulo, cargo que deixou em 1890, quando foi eleito senador da República. Participou da 1ª Constituinte Republicana, foi presidente do Congresso Nacional. Fez oposição a Deodoro. Eleito vice-presidente do Senado, foi candidato à sucessão de Floriano Peixoto. Os militares fizeram ferrenha oposição, mas ele venceu.

A situação interna era difícil: uma situação financeira preocupante e a Revolução Federalista nos estados do Sul, que ele conseguiu extinguir. Firme, também exterminou a revolta de Canudos, que provocava grande agitação nos meios militares. Em 1897 sofreu atentado cometido por um soldado, mas quem morreu tentando protegê-lo foi o ministro da Guerra.

Pacificador, acabou domesticando os militares, cuja movimentação, no início de seu governo, deixava antever um golpe para repor Floriano. Prudente de Moraes soube como agir com eles: anistiou os revoltosos da Armada que ainda estavam presos e estabeleceu boas relações, sem nunca demonstrar fraqueza. Demitiu, por exemplo, seu ministro da Guerra, general Francisco de Paula Argolo, e expulsou do Exército os líderes de um levante ocorrido na Escola Militar. E, no

Mas o chefe do Estado, prudentíssimo e alisado, retirou-se sem cahir na cóva que lhe fôra destinada.

entanto, os primeiros tempos foram difíceis: quando chegou de trem ao Rio de Janeiro, como presidente eleito, ninguém esperava por ele na estação. Hospedado em um hotel, tentou em vão uma audiência com o presidente Floriano Peixoto. No dia da posse, teve de pegar carona na carruagem do embaixador da Inglaterra.

Na política externa, reatou relações diplomáticas com Portugal, rompidas desde 1893, resolveu as questões limites de Palmas com a república Argentina, do Amapá com a França e a ocupação definitiva da Ilha da Trindade, pretendida pela Inglaterra. Assinou com o Japão o Tratado de Amizade, Comércio e Navegação, em novembro de 1895, com o objetivo de estimular a vinda de imigrantes japoneses. Hoje, a maior colônia japonesa fora do Japão vive aqui.

Afastou-se temporariamente por motivo de saúde, de novembro de 1896 a março de 1897, período em que assumiu o vice, Manuel Vitorino Pereira, médico baiano, seu inimigo político, que comprou o Palácio do Catete.

Dentre os civis, tinha inequívoca popularidade no final do mandato, em novembro de 1898, quando passou o cargo a Campos Salles. Morreu de tuberculose em 1902.

Você sabia?

A história de Antônio Conselheiro, o pivô da Revolta de Canudos, começou de modo bem prosaico. Envergonhado depois de flagrar a traição da mulher com um sargento de polícia na própria casa, ele foi para o sertão do Cariri, onde vivia como peregrino. Isso foi em 1861. Quinze anos depois, já tinha fama de santo. Foi preso no sertão da Bahia, pois suas atividades de evangelização desagradaram à Igreja e aos fazendeiros, que não gostavam nem um pouco da caravana humana que vagava pelos sertões atrás daquele "embusteiro insano". Corria a lenda de aproximação do fim dos tempos. De onde o messianismo, que floresceu.

A seca castigava o Nordeste, levando hordas de flagelados a perambular pelas estradas em busca de ajuda divina e/ou governamental. Como nenhuma das duas veio, começaram a roubar para matar a fome. Aos famintos, juntaram-se os ex-escravos (1888, fim da escravidão). Nesse contexto, o "Bom Jesus" Antônio Conselheiro fez sua liderança. Fazia sermões contra a República, dizendo que o novo regime piorava as condições de vida da população pobre – de onde sua fama de monarquista. Promovia a retirada e a queima dos editais que anunciavam aumento de impostos. A partir de então, manteve conflitos constantes com as autoridades civis e religiosas. Depois de peregrinar por anos, e considerado um fora-da-lei, decidiu se fixar em uma fazenda abandonada, às margens de um rio. Ali, ele recebia todos os que procuravam abrigo e comida. Formou-se uma comunidade que os integrantes consideravam "santa", o que atraía sempre mais devotos. Em novembro de 1896 partiu uma primeira tropa, mas ela foi massacrada pelos adeptos do Conselheiro. Assim, foi uma segunda tropa, que tem o mesmo destino, a exemplo da terceira, o que motivou o envio de uma quarta e última expedição militar, implacável. Só em outubro de 1897 morria o líder Antônio Conselheiro. Seu cadáver foi retirado da sepultura e a cabeça levada à faculdade de Medicina de Salvador, para se tentar investigar cientificamente o que na época se chamou de mistura de demência e fanatismo.

O Palácio do Catete, sede do executivo de 1897 a 1960, desde os anos 1970 abriga várias instituições, inclusive o Museu da República.

Construído por um cafeicultor na então capital do Império, foi batizado de Palácio de Nova Friburgo, em função do título de seu proprietário, o barão de Nova Friburgo. Em 1858, uma antiga residência da rua do Catete era demolida para dar lugar à obra projetada pelo arquiteto alemão Carl F. G. Waehneldt, que levaria longos anos. Mais tarde, foi vendido a um grupo de investidores, que fundou a Companhia Grande Hotel Internacional. Mas o empreendimento de hotel de luxo faliu, em meio à crise da política do encilhamento. Seus títulos foram comprados pelo conselheiro Francisco de Paula Mayrink, que cinco anos depois pagou as dívidas com o Banco da República do Brasil, o atual BB. O Catete passou a abrigar o governo em 1897, quando o presidente Prudente de Moraes ficou doente e seu vice assumiu, comprou o palácio e nele instalou a sede do governo. Muita coisa aconteceu entre suas belas paredes, mas talvez as mais importantes tenham sido a morte de dois presidentes: Afonso Pena, em 1909, e Getúlio Vargas, em 1954. Motivo bastante para inspirar Juscelino a se mudar para Brasília.

Charge da época, simbolizando o messianismo que barrava a República"

Faixa Cronológica período Floriano

1891

NOVEMBRO – com a renúncia de Deodoro, assume Floriano.

1892

FEVEREIRO – era inaugurado o maior porto do Brasil, o Porto de Santos, em São Paulo;

AGOSTO – morre o marechal Deodoro da Fonseca.

1893

FEVEREIRO – começa a Revolução Federalista no RS.

OUTUBRO – Floriano manda caçar Rui Barbosa "vivo ou morto" e fechar o *Jornal do Brasil*.

Viaduto do Chá, inaugurado em 1892 sobre o Vale do Anhangabaú

SE DESEMBARCAR, VAI LEVAR CHUMBO!!!

FLORIANO **V**IEIRA **P**EIXOTO
1894-1898

Essas foram mais ou menos as palavras do presidente da República para impedir que tropas dos navios estrangeiros ancorados na baía da Guanabara desembarcassem para tentar impor a ordem na confusão republicana do primeiro governo eleito indiretamente pelo Congresso Nacional para consolidar o regime. O povo esteve ausente o tempo inteiro do processo político, como era comum no Império e continua na República. Os grupos organizados de políticos e os militares, Exército e Marinha eram os únicos capazes de disputar o poder central e impor a sua vontade, o resto da nação ou não sabia o que passava ou assistia atônita ao desfilar de afirmações e contradições do governo. A Constituição mandava que com a renúncia de Deodoro uma nova eleição fosse realizada, mas Floriano e seu grupo inauguraram uma prática que nunca mais abandonou a história do Brasil: a Constituição era para ser enaltecida, mas não respeitada. As emendas constitucionais pululam ainda hoje no Brasil, e o que deveria ser apenas um contrato social entre o Estado e a sociedade se transformou em verdadeiros códigos, constantemente desatualizados e modificados ao sabor dos grupos detentores do poder político ou da força. Os founders fathers da República brasileira guiavam-se pela postura política e muito pouco pelo estadismo. Muito político, pouco estadista. Esta é outra característica da história republicana brasileira. Bem que Rui Barbosa tentou usar de

PICA-PAUS X MARAGATOS

Essas eram as facções rivais que se bateram de fevereiro de 1893 a agosto de 1895. E que lavaram o Sul de sangue. O conflito começou logo depois da Proclamação da República e envolveu os estados do Rio Grande do Sul, Santa Catarina e Paraná.
Os vencedores foram os pica-paus, aliados do governador Júlio de Castilhos, aliado do poder central, acusado pelos maragatos de excesso de controle. Eles queriam um sistema federativo e o parlamentarismo.
Os maragatos tinham esse nome, que na verdade era uma alcunha pejorativa (alegados descendentes de espanhóis da comarca de Maragateira). Mas os revolucionários gostaram da alcunha e a adotaram, chegando mesmo a criar um jornal com esse nome, em 1896.
Quanto aos pica-paus, o apelido veio por causa do chapéu que usavam, com listras brancas, que segundo os maragatos lembravam um tipo de pica-pau da região.

toda a sua genialidade e dedicação na construção de uma sociedade fundamentada na lei. Mas como disse alguém, "a lei, ora a lei!". Aos amigos tudo, aos inimigos (aplicamos) a lei. E por aí vai. O sonho de um regime baseado fundamentalmente no respeito às leis era a pedra de toque da jovem República, e que Rui batalhou por toda a vida para implantar. Fracassou, não conseguiu transformar o Congresso Nacional no grande fórum de discussão, debate e transformação do país, com a produção de leis que adequassem a sociedade brasileira à sua realidade, baseado no respeito à lei. Ao longo do tempo, o Congresso se tornou alvo do assalto de grupos de interesse e perdeu credibilidade, e o pontapé inicial foi dado por Deodoro e Floriano, os dois primeiros presidentes da República, que com suas espadas fizeram os primeiros ferimentos na Magna Carta brasileira.

Outro sisudo militar. Outro alagoano. Floriano foi um autêntico tirano, mas tinha um grupo ardoroso de fãs, os "florianistas" ou "jacobinos".

FLORIANO PEIXOTO

Gostavam dele porque tomou algumas medidas populares, como o tabelamento dos aluguéis e o fim dos impostos sobre os açougues, para baratear a carne e combater especuladores.

Conhecido como Marechal de Ferro, algumas bravatas suas caíam no gosto popular, como, por exemplo, no episódio da Revolta da Armada: reza a lenda que, questionado como receberia uma esquadra inglesa cujo comandante poderia intermediar o impasse, ele teria respondido "À bala". Governou de novembro de 1891 a novembro de 1894.

Logo que assumiu o poder, havia a esperança de que convocasse eleições, como mandava a Constituição, e reatasse "o fio da legalidade" rompido quando Deodoro dissolveu o Congresso (expressão do redator do *Jornal do Brasil*). Mas Floriano não se contentou com a interinidade e resolveu continuar, ao arrepio da lei, na chefia do governo. Ele deveria exercer apenas um mandato-tampão, até a eleição do sucessor de Deodoro. Mas deu uma interpretação muito pessoal a esse dispositivo constitucional – só valeria, segundo ele, quando o presidente viesse a ser eleito por eleições diretas, o que não foi o caso de Deodoro – e foi até o fim do mandato. Seu governo foi um dos mais contestados de toda a República. Foram, na verdade, três anos de guerra e ditadura militar.

O próprio ministro da Marinha, Custódio de Melo, resolveu dar um golpe e assumir o governo, mas sem sucesso. O *Jornal do Brasil*, que não apoiava o governo do Marechal de Ferro, publicou o manifesto do almirante rebelado, que acabou se retirando para o Sul para se juntar às forças federalistas.

No Rio Grande do Sul, estourou a Revolução Federalista, que ensangüentou o estado e só terminou de fato sob Prudente de Moraes. Na Capital Federal, eclodiu a Revolta da Armada. Frio e resoluto, Floriano resistiu e conseguiu sufocar todos os movimentos rebeldes. Usou e abusou do estado de sítio. Jornalistas, políticos e militares, muita gente conheceu as prisões durante seu governo. O almirante Eduardo Wandenkolk, por exemplo, ministro no governo Deodoro, foi preso, acusado de conspiração, com outros oficiais.

Em seu governo, foram organizadas, regulamentadas ou reformadas algumas instituições nascidas com o novo regime, na área da saúde e da

educação, tais como a Diretoria Sanitária na Capital Federal e o Pedagogium, voltado para o ensino profissional. A administração do ensino secundário foi transferida à União. Na verdade, o que se acentuava era uma das faces do regime republicano, de ênfase em um projeto pedagógico público e laico.

Em 1º de outubro de 1893 mandou fechar o *Jornal do Brasil* e "caçar Rui Barbosa (então redator-chefe), vivo ou morto". O jornal não circulou por 45 dias. Isso porque tinha publicado na primeira página o *habeas-corpus* assinado por ele, em defesa do almirante Wandenkolk.

Depois de tanta fúria, deixou o governo melancolicamente. Em 15 de novembro de 1894 era empossado o presidente eleito, dr. Prudente de Moraes. Nem foi à cerimônia da transmissão do cargo. Mandou o ministro da Justiça.

PORTO DE SANTOS

O maior e mais importante porto do país, o Porto de Santos movimenta hoje mais de 60 milhões de toneladas por ano, em seus mais de 12 km de cais.

Na inauguração, em fevereiro de 1892, evidentemente os números eram outros: o cais tinha 260 m, e naquele ano foram exportadas 125 mil toneladas.

Sua expansão acompanhou a evolução da demanda, que passou pelo açúcar, café e algodão, e hoje exporta cargas diversas; foi incrementada pelo início da operação, em 1867, da São Paulo Railway, que ligava a região da Baixada Santista ao Planalto.

Em conseqüência de Lei de 1993, o porto entrou em nova fase de exploração, que através de licitações públicas procede ao arrendamento de áreas e instalações à iniciativa privada.

Você sabia?

Em 1890, disse D. Pedro II que "Nas trevas que caíram sobre o Brasil, a única luz que alumia, no fundo da nave, é o talento de Ruy Barbosa." No mesmo ano, ele lançou os decretos de reforma bancária, pelo que foi criticado por Ramiro Barcelos, que, anos depois, se penitenciou: "A desgraça da República foi nós, os históricos, não termos compreendido logo a grandeza de Ruy". Em 1891 foi nomeado primeiro vice-chefe do Governo Provisório. Em 1892, abandonou a bancada do Senado, depois de feita a justificativa em discurso. Dias mais tarde lançou um manifesto à nação no qual disse a famosa frase: "Com a lei, pela lei e dentro da lei; porque fora da lei não há salvação. Eu ouso dizer que este é o programa da República". Em 23 de abril do mesmo ano subiu as escadarias do Supremo Tribunal Federal, sob ameaça de morte, para defender, como patrono voluntário, o habeas-corpus dos desterrados de Cucuí.

Faixa Cronológica período Deodoro

1889

NOVEMBRO – é proclamada a República; começa o período da chamada República da Espada; assume o marechal Deodoro da Fonseca.

1891

FEVEREIRO – é promulgada a primeira Carta Magna brasileira

NOVEMBRO – Deodoro fecha o Congresso; ocorre o Encilhamento; Deodoro renuncia.

ABAIXO OS CASACAS DO IMPÉRIO!!!

DEODORO DA FONSECA
1889-1891

A professora Bruna e eu decidimos que um almanaque sobre os presidentes da República do Brasil deveria se iniciar com Lula e terminar como Deodoro. Confessamos que é um estratagema para ganhar o leitor, e fazer que ele nos acompanhe em um passeio pela história da sociedade brasileira, em que o fio condutor é a sucessão presidencial. Por isso, o último capítulo é aquele que deveria ser o primeiro, ou seja com o primeiro presidente da República dos Estados Unidos do Brasil, hoje República Federativa do Brasil. Nos dois casos está embutida a idéia de que o velho unitarismo que predominou no Império, de 1822 a 1889, seria substituído por um novo regime no qual os estados teriam autonomia, como nos Estados Unidos da América. Porém, ainda que o federalismo brasileiro tenha descentralizado o poder político, nunca essa autonomia chegou a ser como a americana. O Brasil, por tradições históricas, nunca correu um risco muito sério de secessionismo, como na Guerra da Secessão no século XIX, ou as ameaças da Bolívia nos dias atuais. O fato é que, ora com mais autonomia, ora com menos, o Brasil se manteve unido ao longo de sua história.

O velho marechal, não era segredo para ninguém, era monarquista, além de amigo pessoal do imperador d. Pedro II. No entanto, liderou o golpe de estado que derrubou o Império e

DIÁRIO DA CORTE
A cada minuto, um novo caso de dengue no RJ
UOL Notícias 21.3.08

DIÁRIO DA CORTE
Ordem e Progresso
A Vale obteve na Justiça uma liminar que proíbe o MST e seu principal dirigente, João Pedro Stedile, de incitarem ou fazerem manifestações violentas contra as instalações da empresa ou que interrompam suas atividades, sob pena de multa de R$ 5.000. [...] Nos últimos meses, a empresa foi alvo de oito invasões.
Folha, 20.3.08

Imagem da tela de Lopes Rodrigues, acervo do MAB (Museu de Arte da Bahia), *Alegoria da República*

instalou uma República, proclamada pelo José do Patrocínio, na janela da Câmara Municipal do Rio de Janeiro, e que as demais regiões só ficaram sabendo dias depois, quando os telégrafos comunicaram às províncias que o Brasil era uma República e o chefe do governo provisório era o marechal. Ele era a reserva moral do Exército e por isso foi colocado na frente da tropa pelos jovens oficiais republicanos e civis, partidários das mudanças as quais o império resistia a aceitar.

O uso da partícula se na História torna tudo possível, e apenas por exercício diríamos que se o Império tivesse se renovado, se tornado um parlamentarismo de fato, com canais de ascensão política para os fazendeiros de café, muito provavelmente teria resistido. Mas não se renovou e por isso caiu, e a tal hipótese nunca se concretizou. O fato é que se iniciou uma conturbação política no país, efeito das transformações internas que mudaram a face do Brasil, ainda que de forma lenta, uma vez que o conservadorismo, as transformações demoradas e a resistência a tudo o que é novo sempre foram características da sociedade brasileira.

PROCLAMAÇÃO DA REPÚBLICA

Antes de mais nada, talvez seja interessante observar que o simples fato de ter havido uma proclamação demonstra que a República não foi o desenvolvimento natural ligado à Independência. Ali, o Brasil já apontava essa tendência à originalidade, que é a nossa. O primeiro governante do país que se formava, liberto da metrópole colonialista, era um monarca português, e não um civil brasileiro e republicano. Precisaríamos de mais 67 anos para conseguir abolir a monarquia e instaurar a República!

Normal, diriam alguns, considerando que também fomos o último país ocidental a conseguir abolir a escravidão, depois de termos batido o vergonhoso recorde de campeões mundiais de recebimento de escravos. Mas voltando à República, quando ela enfim foi proclamada, não o foi por civis. Arquitetada por militares, nosso primeiro presidente foi um militar, aliás, o único general que tomou parte do movimento. Os poucos revoltosos eram em sua maioria de baixa patente. Oficiais havia poucos, mas dentre eles merece lembrança o nome do professor da escola militar Benjamin Constant. Não por acaso, já que os insurgentes contra o Império eram basicamente alunos dessa mesma Escola Militar.

Começava ali a fase que foi chamada de República da Espada.

DEODORO DA FONSECA

O alagoano Deodoro da Fonseca comandou o Governo Provisório por dois anos. A primeira eleição da República foi indireta, e ele assumiu perante a Câmara. Em vez de assinar um termo de posse nos moldes que se tornariam padrão na República, publicou uma ata da proclamação e o Decreto nº 1, onde se estabelecem as normas governamentais que passariam a vigorar. O Livro de Posse só seria inaugurado em 1891.

A política desenvolvida por Deodoro era vista como "centralizadora", contrária aos ideais federativos. Ele depôs vários governadores e fechou o Congresso, em 1891, desrespeitando a Constituição.

Velho, doente e autoritário, o primeiro presidente não foi o governante dos melhores sonhos republicanos. Formou um ministério composto de estrelas como Rui Barbosa, Campos Sales, Quintino Bocaiúva e Benjamim Constant – que não se entendia entre si e muito menos com o chefe do governo. Quando surgiu o *Jornal do Brasil*, em abril de 1891, o primeiro governo republicano já vivia crise sobre crise, num processo que o levaria a um fim abrupto, ainda naquele ano.

Deodoro, que até então era chefe de um governo provisório, foi eleito presidente constitucional pelo Congresso. Mas preferiu governar sozinho, e em 3 de novembro fechou o Congresso, decretou o estado de sítio e a censura à imprensa. A situação econômica do país era ruim; uma desenfreada especulação na Bolsa arruinava os produtores. Era o *encilhamento*. Movimentos grevistas e a ameaça de uma revolta na Armada (Marinha), capitaneada pelo almirante Custódio de Melo, levaram à renúncia do marechal, no dia 23 de novembro de 1891.

Historiadores sustentam, ainda hoje, que o marechal Deodoro teria dito "Viva o imperador" e não "Viva a República" ao sacudir o quepe, montado em seu cavalo, no histórico 15 de novembro de 1889. Sua intenção seria apenas derrubar o gabinete do visconde de Ouro Preto, mas estimulado por republicanos militantes, como Benjamim Constant e Quintino Bocaiúva, foi adiante e acabou derrubando toda a monarquia. De qualquer forma, Deodoro havia sido servidor fiel do imperador, a quem pessoalmente respeitava. Transformado, querendo ou não, no primeiro presidente republicano, assumiu postura imperial, como é fácil perceber pela leitura do manifesto que lançou à nação ao dissolver o Congresso.

> *"[...]*
> *A 15 de novembro de 1889, achei-me a vosso lado para deposição da monarchia; hoje me encontraes ainda, fiel á minha missão de soldado e de brazileiro para depor a anarchia.*
> *[...]*
> *Para evitar todos esses males, resolvo, como disse, dissolver uma assembléia que só poderá acarretar ainda maiores desgraças.*
> *Assumo a responsabilidade da situação e prometo governar com a Constituição, que nos rege.*
> *Garanto a paz, a ordem e a verdade das instituições republicanas."*

O Generalíssimo de todas as Forças de Terra e Mar deu nosso primeiro golpe de Estado para não ter que passar pela vergonha do impedimento (*impeachment*) que o Congresso certamente aprovaria, pois ele tinha perdido a sustentação política. Mas 20 dias mais tarde, diante da ameaça dos canhões da Esquadra, ele renunciou e passou o governo ao vice, Floriano Peixoto.

O *Jornal do Brasil* saudou o fim da ditadura que causava, nas palavras do redator, um "desgosto profundo" no país. Desiludido e doente, Deodoro morreu no dia 23 de agosto de 1892. Dispensou honras militares e quis ser enterrado em trajes civis.

CURIOSIDADES

Pedro de Alcântara João Carlos Leopoldo Salvador Bibiano Francisco Xavier de Paula Leocádio Miguel Gabriel Rafael Gonzaga – esse era o nome completo de D. Pedro II.

COMEÇOU MAL

I.

Contam as más línguas que ainda nos tempos do Império teve lugar no Rio de Janeiro – para onde o monarca português tinha fugido de Napoleão – uma eleição para escolha dos representantes da Comarca às Cortes de Lisboa.

Confusão instalada, aquilo mais parecia um mercado de peixe. No calor do entusiasmo, alguém propôs acabar com o poder absoluto e deu vivas à Constituição. Não faltaram adesões à idéia, e logo ficou decidido que o rei deveria jurar a Constituição. Ótimo – se Constituição houvesse. Mas, pequeno detalhe, não havia! Nem portuguesa nem brasileira. Na falta de outra, resolveram jurar a Constituição espanhola.

Assim sendo, no dia seguinte foi publicado o seguinte decreto:

> *"Havendo tomado em consideração o termo de juramento, que os Eleitores Parochiaes desta Comarca, a instancias e declaração unanime do Povo della, prestaram à Constituição Hespanhola, e que fizeram subir à minha Real Presença, para ficar valendo inteiramente a dita Constituição Hespanhola, desde a data do presente até a instalação da Constituição em que trabalham as Cortes actuaes de Lisboa, e que Eu Houve por bem jurar com toda a minha Corte, Povo e Tropa, no dia 26 de fevereiro do anno corrente: Sou servido ordenar, que de hoje em diante se fique estricta e litteralmente observando neste Reino do Brasil a mencionada Constituição Hespanhola, até o momento em que se ache inteira e definitivamente estabelecida a Constituição deliberada e decidida pelas Cortes de Lisboa.*
> *Paço da Boa Vista, aos 21 de abril de 1821.*
> *Com a rubrica de Sua Majestade."*

Armou-se o escândalo e 24 horas mais tarde um édito real anulava o decreto. Ao rei português só restava voltar para Portugal. O que ele fez quatro dias depois.

II.

Em novembro de 1807, o príncipe regente dom João VI e parte da família real vieram para o Brasil, aconselhados pela Inglaterra, por causa dos avanços de Napoleão. A mãe do rei, dona Maria I, era clinicamente louca (assim declarada desde 1792). E, como louca, gritou e urrou à vontade em protesto, no cais de Lisboa, naquela que ficaria conhecida como "a noite da covardia".

O autor Oliveira Martins escreveu "Foram, aliás, seus gestos alucinantes, o único vislumbre de vida, pois o brio, a força, a dignidade portuguesa, acabavam ali nos lábios ardentes de uma rainha doida..."

Mas a fidalga senhora podia ser louca, mas não era burra. Anos antes, em 5 de janeiro de 1785, promulgou um alvará sobre as indústrias do Brasil. Trechos:

> *"Eu a rainha faço saber aos que este alvará virem:*
>
> *Que sendo-me presente o grande número de fábricas e manufaturas que de alguns anos por esta parte se têm difundido em diferentes capitanias do Brasil, com grave prejuízo da cultura, e da lavoura, e da exploração de terras minerais daquele vasto continente; porque havendo nele uma grande, e conhecida, falta de população, é evidente que, quanto mais se multiplicar o número dos fabricantes, mais diminuirá o dos cultivadores; e menos braços haverá que se possam empregar no descobrimento, e rompimento de uma grande parte daqueles extensos domínios que ainda se acha inculta, e desconhecida.*
>
> *[...]*
>
> *Em consideração de todo o referido, hei por bem ordenar que todas as fábricas, manufaturas ou teares [...] fazendas grossas de algodão, que servem para o uso e vestuário de negros, para enfardar, para empacotar, e para outros ministérios semelhantes; todas as mais sejam extintas e abolidas por qualquer parte em que se acharem em meus domínios do Brasil, debaixo de pena de perdimento, em tresdobro, do valor de cada uma das ditas manufaturas, ou teares, e das fazendas que nelas houver e que se acharem existentes dois meses depois da publicação deste;[...] repartindo-se a dita condenação metade a favor do denunciante, se houver, e outra metade pelos oficiais que fizerem a diligência; e não havendo denunciante, tudo pertencerá aos mesmos oficiais."*

Já se percebe quando tiveram origem certas práticas nossas conhecidas...

Dom Pedro I

III.

PRIMEIRA DÍVIDA EXTERNA – INDENIZAÇÃO A PORTUGAL

Nossa famigerada independência política, em 1882, acarretou nossa dependência econômica: o Brasil foi obrigado a pedir dinheiro emprestado à Inglaterra para pagar uma indenização de 2 milhões de libras esterlinas a Portugal, em troca do reconhecimento de nossa soberania. Também pagamos pela Biblioteca Imperial: ela foi avaliada pelo equivalente a 250 mil libras esterlinas, valor que foi diretamente para o bolso de dom João VI. Observação irônica de um historiador português: "um analista se admiraria de não se venderem ao Brasil as suas árvores gigantescas e as suas minas profundas, a cintilação do seu sol e dos olhos das suas mulheres, as cristas dos seus montes e os animais exóticos das suas florestas...".

> O Brasile giá cabó di apagá a divida di 6.000.000 di libra p'ra Ingraterra, i p'ros "bife" non pensá che illo é troxa giá pidio maise 10.000.000

UM RAIO NÃO CAI DUAS VEZES NO MESMO LUGAR

CPMF — SOBREVIVI! — CPF

DESCOBERTAS QUE ASSOMBRARAM O PAÍS
Novo megacampo na Bacia de Santos... ...nova verba de gabinete em Brasília!

TREINAMENTO PARA SUBIR NAS PESQUISAS

www.blogdomangabeira.blogspot.com

Novo Dicionário Ilustrado do Guz - I
Boi-de-Piranha
Bode Expiatório
Laranja
Land-Roubo
Campo Majoritário
Guz

Novo Dicionário Ilustrado - IV
Guz
O primeiro Berzoini a gente não esquece...
Blindagem
Novo PT ou Choque de Gestão

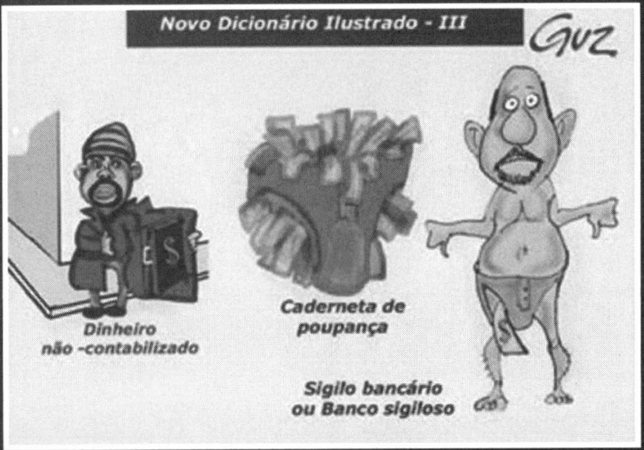
Novo Dicionário Ilustrado - III
Guz
Dinheiro não -contabilizado
Caderneta de poupança
Sigilo bancário ou Banco sigiloso

Novo Dicionário Ilustrado - VI
Guz
Novo PT ou Choque de Gestão
O primeiro Berzoini a gente não esquece...
CPMI dos Correios

IMPUNIDADE
sponholz.arq.br

Novo Dicionário Ilustrado do Guz - II
Militrouxa
Pegando o pé da situação
Guz

CORRUPÇÃO
SPON HOLZ
www.sponholz.arq.br

SINTO MUITO, O NOSSO PROGRAMA DE *APOIO CULTURAL* JÁ ESTÁ COMPLETO.
LUIGI — ROCCO

www.DIOGOsalles.com.br
MST

MENSALÃO
O JULGAMENTO DO ANO
"QUE TAR NÓIS NO LUGAR DAQUELES CARA, HEIM ZÉ?"
..."TRINTA ANO NOS MÍNIMO SEM DIREITO À VISITA ÍNTIMA!!!"
SPON HOLZ
sponholz.arq.br

265

MST saqueia para "mandar recado" a Lula
PRESIDENTE, RECADO PRO SENHOR!
CONTA

"O HOMEM É PRODUTO DO MEIO"
... JÁ AQUI NO BRASIL, É DO "MEIO A MEIO"!
SPONHOLZ
sponholz.arq.br

NÃO EXISTE DOSSIÊ!
CLARO QUE NÃO!!
IMAGINA!
ACREDITO EM VOCÊ!!
LUTE

O PROBLEMA DO PAÍS É A FALTA DE SANEAMENTO BÁSICO

"CLASSE MÉDIA CONTRARIADA, COMPANHEIROS CORRUPTOS, CRISES, CPMF, CPIs, CHURRASCO COM CACHAÇA... CANSEI! CORTE COMPROMISSOS COMEÇADOS COM 'C'."

"NA BOA, PRESIDENTE..."

"PARECE QUE ISSO TUDO COMEÇOU 'C'OCÊ.'"

—ALGUÉM?

Os Fundamentos da Nação
A Constituição Federal
O Decreto-Lei
A Lei Ordinária
A Medida Provisória
GUZ

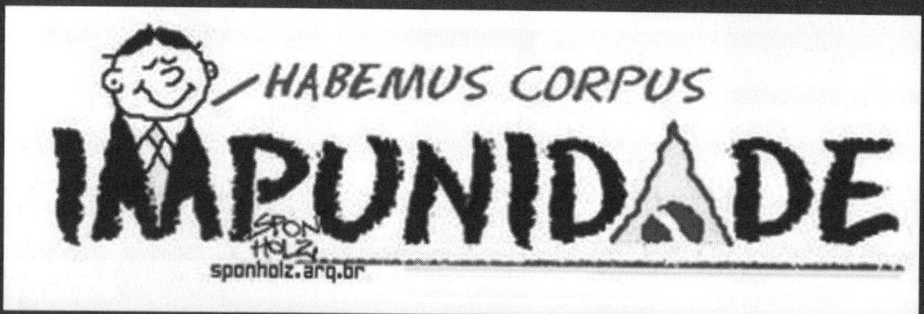
HABEMUS CORPUS
IMPUNIDADE
SPONHOLZ
sponholz.arq.br

Enquanto isso, acima da camada de ozónio...
Veja...Henfil, veja o que fizeram com o PT que você ajudou a fundar!!
GUZ
www.guz.com.br

269

Essa nossa PPP, Parceria Público Privada, foi uma idéia e tanto, companheiro...
Pode ser, mas cadê o papel?
E como fede !

Rio
4 4 2
SPON HOLZ
sponholz.arq.br

3° congresso do PT vai falar de "ÉTICA"
AH AH AH ah AHah AH ah
SPON HOLZ
sponholz.arq.br

VAZAMENTO DE INFORMAÇÕES

NEM VEM QUE NÃO TEM!

PERDOAI-OS SENHOR! ...MAS QUE ELES SABEM O QUE FAZEM, ISSO ELES SABEM!!!

A CULPA É DO TEMPO...

O PAÍS FUNCIONA PARCIALMENTE, DEVIDO AO MAU TEMPO...

ENQUANTO ISSO, EM BRASÍLIA...
COFRE PÚBLICO
ONG PT
ONG PDT

O GOVERNO QUER UMA NOVA CPMF PERMANENTE!
TUDO NESTE GOVERNO É PERMANENTE! A CARGA TRIBUTÁRIA, O BOLSA FAMÍLIA, AS MENTIRAS DO DOSSIÊ FHC!...

DIRETORIO NACIONAL PT

RICOS FICARAM MAIS RICOS EM 2007...

— E A GENTE TINHA MEDO DO LULA!
— VOU PÔR UM BUSTO DELE NA ENTRADA DO MEU BANCO!

ENQUANTO ISSO NO RIO...

?

BRASIL
"UM MAIOR ABANDONADO"

— PAI, ONDE É QUE ESTÁ O BRASIL?
— O LULA ACHA QUE ESTÁ DO OUTRO LADO DO ATLÂNTICO.
HÁ QUEM ACHE QUE ESTÁ NO LIXO.
JÁ O CONGRESSO ACHA QUE ELE NEM EXISTE.

MAPA MUNDI

Bibliografia

Obras:

CARDOSO, Fernando Henrique. *A arte da política*. Rio de Janeiro: Civilização Brasileira, 2006.
LAGO, Pedro Corrêa do. *Caricaturistas brasileiros*. Rio de Janeiro: Sextante Artes, 1999.
LAMOUNIER, Bolívar & CARDOSO, Fernando Henrique. *Os partidos e as eleições no Brasil*. Rio de Janeiro: Paz e Terra, 1975.
LAMOUNIER, Bolívar. *Rui Barbosa e a construção institucional da democracia brasileira*. Rio de Janeiro: Nova Fronteira/Fundação Casa de Rui Barbosa, 1999.
_____.*Da Independência a Lula: dois séculos de política brasileira*. São Paulo: Augurium, 2005.
MOTTA, Rodrigo Patto Sá. *Jango e o golpe de 1964 na caricatura*. Rio de Janeiro: Zahar, 2006.
Piracicaba 30 anos de humor. São Paulo: Imprensa Oficial do Estado de São Paulo, 2003.

Jornais e revistas consultados:

Jornal *O Estado de S.Paulo*
Jornal *Folha de S.Paulo*
Revista *Histórica*, publicação do Arquivo do Estado de São Paulo
Revista *Veja*
Revista *IstoÉ Dinheiro*
Revista jurídica *Última Instância*
Jornal do Brasil

Sites consultados:

http://contasabertas.uol.com.br/asp/
http://congressoemfoco.ig.com.br/
www.bovespa.com.br e www.bmfbovespa.com.br
www.30anosdehistoria.hpg.ig.com.br/index.htm
www.cpdoc.fgv.br/comum/htm/
www.ifhc.org.br
www.radiobras.gov.br/estatico/ (jornais Correio Braziliense, Gazeta Mercantil, Jornal do Brasil, O Globo, Valor Econômico) © Agência Brasil – Todas as matérias poderão ser reproduzidas, desde que citada a fonte
www.usp.br
www.uol.com.br
Pérolas, de Álvaro Caputo
Blog Reinaldo Azevedo

Créditos

Allan Sieber (www.allansieber.com): pp. 7, 300

Arquivo Público do Estado de São Paulo: pp. 5-6, 8, 21, 30, 45-46, 49, 52-53, 55, 60-62, 64, 67-72, 74-75, 81, 85, 91-93, 96-97, 100-3, 105-6, 108-15, 119-31, 133, 136-41, 143-44, 146-47, 150-57, 161-64, 166-81, 186-89, 192-95, 197-202, 205-7, 209-14, 216-20, 222-24, 227-30, 233-35, 238-39, 242, 244, 248, 250-53, 259, 261, 264, 276

Câmara Brasileira de Jovens Escritores: p. 123

Céllus (www.cellus.com.br): pp. 41-42, 236, 302

Clayton (www.opovo.com.br): pp. 225, 262, 300

Coleção particular de Marly N Peres: pp. 43-44, 239

Denny (www.odennytadoido.blogger.com.br): pp. 155, 292

Diogo Salles (www.diogosalles.com.br): pp. 243, 255, 266, 291

Flávio (flaviodiario@gmail.com): pp. 12, 15, 27, 101, 105, 179, 267, 274, 304

Gilmar (www.gilmaronline.zip.net): pp. 1, 4, 293

Guz (www.guz.com.br): pp. 5, 8-9, 11, 20, 23, 31, 40, 50, 56-57, 79, 88, 134, 184, 204, 208, 221, 225, 265, 270-72, 301

Humorbabaca (www.humorbabaca.com): pp. 158, 301

Jornal O *Século*, coleção particular: pp. 5, 249, 257-58

Léo Valença (http://www.popbaloes.com/hqs/leo.htm): p. 296

Luigi Rocco (http.humorama.vila.bol.com.br): pp. 25, 39, 80, 129, 263, 268, 298

Lute (www.blodolute.blogspot.com): pp. 24, 32-33, 73-74, 262, 268, 271, 297

Mangabeira (www.blogdomangabeira.blogspot.com): pp. 25, 132, 264, 267, 274, 294-95, 303

Museu de Arte da Bahia: p. 256

Néo Correia (www.8p.com.br/neocorreia): pp. 5, 82, 94, 98, 114, 203, 275, 302

Nanquim (Richardson Santos) (www.nanquim.com.br): p. 300

Newton Silva (http://jujumento.zip.net): pp. 19, 26, 30, 33, 47, 70-71, 73, 304

Renato Machado (www.spermograma.blogger.com.br): pp. 18, 25, 31, 116, 190, 263, 269, 271, 273, 303

Sponholz (www.sponholz.arq.br): pp. 13-16, 19-21, 25, 32, 34, 53-54, 59, 76, 84, 87, 90, 104, 118-19, 127, 196, 215, 240-41, 254, 263-64, 266-68, 270, 272-73, 275, 289-91

Tako X (www.takox.com.br): p. 30

Tuba (www.tubacaricaturas.cjb.net): pp. 3, 10, 260, 299

Zappa (www.zappa.com.br): pp. 9, 28-29, 148, 269, 296

Wikipédia: pp. 9, 245, 247

www.hcnet.usp.br: p. 70

www.usp.br: p. 182

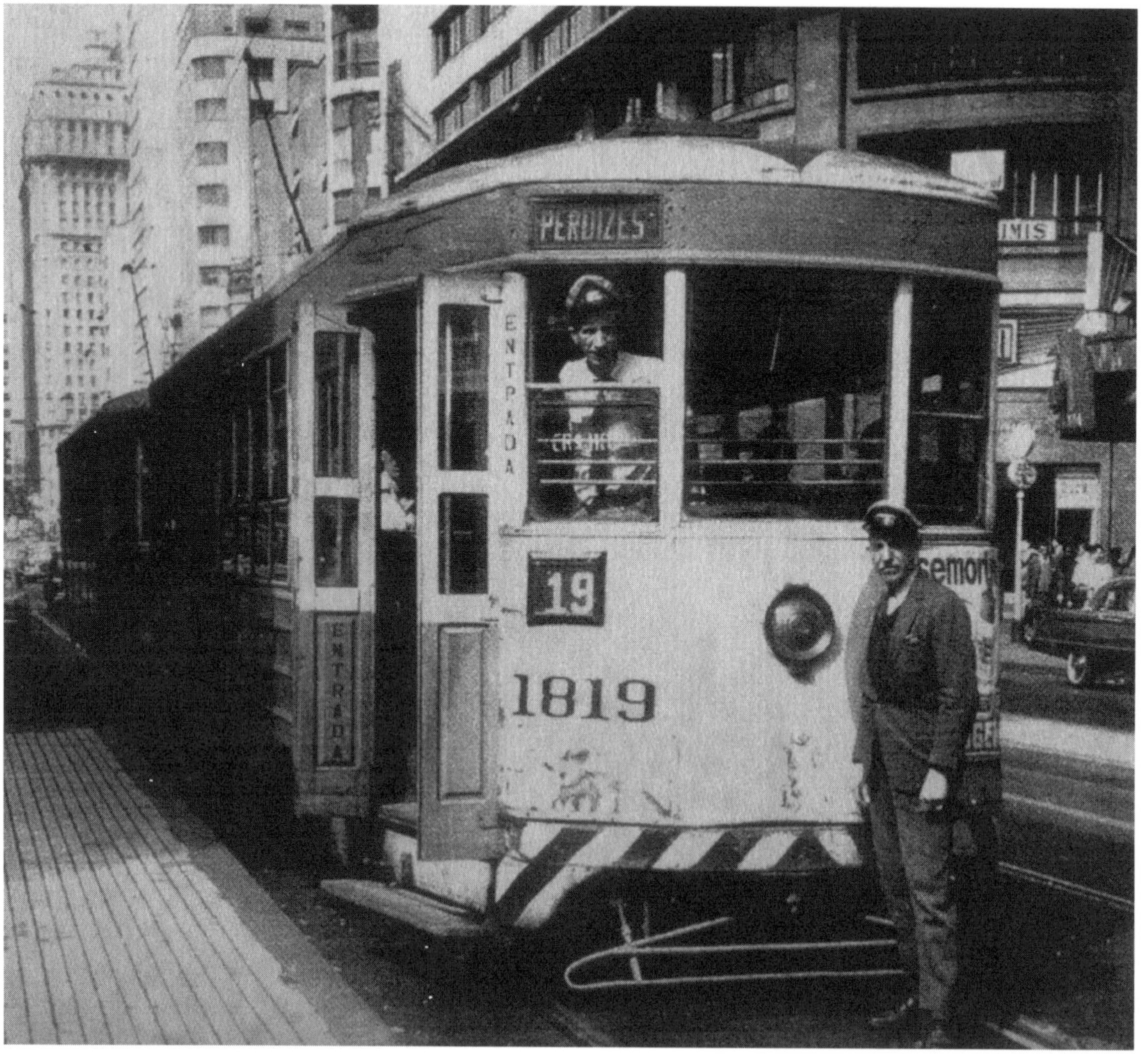
PERDIZES
ENTRADA
ENTRADA
19
1819

Índice Onomástico

Abreu Sodré, 61
Adhemar de Barros, 95, 100, 109, 111, 116, 123, 130, 148-49, 175
Adhemar Ferreira da Silva, 49, 55, 60
Adolf Hitler, 71, 160, 163
Adolfo Lutz, 29, 167
Adolfo Morales de los Ríos, 131
Aécio Neves, 101, 208
Afif Domingues, 57
Afonso Arinos, 128, 134-36, 149
Afonso Augusto Moreira Pena, 216, 220, 222, 224-27, 247
Afrânio de Melo Franco, 170, 204
Agustín Lara, 157
Aimée Sotto Mayor Sá, 169
Alaíde Costa, 126
Albert Sabin, 92
Alberto Botelho, 218
Albino Souza Cruz, 207
Alcino João do Nascimento, 136
Aldo Rebelo, 18
Alécio Fongaro, 16
Alfredo Buzaid, 61
Almeida Prado, 175
Aloízio Mercadante, 14, 23, 165

Alzira Soriano, 166, 185, 188
Amyr Khan Klink, 63
Ana Pavlova, 207
Anayde Beiriz, 169
Anderson Adauto, 16
André Franco Montoro, 64, 66, 87
Andrea Vianna, 31
Ângela Guadagnin, 18, 270
Anita Malfati, 153
Anselmo (cabo), 105
Anselmo Duarte, 124
Anthony Hall, 23
Antonio Carlos, 77
Antonio Carlos Magalhães (ACM), 38, 41
Antônio Conselheiro, 242, 246
Antonio Fernando de Souza, 27
Antonio Palácio de Oliveira, 39, 42
Antonio Palocci, 13-14, 16-20, 22-23, 27, 34, 165, 174
Antonioni, 124
Arlindo Chinaglia, 98
Ari Barroso, 141
Armando de Sales Oliveira, 160, 162, 171, 178, 182
Armando Falcão, 87

Arthur Friedenreich, 174

Arthur Korn, 226

Artur Azevedo (A. Nabantino Gonçalves A.), 226

Artur da Costa e Silva, 95

Artur da Silva Bernardes, 116, 143, 159, 190, 193-94, 196, 198, 201

Assis Chateaubriand [Chatô] (Francisco de A. C. Bandeira de Melo), 153, 206

Aureliano Chaves, 57, 77, 79

Aureliano Leal, 213

Aurélio Campos, 153

Aurora Miranda, 157

Ayrton Senna, 49, 51, 63

Azaña (presidente), 8

Babá, 10

Baden Powell, 126

Bando da Lua, 157

Benedita da Silva, 25, 243

Benedito Antonio Valencise, 19

Benjamin Constant, 223, 256

Benjamin Vargas, 136

Berta Lutz, 167

Betinho, 78

Borges de Medeiros, 193

Bresser Pereira, 43-44, 65, 71

Bresson, 124

Buñuel, 124

Burle Marx, 142

Cacareco (rinoceronte), 118, 123

Cacilda Becker, 61

Caetano Veloso, 61

Café Filho, 88, 112, 116, 123, 146-47

Campos Sales (Manoel Ferraz de C. S.), 214, 218, 236-37, 239-41, 245-46, 257

Cândido Rondon, 117, 184, 220-22, 224, 227

Carl F. G. Waehneldt, 247

Carlos Augusto de Almeida Ramos (Carlinhos Cachoeira), 15

Carlos Chagas, 212, 223

Carlos Coimbra da Luz, 146

Carlos de Campos, 193

Carlos Gomes, 200

Carlos Lacerda, 9, 55, 83, 99-101, 104, 109, 114, 116, 119, 123, 128, 130, 136-37, 139-40

Carlos Lyra, 60, 126

Carlos Minc, 91, 97

Carlos Oswald, 176

Carlos Printes, 15, 39, 42

Carlos Roberto Godinho, 17

Carlos Rodrigues, 14

Carlota Joaquina, 32

Carlota Pereira de Queirós, 160, 166

Carmen Miranda, 157, 182
Carter (Jimmy), 86
Cassiano Gabus Mendes, 153
Cássio Casseb, 10
Castro Neves (os irmãos), 126
Cecílio do Rego Almeida, 91
Celso Amorim, 22
Celso Daniel, 9-10, 14-15, 17-18, 23, 39, 42, 118
Celso Furtado, 104
César de Alencar, 141
César Ladeira, 182
Chaplin, 85
Charles Burke Elbrick, 95, 97
Charles De Gaulle, 98
Che Guevara, 110, 113-14
Chico Alves, 141
Chico Buarque, 61
Chico Feitosa, 126
Chico Landi, 172
Chico Mendes, 9, 66
Chiquinha Gonzaga, 219
Ciro Gomes, 51, 208
Claudio Roberto Mourão da Silveira, 15
Cláudio Villas-Boas, 53, 165
Climério E. de Almeida, 136
Clóvis Salgado da Gama, 69

Cristovam Buarque, 9
Custódio de Melo, 251, 257
D. João VI, 260-61
D. José (príncipe), 32
D. Pedro II (P. de Alcântara João Carlos Leopoldo Salvador Bibiano Francisco Xavier de Paula Leocádio Miguel Gabriel Rafael Gonzaga), 196, 253, 255, 258
Daniel Dantas, 14, 271
Danilo Di Prete, 138
Dante de Oliveira, 79, 82
Dario (Dadá Maravilha), 61
David Campista, 226
Delfim Moreira da Costa Ribeiro, 196, 202, 204, 235
Delfim Netto, 77, 80, 89
Delúbio Soares, 12-13, 16, 23, 25
Delvio Buffulin, 37
Demétrio Magnoli, 47
Deodoro da Fonseca, 99, 197, 215-16, 245, 248-51, 254-55, 257-58
Di Cavalcanti, 153, 199
Dias Gomes, 124
Dilermando de Assis, 222
Dilma Rousseff, 12, 18, 30
Dílson Funaro, 65-66
Dionísio Aquino Severo, 39, 42

Dionísio Azevedo, 153
Dom Helder Câmara, 145
Dom Jaime Câmara, 142
Donga, 213
Dora Kramer, 17, 169, 190, 193
Drummond (Carlos D. de Andrade), 61
Duda Mendonça, 11, 13, 18, 76, 100, 203, 231
Eder Jofre, 49, 60, 62
Edgar Allan Poe, 228
Edmilson Bruno, 26
Edson de Carvalho, 170
Edson Lobão (ministro), 20
Edu Lobo, 61
Eduardo Azeredo, 13, 15
Eduardo Sabino de Oliveira, 176
Eduardo Wandenkolk, 251-52
Ehrenfried von Holleben, 88
El Rey Don Sebastião, 243
Elcione Barbalho, 231
Elis Regina, 63, 78
Elizeth Cardoso, 60, 118, 126
Emerson Fittipaldi, 62
Emilinha Borba, 141
Emílio Garrastazu Médici, 88
Emílio Rangel Pestana, 33
Enrico Gianelli, 15

Epitácio Pessoa, 165, 196-98, 201
Ernesto Geisel, 34, 77, 82-85, 87, 90-91, 154
Ester de Figueiredo Ferraz, 78
Estilac Leal, 143
Euclides da Cunha, 133, 220, 222-23
Eugène Lauste, 226
Eugênio Bucci, 32
Eurico Gaspar Dutra, 40, 76, 82, 135, 148-49,
    151, 157, 162, 166, 177-78, 194
Evo Morales, 22, 42, 50
Expedito Afonso Veloso, 23
Fábio Luiz (Lulinha), 31, 47
Fausto, 174
Fernando Collor, 11, 21, 43, 50-53, 56-59, 67,
    71, 98, 128
Fernando Gabeira, 78, 100
Fernando Henrique Cardoso (FHC), 11-13, 17-19,
    21, 28, 30, 34-41, 43, 45, 47, 50-54, 59, 66, 76, 86,
    101, 105, 110-11, 151, 160, 169, 196, 202
Fidel Castro, 12, 29, 108, 112-13, 147
Filinto Müller, 178
Filó, 174
Florestan Fernandes, 78
Floriano Vieira Peixoto, 99, 104, 197, 215, 233,
    242, 245-46, 248-51, 258
Floro Bartolomeu, 173, 217

Fournier, 177
Francenildo Santos Costa, 19-20, 22, 34
Francesco Matarazzo, 139, 153
Francisco Alves, 157
Francisco Campos, 178
Francisco de Paula Argolo, 245
Francisco de Paula Mayrink, 247
Francisco Dornelles, 66
Francisco Ferdinando (arquiduque), 218
Francisco José de Assis, 228
Franco (general), 183
Franco da Costa, 138
Freud Godoy, 23
Fulgêncio Batista, 147
Gamal Abdel Nasser, 145
Gandhi, 221
Garotinho (governador), 231
Georges Henry e Willian Forneaud (orquestra de), 153
Geraldo Alckmin, 26, 66
Geraldo Magela, 14
Geraldo Vandré, 61
Getúlio Dornelles Vargas, 8, 14, 16, 41, 43, 47, 53, 69, 72, 74-75, 98-99, 104-5, 107, 111-12, 116-17, 121, 123, 133-37, 139-43, 145-46, 149, 151, 153-66, 168-71, 175-79, 184-88, 198-99, 203, 221-22, 247

Gilberto Carvalho, 14-15, 42
Gilberto Gil, 61, 95, 179
Giovanni Enrico Bucher, 89
Gláucio Ary Dillon Soares, 116
Glória Menezes, 124
Golbery do Couto e Silva, 65, 77, 98
Gouveia Bulhões, 101
Graça Aranha, 199
Grande Otelo, 60
Gregori Warchavchik, 186
Gregório Barrios, 157
Gregório Fortunato, 136
Grimall Dantas, 32
Guido Mantega, 28
Guilherme Guinle, 144
Guilherme Paraense, 200
Gustavo Dias de Barcellos, 207
Gustavo Kürten (Guga), 49, 63
Haroldo Costa, 32
Haroldo Leon Peres, 91
Hebe Camargo, 153
Heitor da Silva Costa, 176
Heloisa Helena, 10
Henrique Meirelles, 14, 19
Henrique Pizolatto, 12
Herbert Levy, 103

Hermes Rodrigues da Fonseca, 99, 161, 173, 190, 198, 210, 214-19, 221-22, 226-27, 244
Horácio Lafer, 137
Horta Barbosa (general), 170
Hugo Chávez, 16, 22, 221
Humberto Costa, 11, 23
Humberto de Alencar Castelo Branco, 94, 98-101, 109, 123, 219
Ideli Salvatti, 32
Iran Moraes Redua, 39, 42
Isidoro Dias Lopes, 193-94
Israel Pinheiro, 98, 124, 129
Itamar Franco, 9, 38, 43, 46, 50-53, 55, 59, 101, 104, 219
Ivan Ferreira Serpa, 138
Ivete Vargas, 77, 79
Ivon Cury, 153
Jacó Bittar, 31
Jader Barbalho, 21, 38-40, 202, 231
Jânio da Silva Quadros, 55, 57-59, 65, 67, 69-70, 99, 105, 107, 110-16, 118-19, 121, 123, 128, 135, 142, 158
Jeany Mary Corner, 88
Joachin Lebreton, 132
João Alves, 204

João Batista Figueiredo, 37, 55, 69, 76-78, 80, 82, 84, 87, 154
João Cândido Felisberto (Almirante Negro), 217
João Carlos de Oliveira (João do Pulo), 49, 62
João Dantas, 169
João Fontes, 10
João Francisco Daniel, 118
João Gilberto, 60, 126
João Magno, 14
João Maia, 36
João Paulo Cunha, 12, 14, 25
João Pedro Stedile, 255
João Pessoa, 160-61, 169, 185
João Pinheiro, 124
João Vicente Belchior Goulart (Jango), 95, 105, 108-9, 111, 123, 135, 145
Joaquim Murtinho, 239
John Foster Dulles, 122
Johnny Alf, 126
Jorge Mattoso, 19-20
José Alencar, 13, 17, 42
José Artur Guedes Tourinho, 40
José Borba, 14
José Dirceu, 12, 14, 17, 24-25, 27, 32, 42, 50, 67, 70, 100, 134, 174

José do Patrocínio, 256
José Eduardo Cardozo, 64
José Flávio Pécora, 80
José Janene, 14
José Linhares, 151, 166
José Mentor, 14
José Ribamar Sarney, 17, 21, 43, 57, 64-69,
    79-80, 104, 154, 169
José Roberto Arruda, 38, 41
José Serra, 13, 23, 42, 66, 101
Joseph Gire, 194
Josephine Baker, 157
Josias Gomes, 14
Josué Gomes da Silva, 17
Juarez Távora, 82, 116-17, 128, 191
Juca Chaves, 128
Júlio de Castilhos, 250
Júlio Prestes, 160-61, 163, 184-85, 188
Júlio Roca, 240
Juracy Magalhães, 128, 173
Juscelino Kubitschek de Oliveira, 16, 55, 58, 69,
    76, 83, 85, 98-99, 101, 107-8, 113, 116-25,
    127-31, 133, 142, 146-47, 164, 169, 247
Laércio Barbalho, 231
Lampião, 145, 163, 173

Larry Rohter, 18
Le Corbusier, 180
Leo Cochrane, 103
Leonardo Villar, 124
Leonardo Villas-Boas, 53
Leonel Brizola, 10, 57, 69, 76-79, 99, 101, 107,
    109-11, 116, 118
Leônidas da Silva, 174
Lima Barreto, 145
Lima Duarte, 153
Lina Bo Bardi, 153
Linda Batista, 157
Lino Moreira, 170
Lolita Rodrigues, 153
Lott (Henrique Batista Duffles Teixeira L.),
    108, 112-13, 116, 118, 123, 146-47
Lourival Fontes, 140
Lucas Lopes, 128
Lucas Nogueira Garcez, 142
Luciana Genro, 10
Lúcio Costa, 124, 180, 186
Luís Carlos Prestes, 56, 76, 101, 161-62, 165-66,
    169, 173, 180, 184, 191, 193-94, 199
Luís Eduardo de Magalhães, 36
Luiz Antonio Vedoin, 23

Luiz Eça, 60, 126

Luiz Estevão, 41

Luiz Gushiken, 12, 25, 32

Luiz Inácio Lula da Silva (Lula), 8-17, 19-29, 31, 35-38, 40, 42, 47, 50-51, 53-54, 56-59, 65, 67, 71-72, 76, 79, 82, 86, 88, 98, 100, 104, 111, 134, 148, 151, 158, 160, 169, 179, 184, 190, 193, 202-3, 207-8, 255

Luizinho (professor), 14

Lydia Monteiro da Silva, 77

M. Fiel Filho, 83

Machado de Assis, 110, 228

Madame Gallot, 228

Madre Teresa, 221

Maílson da Nóbrega, 43

Mamede (coronel), 146

Mangabeira Unger (Robert M. U.), 27, 104, 190

Manoel de Teffé, 172

Manuel Antônio de Almeida, 228

Manuel Bandeira, 199

Manuel Vitorino Pereira, 246

Mao Tsé-tung, 107, 157

Marcelo José Rovai, 15

Marcelo Netto, 20

Marcílio Marques Moreira, 43, 56

Marco Antônio Audi, 20-21

Marco Aurélio Garcia, 18

Marco Maciel, 79

Marcos Franco Rabelo, 173

Marcos Valério de Souza, 12-13, 15-18

Maria Ester Bueno, 49, 60

Maria I, 260

Maria Leontina, 138

Maria Lúcia Pedroso, 169

Maricéa Martins Zwarg, 32

Marília Gabriela, 37

Marina Silva, 30, 82

Mário Covas, 25, 37-39, 41, 57, 65-66, 95

Mário de Andrade, 199

Mário Haag, 25

Mário Reis, 141

Mario Wallace Simonsen, 103

Marlene, 141

Marta Suplicy, 34

Maurício Loureiro Gama, 153

Mauricio Marinho, 25

Mauro de Almeida, 213

Mazzaropi, 153

Menotti Del Picchia, 199

Michèle (cadela), 25

Miguel Arraes, 99, 101

Miguel Reale Júnior, 243

Mikhail Gorbatchev, 71
Millôr Fernandes, 153
Milton Nascimento, 103
Ministrinho, 174
Miriam Leitão, 190
Mistinguette, 157
MMDC (Miragaia, Martins, Dráusio e Camargo), 171
Monica Veloso, 94
Monteiro Lobato, 16, 60, 116, 134, 143, 148, 159, 164, 170, 187
Muhammad Ali (ex-Cassius Clay), 61
Nair de Tefé (Nair von Hoonholtz), 219
Napoleão, 259-60
Nara Leão, 60, 63, 126
Negrão de Lima, 98, 130
Nehru, 112
Neide Polos Plaza, 204
Nelson Piquet, 63
Nélson Rodrigues, 8
Nereu Ramos, 112, 116, 118, 123, 146-47
Newton Mendonça, 126
Nicolau dos Santos Neto, 37
Nilo Procópio Peçanha, 221
Nizan Guanaes, 231
Nobuo Okuchi, 88
Nogueira Acciolly, 173

Olavo Bilac (O. Braz Martins dos Guimarães B.), 204, 231-32
Olga Benário, 161-62
Olímpio Mourão Filho (capitão), 178
Oliveira Martins, 260
Oliveira Passos, 132
Orlando Silva, 141
Oscar Niemeyer, 124, 142, 186
Osmar Serraglio, 15
Osvaldo Aranha, 135, 137, 145, 178, 181
Oswald de Andrade, 199
Oswaldo Cruz, 232
Otávio Mercier, 39, 42
Otto Lara Resende, 124
Padre Cícero, 173, 217
Paul Landowski, 176
Paulinho (da Força), 30, 105
Paulo César Farias (PC Farias), 34, 50-51, 57, 59
Paulo Egídio Martins, 55
Paulo Francis, 5, 33, 40, 76, 94, 104, 116, 124, 158, 196
Paulo Frontin, 233
Paulo Gracindo, 141
Paulo Henrique Brito, 39, 42
Paulo Maluf, 41, 57, 64-65, 69, 77, 79-80
Paulo Rocha, 14

Paulo W. Pereira, 14
Pedro Aleixo, 94
Pedro Álvares Cabral, 159
Pedro Collor, 57, 59
Pedro Correia, 14
Pedro de Albuquerque Uchoa, 173
Pedro de Toledo, 159, 171
Pedro Ernesto, 161
Pedro Henry, 14
Pedro Malan, 47, 55
Pedro Simon, 26, 85, 87, 94
Pedro Vargas, 157
Pelé, 61, 118, 175
Pereira Passos, 232
Petronilho (coronel), 173
Picasso, 138
Pietro Maria Bardi, 153
Pinheiro Machado, 208, 210, 216
Plínio Salgado, 160, 165, 177-78
Portinari, 142, 153
Prestes Maia, 175, 198
Prudente de Moraes (P. José de M. e Barros), 230, 233, 242, 245, 247, 251-52
Quércia (Orestes Q.), 202
Quintino Bocaiúva, 257
Radamés Gnatalli, 141

Raito Del Sol, 153
Ralf Barquete, 16
Ramiro Barcelos, 253
Ranieri Mazzilli, 98, 109-10
Raul Seixas, 21, 29
Reagan (Ronald), 71
Regina Borges, 41
Reginald Aubrey Fessenden, 226
Reinaldo Azevedo, 202
Renan Calheiros, 22
Ricardo Berzoini, 23
Ricardo Jafet, 134, 140
Richier, 138
Rio Branco (José Maria da Silva Paranhos), 235
Robert Scheidt, 49, 63
Roberto Antonio Busato, 184
Roberto Campos, 101, 128
Roberto Colnaghi, 16
Roberto Freire, 57
Roberto Jefferson, 12, 14, 24-25, 56
Roberto Menescal, 60, 126
Roberto Simonsen, 103
Roberto Smeraldi, 20
Roberto Sobrinho, 32
Roberto Teixeira, 20-21, 53, 80
Rocha Matos, 15

Rodolfo Maier, 141
Rogério Tadeu Buratti, 13, 15-16
Romeu Queiroz, 14
Ronaldo Bôscoli, 60, 126
Ronaldo Caiado, 57
Ronivon Santiago, 36
Rouault, 138
Rubem Azevedo Lima, 134
Rubem Braga, 153
Rubens Borba de Moraes, 64, 199
Rubens Ricúpero, 51
Rubens Vaz (major), 139
Rui Barbosa, 99, 134, 190, 198, 213, 215-16, 220, 226, 228-29, 248, 250, 252, 257
Ruth Cardoso, 23, 25, 37
Saldanha, 61
Samuel Wainer, 140
Sandra Starling, 25
Sandro Mabel, 14
Santiago Dantas, 129
Santos Dumont (Alberto S. D.), 177, 230, 234
Saturnino Braga, 65
Sérgio "Orelha", 39, 42
Sergio Gomes da Silva, 17, 39, 42
Sergio Motta, 36, 45, 66
Sérgio Ricardo, 126

Severino Cavalcanti, 14, 208
Severo Gomes, 50
Sidarta Gautama, 221
Silvestre Travassos, 234
Sílvio Frota, 84, 87
Sílvio Pereira (Silvinho), 12, 25
Simão, 158
Stanislaw Ponte Preta (Sergio Porto), 95, 123
Sylvia Telles, 60
Tancredo Neves, 14, 42, 64-67, 69-70, 76, 78-80, 85, 87, 94, 104, 108, 135
Tarsila do Amaral, 138, 199
Teotônio Vilela, 78
Tião Viana, 207
Tito, 112
Tom Jobim, 48, 51, 60, 63, 126
Toninho da Barcelona, 13
Toninho do PT, 9, 23, 31, 38
Ulysses Guimarães, 57, 78, 84-85, 90, 95, 97
Urbano Ernesto Stumf, 86
Vadão Gomes, 14
Valdemar da Costa Neto, 13
Vara Uns, 153
Vavá (V. da Silva), 27
Venceslau Brás (Wenceslaw B. Pereira Gomes), 99, 208-10, 212-13, 217

Victor Brecheret, 142, 198-99
Victor Hugo, 228
Villa-Lobos, 199
Vinícius de Moraes, 60, 62, 77, 95, 126
Virgílio de Melo Franco, 170
Virgínia Lane, 169
Visconde de Ouro Preto, 257
Vital Brazil, 29
Vladimir Poletto, 16-17
Waldomiro Diniz, 10, 14-15, 25
Walter Foster, 153
Wanderval Santos, 14
Washington Luís, 117, 161, 163, 171, 177, 183-88, 194, 233
William Waack, 50
Wladimir Herzog, 83
Wright (irmãos), 234
Zagalo, 61
Zélia Cardoso de Mello, 43, 58
Zerbini (doutor), 94
Zinho, 32

SOCORROOO!!
SPON HOLZ
sponholz.arq.br

INFARTO?
DESGOSTO.
SENADOR JEFFERSON PÉRES
1932 2008
SPON HOLZ
sponholz.arq.br

REAGE, BRASIL!!!!
CORRUPÇÃO
SPON HOLZ
sponholz.arq.br

AFINAL SOU BARBUDO, VERMELHO E SÓ TRABALHO UMA VEZ POR ANO
TAMBÉM QUERO UMA BOQUINHA NO GOVERNO DO INÁCIO
SPON HOLZ
sponholz.arq.br

senador denuncia lavagem de dinheiro
Loterias
CAIXA CAIXA
GOVERNO LULA
BRASIL
UM PAÍS DE DOLOS
GOVERNO LULA
BRASIL
UM PAÍS DE ROLOS
SPON HOLZ
sponholz.arq.br

PT
SPON HOLZ
sponholz.arq.br

Brasil cai em ranking mundial de liberdade de imprensa
JÁ JUNTO AOS CHAPAS BRANCAS!!!
SPON HOLZ
sponholz.arq.br

RIO PEDE AJUDA AO GOVERNO FEDERAL PARA AS VÍTIMAS DA CHUVA
RIO PEDE AJUDA AO GOVERNO FEDERAL PARA CONTER VIOLÊNCIA
RIO PEDE AJUDA AO GOVERNO FEDERAL PARA JOGOS PAN-AMERICANOS...
PRAIA, FUTEBOL, CARNAVAL, PAGODE...
... A SOLUÇÃO É O RIO VOLTAR A SER "CAPITAL FEDERAL" QUE TAL ?!!
SPON HOLZ
sponholz.arq.br

NOSSA LUTA É PACÍFICA!!!
MST
MST
MST
SPON HOLZ
sponholz.arq.br

CAMA DOS DEPUTADOS
"A GENTE SOMOS INÚTEIS"
SEGUNDA ÚTIL
SPON HOLZ
sponholz.arq.br

QUE FEIO. ARLINDO !!!
SPON HOLZ
sponholz.arq.br
chinaglia convoca gangue para bater no Jabor

"NESSEPAÍS"
O CRIME COMPENSA!
VERGONHA...
SPON HOLZ
www.sponholz.arq.br

salles.com.br

E É POR ISSO ELEITOR, QUE EU PRECISO DO SEU VOTO!
CORTA!!!

Ajuda do Governo!

Se eu perco esse vôo, eu tô na roça!

De modos que, eu prefiro que a gente aumente o próprio salário, do que sair por aí roubando os cofres públicos, compreende?

POLÍTICA BRASILEIRA
SENHA?
CORRUPÇÃO, PROPINA, NEGOCIATAS, DESVIO DE DINHEIRO PUBLICO...
POLÍTICA BRASILEIRA
ENTRA!
GILMAR.

CHEGA DE ACEITAR QUALQUER POLÍTICO GOELA ABAIXO!
GILMAR

SERÁ QUE ESSA TAL DE CÉLULA-TRONCO TERIA ALGUMA CHANCE DE CORRIGIR ANOMALIAS TÍPICAS DE CORRUPTOS?
GILMAR.

ORA, ESSE NEGÓCIO DE PAGAR IMPOSTO NÃO ENCHE BARRIGA DE NINGUÉM!
GILMAR.

GILMAR.

Copyright © 2007 blogdomangabeira.blogspot.com
TUDO PRONTO PRA NOSSA VIAGEM FILHO...
AH...ISSO SIM É VIAJAR COM SEGURANÇA
Mangabeira

LADRÕES
?
Mangabeira
www.blogdomangabeira.blogspot.com

24.000
Mangabeira
www.blogdomangabeira.blogspot.com

MOVIMENTO CANSEI DE OUVIR AS METÁFORAS IDIOTAS DO LULA
Mangabeira
blogdomangabeira.blogspot.com

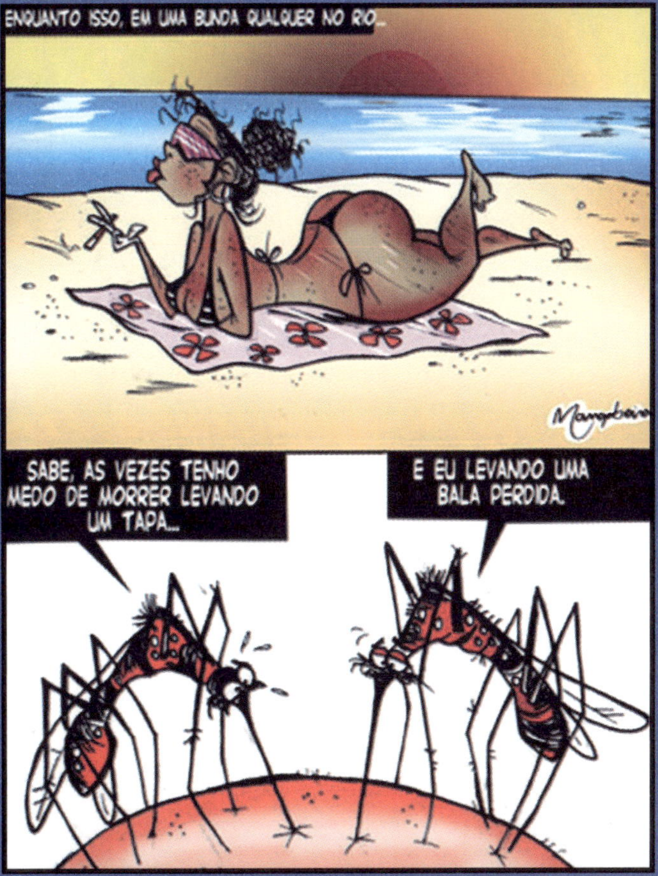
ENQUANTO ISSO, EM UMA BUNDA QUALQUER NO RIO...
Mangabeira
SABE, AS VEZES TENHO MEDO DE MORRER LEVANDO UM TAPA...
E EU LEVANDO UMA BALA PERDIDA.

VOTE EM MIM!
É HORA DE MUDAR!
PRECISO DO SEU VOTO!
VAMOS DAR UM BASTA!
EU CUMPRO!
COMO DIZ O ELEITOR: "POLÍTICO É TUDO IGUAL"...
SORTE A DELE QUE DEPOIS DAS ELEIÇÕES ELES SOMEM!
www.zappa.com.br
ZAPPA.

O QUE VOCÊ QUER DO JORNAL, QUERIDO? ESPORTES, POLÍTICA, CLASSIFICADOS?
ME PASSA O CADERNO DE CORRUPÇÃO!

OLHA SÓ... FALAM DO MENSALÃO...
...E ELE NÃO OUVE NADA!
MOSTRM RELATÓRIOS... CASSAM SEUS AMIGOS...
...E ELE NAO VÊ NADA!
AGORA, É SÓ DAREM A ELE UM PÚLPITO E UM MICROFONE...
...QUE ELE FAAAAAALA!
ZAPPA.

LAVANDERIA DO PLANALTO
50% DE DESCONTO SÓ PARA POLÍTICOS

NÃO SABIA QUE A CRISE AÉREA ERA TÃO GRAVE!...
LUTE

COMPREI TV DE PLASMA, COM TELA PLANA DE ALTA DEFINIÇÃO, CONVERSOR DIGITAL...
...E NADA!...
A IMAGEM DO CONGRESSO CONTINUA PÉSSIMA!!
LUTE

LUTE

OBA!! ÁGUA PARADA!!
EU NÃO COLOCARIA OS MEUS OVINHOS AQUI!!
DIZEM QUE NADA PROGRIDE NESTE LUGAR!!
LUTE

OLHA!! UM TUCANO MINEIRO!!
LUTE

CONGRESSO VOTA A CPMF. DEPOIS DELA, A SEGURANÇA.
VOU VOTAR A FAVOR DA PRORROGAÇÃO, REFORCE MINHA SEGURANÇA.
LUIGI ROCCO

DENGUE CHEGA À CAPITAL PAULISTA
LUIGI ROCCO

Exército vai ajudar a combater a dengue em SP
FOGO!
LUIGI ROCCO

PCC assume autoria de atentado à Secretária da Administração Penitenciária
APROVEITA E ASSUME TAMBÉM AQUELE DAS DUAS TORRES
LUIGI ROCCO

Governo estuda começar a cobrar IR sobre ganhos da poupança...
E NÃO ESQUECE DE ACRESCENTAR O VALOR DO IMPOSTO AO RESGATE
LUIGI ROCCO

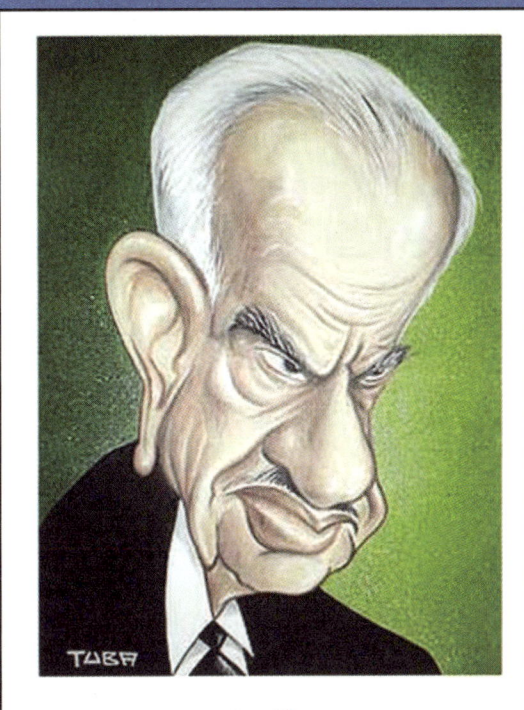

Pedro Simon

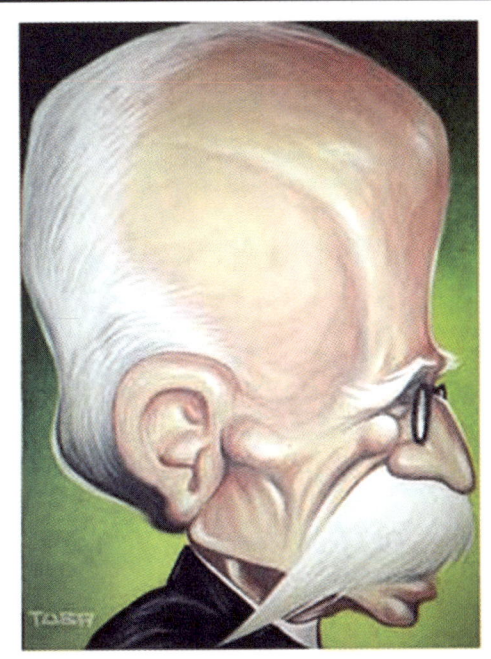

Rui Barbosa

Santos Dumont

SE GRITAR "PEGA LADRÃO"
NÃO FICA UM, MEU IRMÃO
SE GRITAR "PEGA LADRÃO"
...
SENADO
WWW.NANQUIM.COM.BR

DENGUE À VISTA

ESSA TERRA É MINHA TERRA
UMA EXPOSIÇÃO-HOMENAGEM DE ALLAN SIEBER

Leite
Feijão
óleo

Quadrinho 1:
— Estão dizendo aqui que a Telemar tratou o seu filho como um príncipe...
— CALÚNIA!

Quadrinho 2:
— Sabe como é, né, companheiro, com o tempo vai descorando, descorando...

Quadrinho 3:
— Acompanhada de seu advogado, ouviremos agora Dona Jeani Mary Corner...

Quadrinho 4:
PAZ E AMOR, BIXO !
humorbabaca.com